·国家社科基金一般项目"东欧'新马克思主义'现代性批判理论研究"（15BKS080）

·湖北省高等学校哲学社会科学研究重大项目"东欧新马克思主义资本主义批判理论研究"（21ZD019）

·中南财经政法大学中央高校基本科研业务费项目"东欧新马克思主义的资本主义批判理论研究"（2722021BX002）

中南财经政法大学哲学院学术丛书

东欧新马克思主义现代性批判理论研究

颜岩 ○ 著

A STUDY ON THE CRITICAL THEORY
OF MODERNITY OF NEO-MARXISM IN
EASTERN EUROPE

中国社会科学出版社

图书在版编目（CIP）数据

东欧新马克思主义现代性批判理论研究／颜岩著． —北京：中国社会科学出版社，2022.9

（中南财经政法大学哲学院学术丛书）

ISBN 978-7-5227-0467-8

Ⅰ.①东… Ⅱ.①颜… Ⅲ.①新马克思主义—东欧—理论研究 Ⅳ.①D089

中国版本图书馆 CIP 数据核字（2022）第 125793 号

出 版 人	赵剑英
责任编辑	杨晓芳
责任校对	刘志新
责任印制	王 超

出　　版	中国社会科学出版社
社　　址	北京鼓楼西大街甲 158 号
邮　　编	100720
网　　址	http://www.csspw.cn
发 行 部	010-84083685
门 市 部	010-84029450
经　　销	新华书店及其他书店
印　　刷	北京明恒达印务有限公司
装　　订	廊坊市广阳区广增装订厂
版　　次	2022 年 9 月第 1 版
印　　次	2022 年 9 月第 1 次印刷
开　　本	710×1000　1/16
印　　张	18.25
插　　页	2
字　　数	272 千字
定　　价	98.00 元

凡购买中国社会科学出版社图书，如有质量问题请与本社营销中心联系调换
电话：010-84083683
版权所有　侵权必究

目 录

导 论 ……………………………………………………… (1)
 一 东欧文化精神与东欧新马克思主义 ……………… (2)
 二 东欧新马克思主义现代性批判的理论特质与
   逻辑演进 ……………………………………………… (8)
 三 国内外东欧新马克思主义理论研究现状 ………… (14)
 四 本书的价值意义和研究思路 ……………………… (16)

第一章 走向日常生活的现代性批判 ……………………… (21)
 第一节 日常生活的人道化革命 ……………………… (22)
  一 日常生活的概念与特质 ………………………… (23)
  二 个体的生成与家庭变革 ………………………… (25)
  三 对象化范式下的日常生活危机 ………………… (30)
 第二节 伪具体的日常生活及其破除 ………………… (34)
  一 伪具体的世界及其特征 ………………………… (35)
  二 具体的辩证法 …………………………………… (36)
  三 日常生活与理性形而上学批判 ………………… (39)
 本章小结 东欧新马克思主义日常生活批判的意义与
     限度 ……………………………………………… (44)

第二章 激进需要与理性乌托邦 ………………………………… (48)
 第一节 激进哲学与理性乌托邦 ……………………… (48)
  一 哲学在现代社会的定位与功能 ………………… (49)

二　哲学价值讨论何以可能 ……………………………… (51)
　　三　激进哲学与激进乌托邦 …………………………… (55)
　第二节　激进需要及其异化批判 …………………………… (57)
　　一　马克思的需要概念及其内在张力 ………………… (58)
　　二　资本主义现代性条件下的需要结构批判 ………… (61)
　第三节　对未来共产主义社会需要结构的构想 …………… (66)
　本章小结　在现代性条件下重新审视需要概念 …………… (71)

第三章　历史哲学视域中的现代性批判 ……………………… (75)
　第一节　从历史哲学到历史理论 …………………………… (75)
　　一　历史意识的发展阶段 ……………………………… (76)
　　二　何谓"后现代性" ………………………………… (81)
　　三　历史哲学批判 ……………………………………… (85)
　　四　走向一种历史理论 ………………………………… (91)
　第二节　经典现代性理论家的思想遗产 …………………… (94)
　　一　黑格尔的绝对精神与伦理学遗产 ………………… (95)
　　二　对马克思现代性理论的解读 ……………………… (97)
　　三　韦伯的领域划分理论 ……………………………… (102)
　第三节　作为现代性基本预设的偶然性 …………………… (105)
　　一　现代人的偶然性生存境遇 ………………………… (106)
　　二　不满意的社会与自决的需要 ……………………… (109)
　本章小结　历史哲学还是历史理论？ ……………………… (114)

第四章　现代性的多重逻辑与动态平衡 …………………… (118)
　第一节　作为现代性动力的启蒙辩证法 …………………… (118)
　　一　无限否定的现代性 ………………………………… (119)
　　二　现代性的悖论 ……………………………………… (121)
　第二节　现代性的三种逻辑与钟摆运动 …………………… (122)
　　一　现代性的三种逻辑 ………………………………… (122)
　　二　现代性的钟摆运动 ………………………………… (128)

第五章　政治哲学视域中的现代性批判 ……………………（132）
第一节　现代性条件下的"正义"论辩 ………………………（133）
　　一　分配正义与按劳分配 …………………………………（133）
　　二　超越正义与按需分配 …………………………………（138）
　　三　自由与正义 ……………………………………………（141）
　　四　简短的评析 ……………………………………………（144）
第二节　乌托邦主义和自由主义批判 ………………………（148）
　　一　乌托邦主义批判 ………………………………………（148）
　　二　自由主义"开放社会"的自反性 ……………………（154）
　　三　告别"别无选择" ……………………………………（160）
　　四　资本的绝对界限 ………………………………………（164）
第三节　法西斯主义批判 ………………………………………（172）
　　一　法西斯主义的意识形态基础和阶级基础 ……………（172）
　　二　法西斯主义的性格特征与组织形式 …………………（177）
　　三　法西斯主义成因的历史—社会学分析 ………………（182）
　　四　法西斯主义的反资产阶级政治特性 …………………（187）
第四节　政治异化与官僚制批判 ………………………………（190）

第六章　现代性的文化—道德哲学审视 ……………………（199）
第一节　文化悖论与文化现代性批判 ………………………（199）
　　一　文化概念与文化悖论 …………………………………（200）
　　二　科学形象的演变及其当代困境 ………………………（212）
　　三　超越实践和创制的二分 ………………………………（219）
第二节　文化保守主义视域中的宗教现代性批判 …………（225）
　　一　康德的超验道德与"抽象的人" ……………………（226）
　　二　现代性能够根除恶吗？ ………………………………（228）
　　三　宗教神圣性的意义与价值 ……………………………（230）
　　四　基督教的危机与去神话性的幻想 ……………………（234）
　　五　简短的评论 ……………………………………………（238）
第三节　现代性的危机与文化反思 ……………………………（241）

一　资本的抽象统治及其影响 …………………………（242）
　　二　精神的危机 ………………………………………（246）
　　三　对普遍操控系统的批判 …………………………（248）
　　四　简短的评论 ………………………………………（252）
　第四节　道德哲学视域中的现代性批判 …………………（254）
　　一　从人的本能到人的境况 …………………………（255）
　　二　关于存在的选择 …………………………………（258）
　　三　好人存在，好人何以可能 ………………………（261）
　　四　走向一种个性伦理学 ……………………………（266）
　　五　简短的评论 ………………………………………（268）

结束语 ……………………………………………………（272）

参考文献 …………………………………………………（276）

后　记 ……………………………………………………（285）

导　　论

　　现代性是一个充满魅力却又让人深感困惑的哲学概念，人们对这个概念的复杂内涵争论不休，但不可回避的基本事实是，我们正处于现代性之中。诚如吉登斯（Anthony Giddens）所言，"我们实际上并没有迈进一个所谓的后现代性时期，而是正在进入这样一个阶段，在其中现代性的后果比从前任何一个时期都更加剧烈化更加普遍化了。"[①] 现代性不仅是当前时代最重要的焦点性话题之一，甚至可以说，"从一开始，现代社会科学的第一大问题就一直是现代性本身"[②]。学者们在谈论现代性时通常会引用波德莱尔（Charles Baudelaire）的经典论断："现代性就是过渡、短暂、偶然，就是艺术的一半，另一半是永恒和不变。"[③] 可见，动态性、流变性和偶然性是现代性的基本特征，现代性的一切矛盾和危机正源于此，既然事物是不断流变的，那么社会和个体便有可能丧失根基和安身立命之本，虚无主义和道德沦丧就与现代性如影随形。波德莱尔认为艺术具有两个维度，现实性维度对应于现代性的动态性和偶然性，价值性维度对应于圆满性和永恒性，这实际上暗含了社会现代性（启蒙现代性）和审美现代性（浪漫派的现代性）的矛盾张力。按照卡林内斯库（Matei

---

　　① ［英］安东尼·吉登斯：《现代性的后果》，田禾译，译林出版社2011年版，第3页。
　　② ［加］查尔斯·泰勒：《现代社会想象》，林曼红译，译林出版社2014年版，"前言"第1页。
　　③ ［法］波德莱尔：《波德莱尔美学论文选》，郭宏安译，人民文学出版社1987年版，第485页。

Calinescu）的界定，社会现代性主要指作为西方文明史一个阶段的现代性，文化现代性主要指作为美学概念的现代性，二者紧密相连，"审美现代性的问题必须在与启蒙现代性的参照中才可以得到解答，它的文化意义是相对于启蒙现代性而存在的"①。本书对现代性的理解主要依据吉登斯的定义，即将现代性视为一种产生于17世纪的欧洲，至今仍普遍影响着世界的社会生活或组织模式。②

必须指出，现代性并不是只有一种形式，从大的方面看，至少可以区分出西方现代性和中国现代性以及资本主义现代性和社会主义现代性。有学者指出，"'中国现代性'与'西方现代性'在一些普遍的'物质内容'层面上应该是相同、相似或相通的，但在现代性实现方式或路径选择上或许可以也应当有所不同"③。这就意味着，在中国研究现代性必须注意两个方面：一是分析不同类型现代性的共性，阐明现代性的实质和发展规律，揭示人类共同面对的危机，深刻汲取西方现代性模式的经验和教训；二是清醒地意识到中国特色社会主义制度的优越性以及中国现代性模式的独特性，并结合中国传统文化中的优秀基因，探索一条既分享西方现代化成果，又避免西方现代性弊病的道路，为人类文明发展提供"中国智慧"和"中国方案"。

一　东欧文化精神与东欧新马克思主义

本书的现实目的是通过考察西方现代性来构建中国现代性，但理论动机却是分析东欧新马克思主义的现代性批判理论。米沃什（Czesław Miłosz）曾这样描述东欧："当人们面对神秘的东欧时，就像在海拔极高的大山前面，会发出哦、啊的声音表示感叹。那里是进步和历史感的所在。"④ 从历史上看，东欧并不是一个相对独立的实体

---

① 周宪：《审美现代性批判》，商务印书馆2005年版，"导言"第10页。
② 参见［英］安东尼·吉登斯《现代性的后果》，田禾译，译林出版社2011年版，第1页。
③ 张艳涛：《现代性的哲学反思与"中国现代性"建构》，厦门大学出版社2021年版，第13页。
④ 转引自［法］亚历山德拉·莱涅尔-拉瓦斯汀《欧洲精神》，范炜炜等译，吉林出版集团有限责任公司2009年版，第35页。

和单元，而是一种附属性的存在。20世纪的大屠杀和奥斯维辛集中营让人不寒而栗，苏联僵化社会主义模式的干预让人感到窒息，在普遍性和同一性的强制下，东欧进入"面包时代"，人们"浑浑噩噩地'为面包而面包'地活着，他们环绕四周看到的是，历史被压抑、记忆被封存、思想被禁锢、声音被窒息、犬儒主义流行、社会上充斥谎言"①。如果用一句话来概括东欧文化精神的特点，那就是以一种多样性的文化抵制西欧普遍性文化的强制，在继承西欧现代性的同时反思现代性，开创一种新的现代性模式。在这个意义上，我们说东欧思想"不属于那种范式建构性的理论，而是典型的反思性和解构性的理论"②。

东欧新马克思主义是国外马克思主义的重要流派之一，学界对"新马克思主义"一词存有争议，须加以澄清。大体上看，"新马克思主义者"主要指一切要重新发现马克思和重新设计马克思主义，非正统地从事马克思主义研究并想标新立异的人。苏联正统马克思主义者对"新马克思主义"持批判态度，如别索诺夫（B. N. Bessonov）将一切非正统的马克思主义研究称为"新马克思主义"。③ 有学者考证，"新马克思主义"一语最早出现在1903年梅林在《新时代》上发表的《新马克思主义》一文之中，广义上包括一切非正统的马克思主义（含"西方马克思主义"），但从狭义上看主要指东欧社会主义国家的非正统的马克思主义，即"东欧新马克思主义"（亦被称作"异端的马克思主义""持不同政见者的马克思主义""修正的马克思主义"等），包括南斯拉夫实践派、匈牙利布达佩斯学派、波兰意识形态批判学派、捷克人本主义学派等。④ 一般认为，"新马克思主义"比"后马克思主义"更贴近马克思主义，因为前者仍然保持着"与

---

① 金雁：《从"东欧"到"新欧洲"：20年转轨再回首》，北京大学出版社2011年版，第345页。
② 衣俊卿：《东欧新马克思主义精神史研究》，黑龙江大学出版社2015年版，第178页。
③ 参见李忠尚《"马克思学"、"西方马克思主义"、"新马克思主义"的异同》，《教学与研究》1986年第6期。
④ 参见王凤才《21世纪世界马克思主义基本格局》，《学习与探索》2017年第10期。

黑格尔主义的马克思主义本质上的密切关系"①。瑟伯恩（Göran Therborn）细致区分了四种马克思主义立场：弹性马克思主义、新马克思主义、后马克思主义、非马克思主义，并强调"'新马克思主义'一词将只用于理论设想方面，既表示严重偏离经典马克思主义，同时又明确保持对马克思主义的忠诚"②。衣俊卿进一步缩小了"新马克思主义"的范围，在他看来，"新马克思主义"是界限相对严格的概念，可划入这一旗帜下的只能是"那些在新的历史条件下继续坚持马克思对资本主义的彻底批判精神、基本的价值立场和思想传统，但是根据新时期社会历史现实变化尝试反思、检讨和修正马克思的一些理论观点和结论的思想家和理论流派"③。具体说来，东欧新马克思主义者主要指"20世纪50、60年代在东欧'非斯大林化'过程中涌现出的一批著名马克思主义（至少是从马克思的思想传统出发的）理论家"④。本书对东欧新马克思主义的探讨主要依据上述狭义界定，现就各流派在现代性问题上的主要创见做简要的介绍。

布达佩斯学派（亦被称作"卢卡奇学派"）是20世纪60年代初在布达佩斯围绕卢卡奇形成的马克思主义思想流派，学派核心成员为赫勒（Agnes Heller）、费赫尔（Ferenc Fehér）、马尔库什（György Márkus）和瓦伊达（Mihaly Vajda）。⑤ 布达佩斯学派的主要理论工作是"复兴马克思主义"，"'复兴马克思'的理念首先反对的是制度化的马克思主义完全僵化的构架，反对官僚体制对东欧社会总体的统治

---

① [美]罗斯诺：《后现代主义是左翼还是右翼？》，高飞乐译，《国外社会科学》1994年第8期。
② [英]戈兰·瑟伯恩：《从马克思主义到后马克思主义？》，孟建华译，社会科学文献出版社2011年版，第183—184页。
③ 衣俊卿：《今天我们如何深化新马克思主义研究》，《马克思主义与现实》2012年第6期。
④ 衣俊卿等：《20世纪新马克思主义》，中央编译出版社2012年版，第523页。
⑤ 关于布达佩斯学派的人员构成学界存有争议，有人将赫格居什（András Hegedüs）、拉德洛蒂（Sándor Radnóti）、马尔库什（Maria Márkus）、本斯（György Bence）、基斯（Janos Kis）等视为学派成员，但赫勒等四人的核心地位无人质疑，这一点也得到了晚年卢卡奇的亲口承认。

进行合法化的这种'宗教信仰状态'"①。从总体上看，布达佩斯学派早期秉持人道主义马克思主义的基本精神，致力于"社会主义的人道化"，20世纪70年代后期，学派核心成员移居澳洲（后来赫勒和费赫尔又移居美国），学术重心也转向现代性理论、文化哲学和政治哲学。尽管布达佩斯学派作为实存的理论学派在1976年之后便已解体，但其成员仍以挚友的身份在学界共同亮相和发声，因此本书仍将其视为统一的学派进行考察，但这并不意味着他们的思想不存在分歧。布达佩斯学派的现代性思想非常丰富，主要体现在《日常生活》《激进哲学》《现代性能够幸存吗?》《后现代政治状况》《历史理论》《现代性理论》《超越正义》《道德哲学》等著作中，大体上有以下几个特点：第一，以对历史理论的分析为切入点，用后现代主义的立场和方法抵制激进普遍主义和宏大叙事，为现代性确立哲学方法论基础。第二，反思现代性的动力、社会格局和发展逻辑，从事实层面阐明现代社会的内在机理，进而在价值层面上论证现代性的合法性，为现代性批判确立基本标尺。第三，开启微观社会历史分析的新视域，提出日常生活批判和激进需要批判，从文化哲学的角度拓展人道主义的马克思主义，为现代性分析提供新的发展空间。第四，整合哈贝马斯和罗尔斯等人的政治哲学思想，寻求自由和平等以及个体和共同体在现代社会的平衡，根据动态正义提出超越正义的理论构想。第五，充分借鉴和吸取亚里士多德德性伦理学和康德规则伦理学的优点，提出以"好人"为鹄的、以道德选择为途径的个性伦理学，为现代性确立道德基础。

波兰新马克思主义兴起于20世纪50年代后期，它并不是统一的马克思主义思想流派，而是由一批致力于意识形态批判的人道主义理论家组成，因此也被称为"意识形态批判学派"。波兰新马克思主义者并不局限于意识形态分析和批判，而是指向一场反教条主义的意识形态批判运动，他们秉承波兰民族追求自由和独立的解放传统，对马

---

① ［匈］乔治·马尔库什：《马克思主义与人类学》，李斌玉、孙建茵译，黑龙江大学出版社2011年版，第149页。

克思主义和社会主义的人道主义精神进行了深入探讨，批判了现代社会的异化，反思了现代性的危机。波兰新马克思主义最具代表性的理论家是科拉科夫斯基（Leszek Kolakowski）和沙夫（Adam Schaff），两位理论家在国际学术舞台上享有盛誉，他们的代表作较早被译为中文，主要有：沙夫的《人的哲学》《作为社会现象的异化》《马克思主义与人类个体》《历史与真理》以及科拉科夫斯基的《马克思主义的主要流派》《走向马克思主义的人道主义》《经受无穷拷问的现代性》等。① 从总体上看，波兰新马克思主义与布达佩斯学派的理论主题基本一致，也"致力于'复兴马克思主义'、探索社会主义改革、批判发达资本主义、反思现代性危机"②，但二者还是存在着一些细微的差异：一是就马克思思想研究而言，沙夫不仅一生捍卫马克思主义和社会主义，而且对马克思主义的本体论、认识论和历史观做了全面考察，这与布达佩斯学派20世纪70年代之后的"后马克思主义"立场大异其趣。③ 二是就现代性批判而言，科拉科夫斯基提出宗教现代性批判，其基本倾向是文化保守主义，而布达佩斯学派则倾向于自由主义与激进民主主义的混合。基于上述差异，布达佩斯学派对现代性的态度比较乐观，尽管他们提醒人们通往未来的列车有可能驶向奥斯维辛集中营，但通过一系列政治和道德努力，这种可能性可以避免。科拉科夫斯基则坚信自由主义的"开放社会"一定会走向反面，导致极权主义，只有神圣性的事物（宗教）才能让人们走出现代性的危机。质言之，科拉科夫斯基和布达佩斯学派都看到了社会中普遍存在着恶，他们的不同之处在于，布达佩斯学派试图通过个性伦理学

---

① 从广义上看，波兰新马克思主义者还包括鲍曼（Zygmunt Bauman）、苏霍多尔斯基（Bogdan Suchodolski）、弗里茨汉德（Marek Fritzhand）、巴奇科（Bronislaw Baczko）等人，这些理论家的思想与科拉科夫斯基和沙夫比较接近，本书不再单独分析。

② 衣俊卿等：《厚重的历史积淀与激进的理论批判》，黑龙江大学出版社2016年版，第1页。

③ 国内外学界一般认为赫勒的思想存在一个"后马克思主义"的转向，但赫勒并不喜欢被称为后马克思主义者，关于后马克思主义的内涵以及赫勒后马克思主义身份的认定参见颜岩《个性自由与道德责任——布达佩斯学派社会批判理论研究》，黑龙江大学出版社2014年版，第114—123页。

消除恶,科拉科夫斯基则认为恶是不可根除的。

与其他东欧新马克思主义流派相比,捷克新马克思主义姗姗来迟,这主要是因为"布拉格之春"和"非斯大林化"运动发生得比较晚。然而,捷克的社会主义改革却更猛烈,这突出表现在,"变革不是表现为社会民主力量对党和政府的反抗,而是转变为以杜布切克为首的党内改革派所领导的自上而下的民主改革运动"[①]。捷克新马克思主义的代表人物是科西克(Karel Kosik)和斯维塔克(Ivan Svitak),两位理论家从人道主义马克思主义出发,将捷克问题归为人的问题,认为现代性的危机在于同一性的操控,相近的批判主题在卡夫卡(Franz Kafka)和哈谢克(Jaroslav Hašek)的文学作品中也有集中体现。科西克在《具体的辩证法》中不仅开创了现象学马克思主义的传统,还较早地提出了日常生活批判,其对海德格尔存在主义的解读至今仍受到学界普遍关注。在《现代性的危机》中,科西克将人道主义的马克思主义与现代性批判结合在一起,将现代性的政治本质归为大众操控和人生意义的失落,试图通过阐明一种全新的政治,重新定位人与历史、自然与时间、存在与真理的关系。

南斯拉夫实践派(以下简称"实践派")是一个以实践概念为旨趣的马克思主义学派,主要成员包括哲学家和社会学家,产生时间大体是20世纪50年代,正式确立则与60年代"科尔丘拉夏令学园"的举办以及《实践》杂志的创刊有关。1974年前后,"科尔丘拉夏令学园"停办,《实践》杂志停刊,贝尔格莱德大学八名实践派教授被开除教职,作为有组织的学术团体实践派走到了尽头,但作为个体思想家,实践派成员仍活跃在学术界。从数量上看,实践派是东欧新马克思主义人数最多的流派,代表人物主要是彼得洛维奇(Gajo Petrović)、马尔科维奇(Mihailo Marković)和弗兰尼茨基(Predrag Vranicki)。按照戈尔曼(Robert A. Gorman)的说法,实践派运用人道主义的方法"对马克思列宁主义理论进行了创造性的、非教条式

[①] 衣俊卿等:《20世纪新马克思主义》,中央编译出版社2012年版,第659页。

的、广泛的再评价,批判地分析了社会主义实践"[①]。实践派并没有在哲学层面上直接分析和批判现代性,但其对经济主义、政治国家和官僚制、技术专家治国论以及消费主义的批判,无疑属于现代性批判之列。此外,实践派对自治社会主义的积极探索,可视为努力寻求社会主义现代性模式的有益尝试,虽然最终他们的社会主义改革失败了,但对于我们在新时代建构中国现代性却具有重要启示意义。

二 东欧新马克思主义现代性批判的理论特质与逻辑演进

东欧新马克思主义与西方马克思主义的现代性批判具有"家族相似性",这主要体现在三个方面:其一,从理论总问题上看,东欧新马克思主义与西方马克思主义(主要是人本主义流派)都继承了马克思主义的人道主义思想传统,反对苏联正统马克思主义对马克思思想的教条化理解,并对资本主义社会个体的异化生存提出质疑。其二,从理论方法和内容上看,东欧新马克思主义和西方马克思主义都强调总体性的方法、实践哲学传统和文化批判,并提出日常生活批判、意识形态批判、技术理性批判等理论。其三,从理论目标和实质上看,东欧新马克思主义与西方马克思主义都力求拯救现代性的危机以及恢复现代性(启蒙)的精神,这与后现代主义以极端的态度彻底拒斥和全面封杀现代性明显不同。但在这个过程中,二者都低估了资本逻辑的支配性作用,因而带有乌托邦主义的色彩。其四,从理论维度上看,东欧新马克思主义与西方马克思主义均具有双重维度,一是复兴马克思主义,按照人道主义的逻辑重新理解马克思;二是现代性批判,对现代社会的病症进行诊治。其五,从理论的支援背景上看,东欧新马克思主义和西方马克思主义除了具有马克思主义这一共同背景外,还广泛从西方哲学中吸收养分,这不仅包括古代哲学家亚里士多德和德国古典哲学家康德、黑格尔,还包括现代哲学家海德格尔和克尔凯郭尔等。

[①] [美]罗伯特·戈尔曼编:《"新马克思主义"传记辞典》,赵培杰等译,重庆出版社1990年版,第702页。

导 论

尽管如此，我们决不能武断地认定东欧新马克思主义是西方马克思主义的"衍生品"，更不能用西方马克思主义的理论逻辑反注东欧新马克思主义，而是应看到东欧新马克思主义独特的思想特质，这主要体现在六个方面。

第一，在分析和批判现代性上，东欧新马克思主义更重视历史（社会）发展的特殊性、文化的多元性以及道德生活的多样性。反对同一性和普遍性的强制是 20 世纪国外马克思主义的共同理论旨趣，与阿多诺等人在哲学形而上学层面批判同一性不同，东欧新马克思主义者在政治、经济和文化等领域展开具体批判，他们深刻地意识到"以单一的尺度剪裁原本丰富多彩的人类精神和文化世界，会使人类失去道德和价值的约束力，缺乏深刻的社会批判和自我批判意识"[1]，进而导致灾难不断再现。赫勒从拒斥历史哲学的虚假连续性出发，强调断裂是不同文化的生命，反对"进步"和"退步"以及"高级"和"低级"的划分，在她看来，一切超越善恶的举动只会导致自由的毁灭。基于此，赫勒认为黑格尔的现代性理论是一种隐蔽的神正论，"个体和特殊不断在普遍性的祭坛上被牺牲"[2]。科拉科夫斯基从反对文化普遍主义出发强调一切文化都是平等的，认为"没有任何绝对的、非历史的标准可以用来判断所有文化"[3]，但他同时也反对文化相对主义，认为抹杀不同文化的区别，也会成为一种自败的学说。科西克把普遍的交换价值视为一个巨大无比的操控系统，强调个体已经从主体性中抽象出来变成了客体和系统的要素，遗忘了生活的意义。与后现代主义者不同，东欧新马克思主义理论家虽然对历史宏大叙事和普遍进步表示怀疑，但并未陷入绝对怀疑论、相对主义和悲观主义，而是在普遍道德法则与个性伦理以及普世文化与特殊文化之间

---

[1] 衣俊卿：《东欧新马克思主义精神史研究》，黑龙江大学出版社 2015 年版，第 14 页。
[2] [匈] 阿格尼丝·赫勒：《现代性理论》，李瑞华译，商务印书馆 2005 年版，第 36 页。
[3] [波兰] 莱泽克·科拉科夫斯基：《经受无穷拷问的现代性》，李志江译，黑龙江大学出版社 2013 年版，第 22 页。

· 9 ·

寻找最佳平衡点，这一理论策略值得研究和借鉴。

第二，在法西斯主义批判上，东欧新马克思主义的道德现代性批判更深刻、更全面。东欧新马克思主义理论家大都经历了法西斯主义的极权主义统治，与部分西方马克思主义理论家选择在美国避难不同，东欧新马克思主义者基本上都留在国内，他们要么经历了亲友亡于奥斯维辛集中营的悲痛，要么亲历了本国法西斯主义的极权统治。与西方马克思主义从权威主义人格、大众心理学角度的批判不同，东欧新马克思主义是一种道德现代性批判。赫勒是大屠杀的幸存者，她常在噩梦中惊醒，这让她每天都不得不思考如下问题：大屠杀是如何发生的？社会中为什么会有恶？为什么死的人不是我？赫勒在一次访谈中提到，我们这一代人必须要为在奥斯维辛集中营中不幸丧生的人赎罪，我们既然还活着，就必须澄清如下问题：普通大众何以成为自我持存的凶手？哪些因素使得奥斯维辛集中营在20世纪必然出现？东欧新马克思主义者从来不把大屠杀仅仅视为人类的一场悲剧，而是将之视为现代性的必然结果，因为它总是"在现代理性社会、在人类文明的高度发展阶段和人类文化成就的最高峰中酝酿和执行"[①]。也就是说，大屠杀并不是现代性和现代文明的对立面，而是与现代社会的积极面依附在同一实体上。东欧新马克思主义并不是在一般意义上强调伦理道德的重要性，而是力图揭示个性自由与道德责任的关系，他们强调个人责任的重要性，认为无论何种情况下，都不能将责任无限推至集体和他人，同时集体和他人也不能干涉个人的道德选择。阿伦特（Hannah Arendt）对"平庸的恶"的分析便说明了这一点，在审判艾希曼（Adolf Eichmann）时，她清醒地意识到这名罪犯只是极权体制的执行者，由于没有独立的思想和道德判断能力，才最终沦为杀人机器。

第三，东欧新马克思主义理论家所处的社会环境具有一定的特殊性，他们不仅受到发达资本主义国家的压迫和盘剥，更是处于民族存

[①] ［英］齐格蒙·鲍曼：《现代性与大屠杀》，杨渝东、史建华译，译林出版社2011年版，"前言"第5页。

亡的生死一线，这使得其批判总是指向帝国主义侵略和垄断资本主义剥削。从地缘政治学角度看，东欧是整个欧洲的"心脏地带"，因此历来是兵家必争之地。列强的屡次瓜分和多次大规模民族迁移，一方面使得东欧成为一个文化多样性的地区，另一方面使得东欧沦为西欧文明边缘化的他者。与普通的战败和被殖民不同，对于东欧各国而言，这可能意味着彻底在人类历史文化版图中消失，因此，反抗和批判必然是激进的、刻骨铭心的。与西欧发达资本主义的现代性不同，东欧的现代性具有"时代错乱"的特点，这突出表现在这些国家没有充分享受资本主义现代性的"福利"，却提前尝到了西方现代性的"苦果"。无论是技术理性连同官僚政治体制编织的令人窒息的操控系统，还是资本原始积累与资本扩张带来的血腥和残暴，东欧人民承受的痛苦都远远高于西欧发达工业国家。这一点我们从卡夫卡和哈谢克的文学作品中可见一斑。

第四，与西方马克思主义者更多地从体制外批判社会主义不同，东欧新马克思主义理论家主要是在体制内反思社会主义，他们对教条化马克思主义和僵化社会主义体制有切身的感受，因此他们的批判更加有的放矢。需要澄清的是，二战结束后东欧各国普遍走上了社会主义道路，这并不完全是苏联单方面政治强制的结果，而是民众普遍自愿的选择。这里有一个例证，1975年，匈牙利经济学家科尔奈（János Kornai）申请签证去美国，签证官"善意"提醒他是否在1945年被迫加入共产党，科尔奈立刻否认道："我是自愿加入共产党的，我之所以加入共产党，是因为当时那就是我的信仰。"[1] 正是二战的创伤使得大部分东欧进步知识分子转向共产党，选择了社会主义道路。苏南冲突、波茨南事件、匈牙利事件和"布拉格之春"等社会运动爆发后，东欧各国开始积极探寻适合本国的社会主义发展道路，尽管东欧新马克思主义者对正统马克思主义和苏联社会主义表示不满，但并不是出于恶毒攻击和污蔑，而是为了实现"马克思主义的复

---

[1] ［匈］雅诺什·科尔奈：《思想的力量》，安佳、张涵译，上海人民出版社2013年版，第23页。

兴"和人道主义的社会主义，其批判对象主要是苏联社会主义体制中存在的问题（如官僚制和腐败）。正如某位学者指出的，"在当代新马克思主义中，东欧新马克思主义是唯一一个站在社会主义历史进程中对于社会主义建设、发展、改革、异化、教条主义、人道主义等重大问题进行深入探讨与批判反思的马克思主义"①，这种说法毫不夸张。

第五，与西方马克思主义更多地强调个体自由不同，东欧新马克思主义普遍具有一种共同体意识。东欧新马克思主义的共同体意识，一方面源于马克思关于个体和类的统一以及自由人联合体的思想，另一方面与东欧特殊的社会历史背景有关。一般认为，处于强势地位的国家通常有一种优势姿态，即便偶遇历史灾难，也较少关注共同体，而弱势民族由于长期处于他者地位往往更倾向于关注民族共同体和文化共同体的完整和健全。东欧新马克思主义者从不否认个性自由，但他们反对自由主义者"原子人"和"经济人"的假定，认为人是由社会关系决定的，具有社会性。他们认为共同体作为和谐的、多面的和真实的个性得以发展的场所是必要的，并将现代社会最大的问题归结为："是否可能超越完全表现为'物'的消费社会的客观化的个体化，而且如果是这样的话，以人类价值和个体发展为目标的共同体结构以什么方式能够形成，或者是否能够形成。"② 赫勒在分析个体时将共同体视为整体的人活动的基本场所，在她看来，现代性一切矛盾的根源在于自然共同体的消失，资本、市场、商品、交换价值等虽然能够将人们整合在一个系统中，但这仅仅是一种虚假的整合，只有建立新型的、可选择的共同体，将人们纳入相对同质的价值体系中，才能避免极端个人主义，实现个体和类的统一。在这个意义上，赫勒将自己的最高理想称为激进的乌托邦，认为它是"一个在共同体中自由联合的个体组成的社会"③。

---

① 李宝文：《东欧新马克思主义历史观研究》，中国社会科学出版社2021年版，第16页。
② ［匈］安德拉什·赫格居什等：《社会主义的人道主义》，衣俊卿、文长春、王静译，黑龙江大学出版社2014年版，第87页。
③ ［匈］阿格妮丝·赫勒：《激进哲学》，赵司空、孙建茵译，黑龙江大学出版社2011年版，第154页。

第六，与西方马克思主义聚焦于审美救赎不同，东欧新马克思主义更多地倚重伦理道德救赎。严格地说，东欧新马克思主义诉诸的是个性伦理学，这种伦理学既不是亚里士多德意义上的传统德性伦理，也不是康德意义上的普遍道德法则，而是对上述两种伦理的整合与提升。个性伦理学的独特之处在于它是"一种没有规范、没有规则、没有理想的伦理学，它没有任何是或者仍然是'外在于'那个人的东西"①。个性伦理学的核心是责任意识，这既包含个体责任，也包含星球责任；既指向现在，也面向未来，其根本要旨是让个人通过道德的选择成为好人。

东欧新马克思主义的现代性批判思想异常丰富，我们可以将东欧新马克思主义的现代性批判分为两个阶段。国内学界一般以20世纪70年代中期为节点，将东欧新马克思主义的发展历程分为两大阶段："第一个阶段是东欧新马克思主义主要流派和主要代表人物在东欧各国从事理论活动的时期，第二个阶段是许多东欧新马克思主义者在西欧和英美直接参加国际学术活动的时期"②。在第一个发展阶段，东欧新马克思主义集中精力建构人道主义的马克思主义，绝大多数理论家坚持社会主义的基本信仰，认为只要将资本主义现代性替换成社会主义的现代性，就可以实现彻底的自由和解放。基于此，东欧新马克思主义一方面展开"复兴马克思主义"的规划，批判苏联教条化的马克思主义阐释模式，另一方面将现代性批判的矛头指向日常生活、激进需要和婚姻家庭等微观社会历史领域。在第二个发展阶段，由于部分东欧新马克思主义者移居西方发达资本主义社会，批判的主题发生了变化，政治哲学、伦理学、生态问题等现代性批判的主题逐渐成为主流，尤其是布达佩斯学派，其论域非常广泛，可以说已经完全融入西方左翼激进主义的学术圈，并在国际学术舞台上发挥着重要作用。与此同时，就同马克思主义和社会主义的关系看，这一时期不少

---

① ［匈］阿格妮丝·赫勒：《个性伦理学》，赵司空译，黑龙江大学出版社2015年版，第3页。

② 衣俊卿：《东欧新马克思主义精神史研究》，黑龙江大学出版社2015年版，"总序"第9页。

理论家转向后马克思主义立场,这一转变对现代性批判造成了一定影响,主要体现在一些理论家不再从资本主义和社会主义的二分出发分析现代性,而是淡化意识形态的对立,以中立的姿态客观分析现代性。在这个问题上,东欧新马克思主义忽略了社会主义现代性的多样性,没能意识到中国特色社会主义的制度特点和优势,在理论倾向上有西方自由主义的嫌疑。

三 国内外东欧新马克思主义理论研究现状

(一)国外相关研究的学术史梳理及研究动态

20世纪60年代,在科尔丘拉夏令学园和《实践》杂志的助推下,东欧新马克思主义引起部分西方马克思主义者的关注,弗洛姆(1965)和哈贝马斯(1962)称赞东欧新马克思主义坚持发展了马克思主义,是马克思主义分化和演进格局中的重要一环;苏东"正统派"持相反立场,认为东欧新马克思主义背离了马克思主义(Popkov,1982),停留在黑格尔人本学—本体论范围内(Filipović,1979),是历史唯心主义的意识形态(Stojković,1979);无明显马克思主义背景的学者强调东欧新马克思主义具有独特的理论特质,在人道主义方面具有共识(Satterwhite,1983;Hanak,1985),对"现实社会主义"的批判较为中肯(Arnason,1982),虽接受西方政治价值却不"反社会主义"(Oleszczuk,1982),总是"立足于实践反思理论"(Somerville,1973),发展了马克思主义的伦理学(George,1966;Myers,1980)。更多学者倾向于对东欧新马克思主义流派(代表人物)做专题研究:Grumley(2005)和Terezakis(2009)强调布达佩斯学派的核心是伦理学,Tormey(2001)和Dorahy(2019)关注学派70年代的"后马克思主义"转向。此外,赫勒的生命政治学(Dorahy,2017;Vassilieva,2019)、现代性理论(Bauman,1994;Beilharz,2009)、激进需要理论(Bernstein,1994;Kammas,2009)、日常生活理论(Wolin,1994;Gardiner,2000)成为近年研究的热点。实践派研究主要集中在人道主义理论(Sher,1978)、实践概念(Crocker,1983)、国家理论(Shigeno,2004)、马尔科维奇的交往理论（Fuchs，2017）和民族主义倾向（Bogdanović，2015）等方面，学者们一致强调实践概念的核心地位（Satterwhite，1983），认为实践派的贡献在于将人道主义的实践目的与马克思主义哲学的人道主义基础连接起来（Arnason，1982），指向了一种具体的个人和主体性的人类学方法（Hanak，1985）。捷克和波兰的新马克思主义研究主要围绕科西克和海德格尔的思想关系（Piccone，1977；Gay，1978；Zimmerman，1984）以及科拉科夫斯基的宗教理论和道德哲学（Sikora，2016；Bober，2011）展开。

（二）国内相关研究的学术史梳理及研究动态

国内学者在20世纪60年代开始关注东欧新马克思主义，翻译了沙夫、科西克和实践派的重要论著，这一时期主要关注人道主义问题，未能充分阐明东欧新马克思主义的理论全貌和思想特质。90年代以来，东欧新马克思主义被写入一些权威性的著作中（俞吾金和陈学明，1990；衣俊卿，1993；黄楠森，1998；黄继锋，2002；张一兵和胡大平，2003；何萍，2009），整体轮廓和思想特质也日渐清晰。2010年，衣俊卿策划了"东欧新马克思主义"丛书（60余册），研究再度升温，论文数量大幅增加。不同学者从伦理学（张笑夷，2021；温权，2021）、方法论（胡雪萍，2020）、历史理论（范为，2015；李宝文，2021）、马克思观（刘海静，2016）、美学（傅其林，2013；王静，2016）等方面进行了专题研究。也有学者从流派（人物）出发进行个案研究：宋铁毅（2015）、姜海波（2016）、李宝文（2016）对实践派哲学做了细致梳理；傅其林（2006）、孙建茵（2011）、杜红艳（2016）、赵司空（2015）对布达佩斯学派的现代性理论、文化哲学和政治哲学做了深入探讨；胡蕊（2013）和李晓敏（2015）分析了科拉科夫斯基的青年马克思观和宗教现代性理论；潘宇鹏（2014）和程广丽（2016）对科西克的具体辩证法和日常生活理论做了阐发。

国内外学者从不同角度对东欧新马克思主义进行了深入细致的研究，取得了丰硕的成果，值得学习和借鉴。然而，东欧新马克思主义研究在以下几个方面仍然有较大的拓展空间：一是从零散的人物个案研究转向整体性的问题研究,以现代性批判为切入点和基本线索,不仅可以将整个东欧新马克思主义思想演进过程梳理清楚,而且可以凸显东欧新马克思主义在马克思主义发展史和现代性理论星丛中的地位和价值。二是从连续性和非连续性相统一的角度把握东欧新马克思主义发展的两个阶段,揭示东欧新马克思主义20世纪70年代"后马克思主义"转向的成因和实质,这不仅是客观评价东欧新马克思主义的需要,也是理解当代国外马克思主义思潮思想发展谱系的需要。三是有意识地在东欧新马克思主义和西方马克思主义之间展开比较研究,站在普遍性和特殊性相统一的立场上审视东欧新马克思主义的社会历史背景,一方面强调东欧新马克思主义的文化传承和连续性,另一方面凸显其独特的思想价值,进而准确把握东欧新马克思主义现代性批判的方法论特征、基本范式和逻辑进路。总之,东欧新马克思主义是一个拥有相近理论旨趣的"精神共同体",全面梳理其现代性批判理论,既是深化东欧新马克思主义研究的需要,也是坚持和发展马克思主义,构建中国特色社会主义现代性的当务之急。

四 本书的价值意义和研究思路

本书主要分析和探讨东欧新马克思主义的现代性批判理论,具有三方面的价值和意义。

第一,研究东欧新马克思主义的现代性批判理论,是对"批判借鉴国外马克思主义"和"繁荣发展世界马克思主义"指导思想内涵与外延的丰富发展,将有助于拓展马克思主义现代性批判理论的问题域,补齐国外马克思主义研究的"短板",推动当代中国马克思主义的发展。

第二,东欧新马克思主义在广泛吸取西欧文化精华的基础上依据本土化经验发展了马克思主义,从日常生活、激进需要、历史哲学、政治哲学、道德哲学、文化哲学等角度对现代性的核心论题做了独特解读,虽然具有一些缺陷,但也不乏真知灼见,研究该理论不仅有助于我们认清资本主义的本质和发展趋势,也有助于我们反思社会主义发展道路的多元性和本土性。

第三，东欧新马克思主义的现代性批判以关注和改变人的现实生存境况为根本旨趣，目的是实现人的全面自由发展，这种现实指向和人文情怀反映了马克思主义哲学人类性、现实性和批判性的价值取向，契合了"以人为本""以人民为中心"的基本立场，对在当代构建人类命运共同体具有重要的启示意义。

本书由导论和六章内容构成，下面简要介绍基本写作思路和内容框架。

导论部分首先对东欧文化精神与东欧新马克思主义做简要介绍，指出东欧具有不同于西欧的文化精神，这使得东欧新马克思主义在20世纪世界马克思主义传播和发展中占据独特的地位。其次从理论总问题、理论方法和内容、理论目标与实质、理论维度、理论的支援背景五个方面，结合现代性批判这个主题，对东欧新马克思主义与西方马克思主义进行比较，以凸显东欧新马克思主义现代性批判的理论特质。最后对国内外相关研究进行述评，阐明本书的价值意义和研究思路。

第一章主要从日常生活批判的角度阐释东欧新马克思主义的现代性批判思想。日常生活批判是一种微观层面的现代性批判，目标是让日常生活沿着社会主义方向不断人道化，它要解决的关键问题是"个体如何在现代性条件下再生产自身"（"新人"的塑造）。东欧新马克思主义区分了特性和个性，将人类社会分为"自在的"对象化、"自为的"对象化和"自在自为的"对象化三个领域，强调只有特性的个人转变为个性的个体，并且三个对象化领域互不侵犯保持平衡，现代人才能过上有意义的生活，现代性的危机才能解除。东欧新马克思主义还从日常和历史的关系入手，将日常生活世界视为伪具体世界，认为这是功利主义实践的产物，核心是混淆现象与本质，用一种虚假的自主性代替真正的主体，最终必然陷入普遍性的操控系统。现代性的危机是人的危机，即人与世界的关系出了问题，只有用实践、辩证思维和具体的辩证法破除伪具体、伪历史、伪科学和伪理性，让充满意义的真理世界再次回归，才能实现日常生活革命的宗旨。

第二章主要考察东欧新马克思主义的需要批判理论。首先阐明激进哲学的内涵及其在现代社会的功能,指出哲学在现代社会应该作为理性的乌托邦发挥作用。其次分析激进需要概念的理论内涵和实践价值,强调该理论属于人道主义的马克思主义传统,核心是从多元生活方式和多元文化价值出发,反对现代性同一性逻辑对需要的专政,其基本观点是,除将他人视为工具的需要外,一切需要都应得到承认。再次分析哲学价值讨论在现代性条件下的可能性问题,由于资本主义现代性是一个以依附和统领关系为基础的社会,因此哲学价值讨论无法真正实现,而要推翻资本主义就需要让拥有激进需要的人充当革命主体。最后分析资本主义社会的异化需要结构和未来联合生产者社会的新需要结构,前者主要表现为手段和目的(质和量)关系的颠倒、需要趋同和贫困化、个体私利成为主导等,后者则通过调整物质需要和非物质需要的比重,实现了个体和类的统一,满足了个体的不同性质的需要。

第三章从历史哲学出发考察东欧新马克思主义的现代性批判理论。首先分析历史意识的六个发展阶段,指明后两个阶段分别对应现代性和后现代性两个历史时期,然后阐明后现代性的多重内涵,指出东欧新马克思主义现代性批判主要建基于一种经过反思的后现代性意识,它拒斥传统的历史哲学,提倡一种历史理论。其次分析黑格尔、马克思和韦伯的现代性理论,揭示黑格尔伦理学遗产的当代价值,澄清东欧新马克思主义对马克思现代性理论的误读,阐明韦伯领域划分理论的时代意义和局限性。最后分析偶然性概念这一东欧新马克思主义现代性批判的基本哲学预设,阐明现代人面临的双重偶然性境遇,区分需求的需要和自决的需要,进而揭示现代人如何在当前不满意的社会中获得满足。

第四章从事实层面分析现代性的构成要素和发展逻辑。现代性的动力是启蒙的辩证法,作为一种不断否定的精神,它不仅推动现代社会格局的形成,碾压一切前现代社会格局,同时也带来虚无主义的危险,导致了自由和真理的悖论。现代性具有三种发展逻辑:技术的逻辑、市民社会的逻辑和政治权力的逻辑,只有保持三种逻辑的平衡,现代性才能存续。现代性具有技术想象和历史想象两种机制,历史想象让生活具有意义和价值,但技术想象却占据了支配地位,引发了现代性的危机。西方自由主义民主要成为强有力的社会政治制度,必须在自由和民主之间保持钟摆式运动,保持多种力量的平衡,防止单一力量的片面发展。

第五章从政治哲学角度阐发东欧新马克思主义的现代性批判理论。首先阐明东欧新马克思主义的正义理论。在现代性条件下,正义由静态正义和完备的正义转变为动态正义和不完备的正义,伦理的正义和社会政治的正义逐渐分离,现代性的危机在政治哲学上的集中表现是正义丧失道德根据。东欧新马克思主义一方面强调超越正义走向良善生活,另一方面认为形式的正义在未来社会不可或缺,试图将正义的政治属性和道德属性结合在一起。其次阐明东欧新马克思主义对资本主义市场自由主义的批判,着重论述"开放社会"的自反性、"别无选择"的意识形态性、资本的绝对界限。再次分析东欧新马克思主义的法西斯主义批判理论,阐明法西斯主义的意识形态基础和阶级基础是小资产阶级,指出法西斯主义具有五种性格特征:对特性的关注以及对自我的非批判关系、对偶然给定的特殊群体的非批判关系、内群体和外群体的区划、以过去为定向的保守主义、权威主义态度。通过对德意法西斯主义的成因进行历史—社会学分析,指出法西斯主义不仅敌视无产阶级,而且具有反资产阶级的政治特性。最后是对官僚制的分析和批判,将澄清官僚制的复杂内涵,揭示其政治异化的本性,指明消除官僚制的可能性路径。

第六章主要从文化—道德哲学角度审视东欧新马克思主义的现代性批判理论。首先阐明和区分人类学文化和高雅文化,剖析文化悖论和科学形象的演变,审视实践和创制的关系,从总体上揭示东欧新马克思主义的文化现代性理论。其次分析宗教现代性理论,东欧新马克思主义认为现代性危机的根源是世俗性战胜神圣性以及理性战胜信仰(神话),主张吸取康德道德哲学的文化遗产,强调恶的不可根除性,用"抽象的人"反对"具体的人",维系永恒的平等和人权,恢复宗教信仰的积极价值。再次全面梳理现代性危机的表现形式,包括政治危机、经济危机、理性的危机、道德的危机、信仰的危机、民族的危机等。现代性危机的实质在于资本的抽象统治和普遍操控系统对主体的侵凌，解除危机的关键是重建人与世界的人道主义实践关系。最后对东欧新马克思主义的道德哲学（伦理学）思想进行总结，阐明"好人存在，好人何以可能"这一道德现代性批判的核心论题，进而揭示东欧新马克思主义现代性批判的最终落脚点是个性伦理学。个性伦理学以人的境况为基本预设，主张保护个性，以伦理生活的多样性为基点，既强调道德律令的指引作用，又抵制普遍性道德规则对个人的强制，其最终目标是让个人通过存在的选择成为具有个性的好人。

第一章 走向日常生活的现代性批判

对于东欧新马克思主义者来说，20世纪不仅意味着两次世界大战，还意味着正统马克思主义的革命理论和阶级理论遭遇到前所未有的困境。列斐伏尔（Henri Lefebvre）将现代性视为"革命的幽灵，革命的消散和对革命的讽刺"①，这表明正统马克思主义的"暴力革命论"正面临挑战，马克思主义者必须改弦更张，重新反思革命问题。一般而言，日常生活批判是现代性批判的"前史"，从批判范式上看，日常生活批判是一种人道主义的微观革命论，其根本要旨在于"提出一种将现象学激进化的社会理论，为青年马克思的异化理论寻找本体论的基础"②。按照沃林（Richard Wolin）的说法，亚里士多德最早尝试用哲学阐释日常生活，其"实践智慧说"意在将日常生活从柏拉图的思想阴影中解救出来，但若论及20世纪现代西方哲学的日常生活转向，则应归功于现象学运动。东欧新马克思主义日常生活批判的主要成就在于用黑格尔—马克思的解释框架弥补现象学批判力不足的缺陷，令其"变成一种充满解放意义和潜力的分析模式"③。托米（Simon Tormey）认为赫勒的《日常生活》一书主要回答了三个问题："鼓励一种批判的、自明的个体的发展如何可能？这样的个体在社会转变过程中应该发挥何种作用？最后，这种转变如何以及在什

---

① 转引自刘怀玉《现代性的平庸与神奇》，中央编译出版社2006年版，第206页。
② Simon Tormey, *Agnes Heller: Socialism, Autonomy, and the Postmodern*, Manchester: Manchester University Press, 2001, p.22.
③ [美]理查德·沃林：《阿格妮丝·赫勒论日常生活》，文长春译，《学术交流》2018年第7期。

么样的条件下才能发生？"[1] 不难看出，赫勒与列斐伏尔的日常生活理论具有同质性，二者都意识到"人的最终解放不是体现在经济领域与政治领域，而是归根到底要落实到体现到日常生活中来"[2]。两位理论家都意识到马克思主义的异化理论内含丰富的日常生活批判元素，甚至可以说，"马克思主义实际上是对日常生活的一种批判性的认识"[3]。然而，无论列斐伏尔还是赫勒都没有在正统马克思主义的框架内阐释自己的理论，而是希望通过制定哲学方法和勾画哲学框架开辟新的路径，既"保持对马克思精神的忠诚，同时与'历史唯物主义'的某些主要传统决裂"[4]。与海德格尔等存在主义者悲观地认定现代人必将陷入日常沉沦不同，赫勒更关注日常生活如何摆脱异化，朝着社会主义人道化的方向转变。东欧新马克思主义日常生活批判最大的特点是反思和批判日常，但不敌视和拒斥日常，而是将日常生活视为人类个体在现代性条件下的基本生存前提，认为"日常是历史的基础和原材料，它支撑并滋养着历史"[5]，"在我们现代世界中，人类条件栖居在日常生活中"[6]。质言之，东欧新马克思主义意图对日常生活进行微观层面的批判，通过日常生活的人道化为宏观社会革命提供非异化的主体，进而复兴马克思主义和实现真正的社会主义。

第一节　日常生活的人道化革命

马克思通过分析和揭示资本主义生产方式的矛盾运动得出资本主

---

[1] Simon Tormey, *Agnes Heller: Socialism, Autonomy, and the Postmodern*, Manchester: Manchester University Press, 2001, p. 22.
[2] 刘怀玉：《现代性的平庸与神奇》，中央编译出版社2006年版，第35页。
[3] [法] 亨利·列斐伏尔：《日常生活批判》（第一卷），叶齐茂、倪晓晖译，社会科学文献出版社2018年版，第136页。
[4] [匈] 阿格妮丝·赫勒：《日常生活》，衣俊卿译，黑龙江大学出版社2010年版，"英文版序言"第1页。
[5] [捷克] 卡莱尔·科西克：《具体的辩证法》，刘玉贤译，黑龙江大学出版社2015年版，第56页。
[6] [匈] 阿格妮丝·赫勒：《现代性能够幸存吗?》，王秀敏译，黑龙江大学出版社2012年版，第45页。

义必然灭亡的结论，从总体上看他期待的是一场宏观政治革命，但马克思并不否认塑造共产主义"新人"的重要性，他一方面认为只有在革命实践活动中主体才会生成，另一方面认为社会主义革命胜利后"新人"的塑造会更加容易。但对于东欧新马克思主义者而言，宏观政治革命得以可能的基本前提是社会中存在非异化的个体，卢卡奇在《历史与阶级意识》中分析了物化和物化意识，指出无产阶级只有重新获得阶级意识，才能取得革命的胜利。东欧新马克思主义对卢卡奇的无产阶级意识革命论提出质疑，诚如梅扎罗斯（Istvan Meszaros）①所言："通过将工人阶级理想化为'总体观点'的真正拥有者，卢卡奇为自己创造了一种情境，从这种情境出发，除了从规则跳到规则，不可能有任何出路。"② 于是，东欧新马克思主义将现代性批判的矛头指向了微观日常生活领域，关注重心转向了个体（自我）的再生产，因为"没有个体的再生产，任何社会都无法存在，而没有自我再生产，任何个体都无法存在"③。

一 日常生活的概念与特质

简单地说，日常生活就是个体完成再生产的领域，即"那些同时使社会再生产成为可能的个体再生产要素的集合"④。换言之，日常生活就是"我们的主体间性世界构成在其上得以建立的共享的现代生

---

① 梅扎罗斯是卢卡奇的学生，但是否属于布达佩斯学派目前尚未有定论。从时间上看，布达佩斯学派出现于 20 世纪 60 年代初，卢卡奇在一次晚年谈话中正式确认了四个人：赫勒、费赫尔、马尔库什和瓦伊达，之所以没有提到梅扎罗斯，主要是他在 1956 年匈牙利革命失败后便移居英国，尽管如此，不少研究布达佩斯学派的学者还是将他视为布达佩斯学派的成员。按照格里菲斯（Tom G. Griffiths）和罗伯特（Imre Robert）的考察，梅扎罗斯和布达佩斯学派最大的不同在于前者始终属于结构主义的马克思主义阵营，但梅扎罗斯又不拒斥人道主义的马克思主义，这一点从其早期著作《马克思的异化理论》（1970）中可以看出。
② ［英］梅扎罗斯：《超越资本》（上），郑一明等译，中国人民大学出版社 2003 年版，第 383 页。
③ ［匈］阿格妮丝·赫勒：《日常生活》，衣俊卿译，黑龙江大学出版社 2010 年版，第 3 页。
④ ［匈］阿格妮丝·赫勒：《日常生活》，衣俊卿译，黑龙江大学出版社 2010 年版，第 3 页。

活经验"①。对现代人而言，日常生活是须臾不可分离的基本活动领域，列宁曾把日常生活比作人体的血肉，列斐伏尔则声称马克思主义哲学"最合乎逻辑地和最系统地涉及生活这个层面，洞察生活，揭示生活"②，他还形象地把日常生活比作沃土，强调哲学家不应高高在上热衷思辨，而应分析现代性条件下的日常生活。在赫勒看来，日常生活是人生于斯长于斯的环境，是一个"带着既成的集体性、一体化、习惯、任务、意见、成见、情感模式、教育、技术、耐用性等等的世界"③。人总是降生于特定的社会，在成长过程中习得一套语言、物的规则和习惯，这些是人类个体生存的底线。科西克在分析"日常"时指出，"日常表现为冷淡、机械与自觉之夜，即表现为一个熟悉的世界。同时，日常是一个个人能够用自己的才能与资源来控制并计算其维度与潜能的世界"④。科西克认为，日常生活具有呆板、停滞和重复性的特征，如果黑格尔"熟知非真知"的格言是正确的，那么日常生活就是一个本质隐退的表象世界，它具有掩盖真相的特点，或者说，它具有一种虚假自主性的外观。当资产阶级意识形态家声称"太阳底下没有新东西"时，恰恰是对日常生活世界的一种肤浅洞察。

在现代性条件下，日常生活的基本特质是异化。马克思曾多次谈到人和动物的差别，在他看来，资本主义社会的工人事实上已经丧失了自己的类本质，过着一种动物式的生活。马克思在这里不仅仅对人的动物式生存提出批评，更是感慨于异化状态下人的不自知。卢卡奇发现物化意识已经深入人的心灵深处，但他提供的理论策略在实践中并未取得成功。列斐伏尔之所以转向日常生活批判，不仅是因为正统

---

① [匈] 阿格妮丝·赫勒：《现代性能够幸存吗?》，王秀敏译，黑龙江大学出版社2012年版，第42页。
② [法] 亨利·列斐伏尔：《日常生活批判》（第一卷），叶齐茂、倪晓晖译，社会科学文献出版社2018年版，第131页。
③ [匈] 阿格妮丝·赫勒：《日常生活》，衣俊卿译，黑龙江大学出版社2010年版，第46页。
④ [捷克] 卡莱尔·科西克：《具体的辩证法》，刘玉贤译，黑龙江大学出版社2015年版，第54页。

马克思主义忽略了这一理论，而是因为他深刻意识到现代人的基本生存困境在于，"我们不知道我们如何生活着。在我们的生活结束时，我们几乎依然不清楚我们究竟是怎样度过了我们的一生"①。赫勒也指出，仅仅凭借技术，现代人完全可以过一种物质充裕的生活，但对于真理和生活的意义，他们却无从知晓。正是这一点，导致了现代性的危机。在赫勒看来，日常生活出现危机绝不是小事，一方面它关乎社会革命的成败，"没有对日常生活的有意识的、革命性的重建，生产关系的变革和统治关系的崩溃是不能设想的"②；另一方面它关乎人类的生存，因为个体再生产如果被阻断，现代社会（现代性）就无法维系，这对人类来说将意味着一场灾难。总之，东欧新马克思主义认为现代性条件下的日常生活呈现出异化的样态，但是人们决不能浪漫地宣布废除日常生活，而只能通过反思和批判日常生活，让日常生活朝着民主和人道主义的社会主义方向迈进。只有这样，才能保证现代性的存续，"使所有人都把自己的日常生活变成'为他们自己的存在'，并且把地球变成所有人的真正家园"③。

二 个体的生成与家庭变革

在东欧新马克思主义者看来，既然日常生活革命的核心是个体（革命主体）的再生产，那么关键就是让处于异化中的个人摆脱这种生存状态，这就意味着特性的人向个性的人的转变。特性与个性是赫勒日常生活批判的两个核心概念，特性就是特殊性，反映的是主体的异化生存状态，这时主体尚未意识到自己的类本质、类特性和类价值，未能实现个体与类的统一。特性是现代性的产物，也是现代人与生俱来的基本属性，因为"每个人都是带着一系列给定的特质、能力

---

① ［法］亨利·列斐伏尔：《日常生活批判》（第一卷），叶齐茂、倪晓晖译，社会科学文献出版社 2018 年版，第 179 页。
② ［匈］安德拉什·赫格居什等：《社会主义的人道主义》，衣俊卿、文长春、王静译，黑龙江大学出版社 2014 年版，第 2 页。
③ ［匈］阿格妮丝·赫勒：《日常生活》，衣俊卿译，黑龙江大学出版社 2010 年版，第 258 页。

和才能而进入世界之中的特殊的个体"①。在现代性条件下,特性的个人总是倾向于从自身出发看待世界,即表现为一种"自我中心性",因此是异化的。个人在现代社会虽然无法摆脱特性,却可以通过通达类本质而及时中止特性的无限蔓延,这里的关键是区分"我"和"我们","如果我将自身同只不过是我的排他主义欲望的满足等同起来,那么我的情感必然是排他主义的;但是,如果我从自我的立场出发,把自身同我的整体的排他主义等同起来,我就可以克服特性"②。问题在于,在资本主义现代性条件下,自我主义成为唯一的准则,特性占据了支配地位,这就使得人们很难从特性状态转向个性状态。

  东欧新马克思主义者虽然有着悲惨的人生经历,却坚信异化具有历史性,无论历史如何黑暗,光明始终存在。赫勒虽然承认特性的人在现代社会占据主流,但却深信任何人都可以从特性的人发展为个性的人。个性是个体的生成,个体是个性发展的结果,个体由于综合了特性的偶然单一性和类的普遍性,因此能够同类建立自觉关系,以此安排自己的日常生活。质言之,个体与特性最大的不同在于,特性的个人是自发地生活在自己的世界中,个性的个体则是被自己的世界观引导着过一种自由的生活,"个体是以这样一种方式来组织自己的日常生活,他给日常生活打下了个性的印记,这一个性源自于个体给定要素和与类相一致的要素之间的综合"③。在赫勒看来,特性的个人要转向个性的个体,就必须进行存在的选择,将偶然性转变为自身的命运,而个性得到充分发展的个体也就是好人。现代性的问题在于好人成为隐蔽的上帝,他们虽然存在于世界的某个角落,却隐而不显,因此,"好人在现代社会如何可能"就成为拯救现代性的关键。

---

① [匈] 阿格妮丝·赫勒:《日常生活》,衣俊卿译,黑龙江大学出版社 2010 年版,第 8 页。
② [匈] 阿格妮丝·赫勒:《日常生活》,衣俊卿译,黑龙江大学出版社 2010 年版,第 12 页。
③ [匈] 安德拉什·赫格居什等:《社会主义的人道主义》,衣俊卿、文长春、王静译,黑龙江大学出版社 2014 年版,第 42 页。

赫勒坚信好人在现代性条件下存在，"总是存在一些人，他们能成功地把握个人中的类，把自身同类的存在联系起来"①。赫勒还认为不同的人在面对异化时能够做出不同反应，诚然，现代人出生于一个或多或少异化的具体世界，但"并非每一个人都有绝对义务按其具体给定的存在而接受这个世界，并非每个人都必然使自身同异化的态度相认同"②。关键是如何看待自我保存原则，一般而言，特性状态的人总是倾向于自我保存原则，因为"大多数人在陷入一个没有好的选择，或者好的选择代价过于高昂的处境中时，很容易说服他们自己置道德责任问题于不顾，而另行选取了合理利益和自我保全的准则"③。但是，社会中具有个性的个体由于自觉意识到了类本质，因而能够从容地选择自我毁灭和自我受难。与特性的人总是顺从偶然性的统治，诅咒命运并选择逃避责任不同，个性的个体勇于自主地选择命运和承担责任。个体之所以能够做到这一点，还因为他们具有亚里士多德意义上的实践智慧（精明感），这是一种特殊的精神能力，能够适时地同特性保持距离，让人暂时悬置功利主义的目的和排他主义的动机。当然，赫勒并不是没有看到扬弃异化的困难，也不是盲目的乐观主义者，但她能够坚持马克思主义的历史分析法，将特性和异化视为历史性的事物，这既与海德格尔的"异化永恒论"不同，也与胡塞尔静观的生活世界理论存在差异。东欧新马克思主义强调日常生活是可以改变的，这种改变世界的革命姿态来自马克思主义的精神遗产。

在预设了个体（好人）在现代性条件下存在后，还必须具体揭示特性向个性转变的机制。赫勒指出，现代人与自己身处的世界存在复杂关系，个人不是孤立的原子，只能隶属于特定的阶级、团体、群伙

---

① ［匈］阿格妮丝·赫勒：《日常生活》，衣俊卿译，黑龙江大学出版社2010年版，第17页。
② ［匈］阿格妮丝·赫勒：《日常生活》，衣俊卿译，黑龙江大学出版社2010年版，第19页。
③ ［英］齐格蒙·鲍曼：《现代性与大屠杀》，杨渝东、史建华译，译林出版社2011年版，第268—269页。

和共同体。赫勒坚持用马克思主义的阶级分析法分析个人的生存,她承认"在人类'迄今为止的历史'中,每个人都是一个阶级单元"①,但在阶级社会中并非所有人都能成为历史阶级。在现代性条件下,特性的个人在何种程度上能够转变为个性的个体,主要取决于他在劳动分工中的位置,而这一点正是由阶级决定的,阶级本性为个人的发展设立了基本限度。个体的形成还依赖于共同体,"共同体是可以在其中获得相对同质的价值体系,以及个人必然从属于结构化的和有组织的团体或单位"②。共同体可以在积极或消极的价值基础上形成,个人只能作为整体的人同共同体建立联系,共同体为整体的人及其活动提供基本场所。"整体的人"(也译作"完整的人")是卢卡奇经常使用的一个概念,"整体的人"具有克服道德主观性的伦理意识,意味着"在理论上的也在现实中的存在,即公众、私人、国家公民、在社会中起作用的人和个别的人格的生动的整体"③。列斐伏尔认为"整体性"是一个辩证否定的范畴,直接关乎我们认识和改造世界的成败,"没有整体,我们无论接受的是什么,都不过是'被给予的'经验的和零碎的事物,我们接受的现实都是分裂成二的现实"④。

赫勒并不认为人们必须永久地待在某个共同体内,而是从多元生活方式出发强调个体可以自由选择不同的共同体。在现实中,可能会出现一个人同时加入多个共同体的情况,但这里存在一个优先级的价值偏好问题,每一个共同体都有相对稳定同质的价值体系,个体一旦选择了某个共同体,就意味着认同和接受某种价值体系。如果出现违背价值体系的行为,就会损害共同体的利益,这个人便不再是个体。在前现代社会,人们是在自然共同体中生活的,遵循某种固定的价值

---

① [匈] 阿格妮丝·赫勒:《日常生活》,衣俊卿译,黑龙江大学出版社2010年版,第27页。

② [匈] 阿格妮丝·赫勒:《日常生活》,衣俊卿译,黑龙江大学出版社2010年版,第33页。

③ [匈] 卢卡奇:《审美特性》(下册),徐恒醇译,社会科学文献出版社2015年版,第741页。

④ [法] 亨利·列斐伏尔:《日常生活批判》(第二卷),叶齐茂、倪晓晖译,社会科学文献出版社2018年版,第397页。

标准和体系，现代社会瓦解了自然共同体，特性的个人倾向于把共同体视为手段，认为只有抽象的商品生产者，也即市场经济条件下的孤立的个人才是现实的人。因此，现代性危机的实质就在于缺乏一种新的社会整合力量来缓和与消解原子式个人的利益冲突。与浪漫主义不同，赫勒认为回归自然共同体是不可能的，人们只能在现代性条件下重塑个体与共同体的关系，新的共同体是一种选择的共同体，它是多元的，可供人们自由选择。

在《共产主义与家庭》一文中，赫勒等人基于对新型共同体的理解，进一步提出家庭变革的理论主张，在他们看来，既然家庭是日常生活的组织中心，那么家庭变革自然是日常生活革命的重要组成部分。赫勒等人认为资产阶级家庭作为独裁者只能培养特性的个人，未来共产主义社会的新家庭形式是公社，它具有民主倾向和多元的人类关系，不仅能够确保个体的生成，还能消解一夫一妻制解体产生的冲突。对于公社，我们应注意两个方面：其一，公社只是集体日常生活的组织中心，仅具有家庭功能，不是共产主义社会的经济和政治细胞，社会政治经济组织仍然是外在于公社的。此外，公社的组建与共产主义的实现直接相关，决不能等到共产主义实现了再去组建公社，而是应该提前过渡到公社中来。其二，公社是自由选择的共同体，应尽量实行直接民主，充分保证个性的全面实现。同时，公社工作带有强制性，成员必须按照分工从事工作并完成集体任务，成员可以自由流动，"每一个个体，只要他喜欢，无论何时都有权离开公社"[①]。公社鼓励民主的生活方式，永远杜绝那种不能决定自己命运的情形发生。

同资产阶级的家庭相比公社具有三方面的优势：首先，可以解决现代人的孤独问题。与前现代社会的"大家庭"相比，现代社会的"小家庭"削弱了不同代际的人与人的关系，老年人由于不与儿女共同居住而经常陷入孤独，离异家庭的孩子也常常感到孤立无援。公社有助于打破传统家庭关系的束缚，成人的儿女不一定和父母共处同一

---

① [匈]安德拉什·赫格居什等：《社会主义的人道主义》，衣俊卿、文长春、王静译，黑龙江大学出版社2014年版，第19页。

公社，这样一来，即便夫妻关系解体孩子也不会受到严重影响。其次，可以大大减轻日常家务劳动的负担。尽管未来服务业的发展可以减少部分家务劳动，但服务业并不能从根本上把人从繁重的家务劳动中解放出来，而只是把劳动转嫁给机器和他人，这并不意味着人们可以高枕无忧、不再操劳。而在公社中，即便经济和技术水平不甚发达，也可以让家务劳动变得更加经济，因为可以更加高效地使用机器。最后，公社中的儿童共同体将更加有助于培养和塑造积极的道德品格。资产阶级家庭只能确立权威主义的人格，儿童只能成长为维护资本主义制度的自私自利的人。公社消除了我与你的二分，阻止了所有权心理和权威主义的消极影响，儿童的自由个性将得到充分尊重和全面发展。总之，公社不是独立王国，也不可能解决一切问题，但公社成员将"帮助共产主义的变革在每一个社会领域中产生"①。可见，家庭变革不仅是日常生活批判的题中应有之义，更是对宏观社会历史革命的重要补充。

三 对象化范式下的日常生活危机

除了从特性和个性两种不同人类生存状态分析日常生活外，赫勒还引入马克思的对象化范式，将日常生活视为"主体的个人在其中'客观化'，同时人的客观化的潜能在其中开始脱离属人的根源而生活的过程"②。对象化包含了主体的客观化和个人的再创造两个过程，在这个过程中，个人既可以被再次塑造成为特性的个人，也可以在类本质水平上成为个性的个体。由于日常生活充满惰性，具有实用的、经济的结构，倾向于把事物和惯例作为给定的事物加以接受而不追究起源，因此具有拜物教的特征。如前所述，日常生活关注的是个人，而不是人类，因此比"人类中心主义"更狭隘。卢卡奇希望用艺术来弥补日常生活的局限性，认为艺术可以实现"人的内在性与外在世

---

① [匈]安德拉什·赫格居什等：《社会主义的人道主义》，衣俊卿、文长春、王静译，黑龙江大学出版社2014年版，第20页。
② [匈]阿格妮丝·赫勒：《日常生活》，衣俊卿译，黑龙江大学出版社2010年版，第45页。

界的有机统一,人的人格与他在世界上的命运的有机统一"①。赫勒也强调艺术可以打破日常生活的惯性思维,"把人的生活、问题和冲突转变为一个永恒'整体'的生活、问题和冲突"②,但她认为要克服日常生活的惰性,必须充分发挥个性的作用,"个性愈是发达,它在日常生活中的行为愈是统一,它的能力和倾向就愈是趋向同质性"③。同质性和同质化概念意味着日常生活的"突现",即主体全神贯注于某一对象化领域,聚焦于某个单一的行动领域。同质化和创造性活动是同等程度的概念,直接指向人的类生活。这里应该区分"完整的人"和"人的整体"(也译作"人的总体"),前者与资本主义社会劳动分工下的片面的人、专业化的人相对应,其实也就是过着日常生活的普通人,后者指意识到自己的类本质,全身心将能力、天赋、性格和判断力集中到某一更高领域(艺术)并从事创造性活动的人。正如卢卡奇分析的,"人的整体"高于"完整的人","由日常的完整的人向感受作品个性的'人的整体'的转化,就艺术作品的真正感受而言,意味着在人的全面性方向上的逐步迈进"④。赫勒是这样看待"人的整体"的:"当我们谈到预言家和哲人、先知和圣人、出神、狂喜、灵感、自我投入、巅峰体验、启示、自觉、'着迷'的情感、完全的智力专注、'认真听'或者聚精会神时——在所有的这些词语中,无论我们的词语是神秘的还是乏味的,我们始终不变地在诠释已被称为'人的总体'的态度。"⑤

除艺术外,科学和哲学在个体形成过程中发挥着重要的作用。由

---

① [匈]卢卡奇:《审美特性》(下册),徐恒醇译,社会科学文献出版社 2015 年版,第 751 页。
② [匈]阿格妮丝·赫勒:《日常生活》,衣俊卿译,黑龙江大学出版社 2010 年版,第 50 页。
③ [匈]阿格妮丝·赫勒:《日常生活》,衣俊卿译,黑龙江大学出版社 2010 年版,第 55 页。
④ [匈]卢卡奇:《审美特性》(上册),徐恒醇译,社会科学文献出版社 2015 年版,第 560 页。
⑤ [匈]阿格妮丝·赫勒:《现代性能够幸存吗?》,王秀敏译,黑龙江大学出版社 2012 年版,第 54—55 页。

于"科学是趋向于对存在本身以其尽可能摆脱各种主观附加物的形式进行反映的"①,因此更倾向于非拟人化。诚然,科学可以利用专业知识打破日常知识的局限性,发挥祛拜物教的积极作用。但在现代性的条件下,科学技术不但没有发挥这种积极功能,反而滋养了特性和排他主义的动机,"塑造了为现状服务,而不是从现状找问题的态度的意识形态"②,并进一步制造出技术神话、领袖神话和专家神话等。如果说自然科学存在意识形态化问题,那么哲学社会科学就更为严重,因为"自然科学的认识理想被运用于自然时,它只是促进科学的进步。但是当它被运用于社会时,它就会成为资产阶级的思想武器"③。赫勒指出,现代性条件下的社会科学多半是辩护学,"因为它按照自然科学家看待自然的同样方式,把社会视作它的存在,它的现状,视作事实"④。即便如此,赫勒并未陷入技术悲观主义,她坚信科学不能完全操纵人,科学虽然有可能成为意识形态,但它并不必然成为意识形态。赫勒再次对哲学和艺术寄予厚望,认为凭借这些活动人们可以适时地中止特性,将意义和价值赋予日常生活,让特性的个人跃迁至个性的个体。

基于马克思的对象化分析范式,赫勒进一步将人类社会分为"自在的"对象化、"自为的"对象化和"自在自为的"对象化三大领域。在黑格尔哲学中,"自在性"指一种离开规定性而坚持自身的实在性,"自为性"指一种具有无限规定性的理想性,理想性高于实在性,"理想性并不是在实在性之外或在实在性之旁的某种东西,反之理想性的本质即显然在于作为实在性的真理"⑤。赫勒借用黑格尔的

---

① [匈]卢卡奇:《审美特性》(下册),徐恒醇译,社会科学文献出版社 2015 年版,第 800 页。
② [匈]阿格妮丝·赫勒:《日常生活》,衣俊卿译,黑龙江大学出版社 2010 年版,第 103 页。
③ [匈]卢卡奇:《历史与阶级意识》,杜章智、任立、燕宏远译,商务印书馆 1992 年版,第 59 页。
④ [匈]阿格妮丝·赫勒:《日常生活》,衣俊卿译,黑龙江大学出版社 2010 年版,第 101 页。
⑤ [德]黑格尔:《小逻辑》,贺麟译,商务印书馆 1980 年版,第 212 页。

术语，一方面强调"自在的"对象化是人类社会的前提，具有本体论的基础地位，"代表着被'理所当然地'占用的人的可经验的普遍原则"①，但其根本特征却是前反思的；另一方面强调"自为的"对象化是个体生成的重要中介，属于人的类本质活动。用马克思的术语表述就是，"自在的"对象化领域是一个必然王国，"自为的"对象化领域是一个自由王国。由于"自在的"对象化领域的规范和规则被人们视为理所当然的，这就意味人们在行动时不会反思这些规范和规则的合法性，而在这种情况下，邪恶的人做出非理性的行为便在情理之中了。要使现代性摆脱危机，就必须变革日常生活，为生活提供意义和价值，这就需要"自为的"对象化的介入。具体说来，"自为的"对象化包括传说、神话、思辨以及象征，这些"体现了人的自由，并表达了人性在给定时代所达到的自由的程度"②。"自在自为的"对象化是一个中间领域，主要指社会的经济和政治制度，具有"自在的"和"自为的"双重属性，既具有发展的潜能，也可能意味着死亡。赫勒指出，日常生活既可以是异化的，处于"为我的"领域，也可以是非异化的，处于"为我们的"领域。"为我们的存在"又分为"有限成就"的幸福和有意义的生活，前者带有封闭和终点论的色彩，缺陷在于"自己的生活"并不是主体自由选择的结果，而是在特定范围内做得比别人更好。因此，现代人更应该追求有意义的生活，在迎接挑战中展示自己的个性。

上面的分析主要展现了未来应然性的一面，但问题在于，日常生活在现代性条件下是否能真正摆脱矛盾和危机。赫勒意识到，"制度化的领域越发成为压倒一切的，规则系统就越发展，我们人类条件就越不稳定。在这种情况下，混乱的威胁实际上比其他时期离我们更近"③。

---

① [匈]阿格妮丝·赫勒：《日常生活》，衣俊卿译，黑龙江大学出版社2010年版，"英文版序言"第3页。
② [匈]阿格妮丝·赫勒：《日常生活》，衣俊卿译，黑龙江大学出版社2010年版，第115页。
③ [匈]阿格妮丝·赫勒：《现代性能够幸存吗？》，王秀敏译，黑龙江大学出版社2012年版，第63页。

制度性的领域对其他领域的侵占主要有三种表现：一是制度化领域在现代世界极度膨胀，某一（几）种系统把其他制度都视为子系统加以囊括和吞没，并彻底决定它们的发展和扩张。这是否定的辩证法为我们呈现的悲观主义模式，发展的极致是人类的自我毁灭。二是哈贝马斯提出的社会—系统整合模式，即认为社会整合和系统整合同时存在并发生作用，系统整合表现为工具理性吞噬一切，社会整合依靠价值和主体间认同避免社会崩溃。马克思曾强调人应该以一种全面的方式占有自己的本质，而不是成为专门化的人。社会整合与整体的人能够形成有益的相互作用，一方面日常生活的主体（整体的人）是推动社会整合的主体力量，另一方面社会整合可以形成保护伞，使整体的人免遭系统（制度性的领域）的侵凌。赫勒坚信社会整合（主体间的交往）具有相对独立性，虽然在现代性条件下任何整合都必然受到制度性领域的侵扰，但从来没有被彻底吞并。不过，如果基础性的日常生活领域长期处于守势，制度性的领域总是处在攻势，人类社会则可能招致自我毁灭。三是对制度性领域的一种全新设想，它假设能够设计出一种动态流动的社会层级系统，该系统不具有吞噬一切的能力，内部存在多个相互独立、相互依赖的子系统，任何一个系统都不能强大到以自身逻辑影响（决定）其他系统的地步。赫勒坚信日常生活在新系统中不总是处于守势，有可能转入攻势，这就为日常生活的人道化创立了有利条件。无论怎样，三种模式在逻辑上都是成立的，究竟何种可能性在未来成为现实，主要取决于人们在当下如何思考和行动。

第二节　伪具体的日常生活及其破除

捷克新马克思主义理论家科西克在国际学术界享有盛誉，他在《具体的辩证法》中围绕人与世界的关系提出了独特的日常生活批判理论，将视线移向现代性条件下生活意义的获取。科西克认为现代社会在经济、政治、文化等方面已深陷危机，表现为"伪具体""伪科学""伪理性""伪历史"等，现代性的危机就是日常生活的危机和人的危机。这是一种深层的、全面的、基础性的哲学危机，要理解其本质就必须探讨意义、真理、实践、历史、时间、存在等问题，解除危机的途径是发起一场日常生活的革命，走向人道主义的社会主义。

一 伪具体的世界及其特征

卢卡奇在《历史与阶级意识》中强调总体是具体的，这一观点为科西克所继承。科西克认为具体和总体是一个东西，具体的辩证法就是总体的辩证法，丧失总体性的具体是伪具体，离开具体性的总体是伪总体。伪具体的世界就是日常生活世界，它是功利主义实践的产物，混淆了本质和现象，颠倒了主体和客体，丧失了意义和价值。伪具体的世界具有虚假自主性，其本质是还原论和物本论。从日常生活的"烦"到经济学的"经济人"假设，无不体现着系统对人的操控，经济因素决定论将复杂的人类社会归为单一的经济因素，没能理解"历史唯物主义首先是资产阶级社会及其经济结构的一种理论"，"社会结构的所有因素都处在辩证的相互作用之中"①，最终沦为意识形态的辩护术。

与赫勒一样，科西克也主张发起一场日常生活的革命，但与赫勒强调日常生活是人类的基本条件不同，科西克更倾向于批判日常生活。在他看来，日常生活是伪具体的、拜物教化的世界，它不仅用大量的现象遮蔽事物的本质，而且把主体变成了客体。伪具体的日常生活世界具有四层含义：一是纷呈于真正本质过程表面的外部的现象世界；二是获取和操控的世界，即拜物教化的实践世界；三是日常观念的世界；四是固定客体的世界。② 日常生活世界总是以规律性、直接性和自明性的样态呈现出来，并不断渗入日常意识，导致一种虚假自主性和似自然性③。

---

① ［匈］卢卡奇：《历史与阶级意识》，杜章智、任立、燕宏远译，商务印书馆1992年版，第312、314页。

② 参见［捷克］卡莱尔·科西克《具体的辩证法》，刘玉贤译，黑龙江大学出版社2015年版，第3页。

③ 似自然性是一个带有强烈批判意味的概念，马克思在分析人类社会历史发展进程时发现了一种特殊的现象，即在一定的历史时期，人类主体表现出一种非主体（客体）的样态，经历着一种类似自然界盲目运动的客体过程。在这个过程中，外部的客观力量（作为客体的物）奴役和支配着人类主体。

现象虽然是通达本质的桥梁，但在日常生活世界却成为掩盖本质的工具，以至于人们误以为现象就是本质。在哲学史上，本质和现象常常被对立看待，如柏拉图区分了理念世界和现象世界，理念世界关乎本质，现象世界则是理念分出来的世界。科西克不否认作为现象的日常生活世界，他只是反对现代性条件下这个伪具体的世界置换了本质和现象，让本质成为现象，让现象成为本质。

科西克认为人们将现象混同于本质，并不是因为现象附着在事物表面更容易把握，而是实践活动本身异化了。功利主义实践（拜物教化的实践）在理解世界时，总是倾向于把对象视为手段和工具，满足于获得对现实的现象的认识，而不去谋求通达现实的本质。功利主义实践可以让人类生存繁衍，过上一种"幸福"的生活，但这种"幸福"是虚假的，因为人们不理解这个世界的结构和本质，更不知道生活的意义和价值。结果只能是，"幸福的概念退化为身体的舒适，而理性的概念退化为一种对于人和物的合理化的操控，将手段转化为目的和将目的转化为手段的现代生活的日常氛围被固定在一个简单的公式所表达的一种经济结构中：金钱——商品——更多的金钱。"[1] 功利主义实践宣称日常生活世界是真实可信的，具有绝对的"确定性"和"有效性"，但事实上，这只是一个被意识形态外观环绕的表象世界，一个僵化的历史环境在主体意识中的虚幻投射。功利主义的实践造就了特殊的物质环境和精神氛围，它将事物表面现象凝固化，让人们深信周围的日常生活是亲近熟识的，自己作为主体能够自然而然地行动；但结果却是让世界变得神秘化，让人们浑浑噩噩地拜倒在它的脚下。在这里，科西克揭示了东欧人陷入"面包时代"的深层次原因，值得人们深思。

二 具体的辩证法

科西克认为要摧毁伪具体的日常生活世界，就必须运用马克思主

---

[1] ［捷克］卡莱尔·科西克：《现代性的危机》，管小其译，黑龙江大学出版社2014年版，第87页。

义的辩证法破除现象的虚假自主性。辩证法不否认现象的实存，而是通过中介证明其派生性，辩证法不把固定的客体世界及其观念视为原初的、自主的事物，而是将之视为人类实践的产物。辩证法有三个基本环节："首先，辩证法是伪具体的解构，其中物质世界和精神世界的僵化的和物化的构造被置换了，揭示出历史的创造和人类的实践。其次，辩证法是事物自身的矛盾的启示，即，这些活动指明并描述了这些矛盾而不是掩盖它们和将它们神秘化。第三，辩证法是人类实践活动的表达。这种活动可以根据作为复苏和复兴的德国古典哲学——由此这些概念表征着原子化和弱化的反题——而界定，或者作为一种总体化的现代的术语来界定。"① 在科西克看来，日常思维之所以具有非批判的惰性，根源在于人们不懂辩证法，固守环境和观念的二分，这种思维正是马克思在《关于费尔巴哈的提纲》中批判的直观唯物主义，按照马克思的说法，环境的改变与人的改变要从实践的方面去理解，人能够认识环境是因为它是实践的产物。

在科西克看来，苏联正统马克思主义陷入了实证主义的直观反映论和还原论。实证主义的要害是无法认识事物本质，它总是把复杂的现实还原为单一的要素（如数量关系），这只能导致人类精神的贫困。人和世界是完整的，要把握人与世界的关系，既要运用理性去分析，又要运用直觉去感知，忽略理性将导致非理性主义，忽略直觉将导致唯理主义、实证主义和科学至上主义。认识的本质在于社会理智的再生产，"人类意识既是一种'反映'也是一种'投射'，它既进行登记与注册也进行建构与计划，它既进行反映也进行预期，既是受动的也是能动的"②。还原论预设了一个僵化的实体和一些无法被化约的要素，其基本信念是将现象还原为抽象规律（本质），根本要害在于将丰富的个别归于一般，将一般变成抽象普遍性。还原论者不理解辩证法，没有看到中介和过渡，与斯宾诺莎主义一样，还原论认为

---

① ［捷克］卡莱尔·科西克：《现代性的危机》，管小其译，黑龙江大学出版社2014年版，第92—93页。
② ［捷克］卡莱尔·科西克：《具体的辩证法》，刘玉贤译，黑龙江大学出版社2015年版，第17页。

一切个体都是虚幻的，只有不变的实体才是真实的，"还原主义是一种'只不过是'的方法，世界的丰富内容'只不过'是一种不变的或动力化的实体"①。还原论不可能认识新事物，它总是将新事物还原为旧要素，即便强调运动变化也无法理解事物的否定性，而恰恰只有否定性才能打破还原论，让事物在运动中解释自己。

科西克认为辩证法只能是具体总体的辩证法，这"不是一种还原方法，而是精神地、理智地再生产社会的一种方法，是对以历史的人的客观活动为基础的社会现象进行展开和阐释的一种方法"②。辩证法与经验主义完全不同，前者能够透过现象把握事物本质，后者则停留在现象的层面，无法达到对现实的认识。与卢卡奇等西方马克思主义者一样，科西克坚持总体性原则，认为辩证法的基本特征是总体性，反对将辩证法仅仅看作普遍联系以及整体和部分的关系，因为这种观点割裂了本体论和认识论的联系，忽略了现实的总体性。要理解现实首先要知道什么是现实，关于现实有两种观点：一是将现实看成是事实的堆积，二是将现实视为具体的总体。第一种观点将导致不可知论，只有把事实置于总体中，将之视为整体结构的组成部分，才能认识事实。

从具体总体的辩证法出发，部分和整体就不再是割裂的，而是互为中介，一方面部分是整体的环节，只有将部分置于整体的背景下才能理解，另一方面只有理解部分，整体才不再是抽象的、空洞的。具体总体的辩证法不是概念游戏，而是与人在世界中的地位密切相关，"只要从根本上或仅仅把人直觉为总体框架中的一个客体，只要作为客观—历史实践的主体的人的重要性没有得到承认，就没有把社会现实当作具体的总体"③。不难看出，科西克对辩证法的分析并不是一种纯粹的理论探讨，而是有着实践维度，他认为理解现实的关键是将

---

① ［捷克］卡莱尔·科西克：《具体的辩证法》，刘玉贤译，黑龙江大学出版社2015年版，第18页。

② ［捷克］卡莱尔·科西克：《具体的辩证法》，刘玉贤译，黑龙江大学出版社2015年版，第22—23页。

③ ［捷克］卡莱尔·科西克：《具体的辩证法》，刘玉贤译，黑龙江大学出版社2015年版，第33页。

现实视为主体实践的产物，而只有把辩证法理解为具体总体的辩证法，才能做到这一点。总之，日常生活革命的关键是将实践置于中心位置，并从革命和批判的角度理解人与世界的关系。

科西克还强调，必须在理论和实践中防止虚假的总体。虚假的总体有三种表现形式：一是空洞的总体，它不关注个别环节，拒绝理性反思活动，倾向于用抽象原则筛选事实，将一切不符合原则的事实视为非理性的"剩余物"。由于这种总体破坏了现象的整体性，故无法认识现实。二是抽象的总体，它将整体与部分对立起来，把总体实体化为"高级现实"。这是一条通向虚假总体的道路，由于把总体实体化，令其凌驾于事实之上，这就为主观主义打开了方便之门，其结果是"尽管它声称自己是一个高级现实，但这种趋势自身还会退回到抽象，即退到比经验事实等级更低的现实"①。三是恶的总体，它倾向于用一种神化的主体（自主性的结构）代替真正的主体。照此逻辑，社会现实是一个自主的总体，而真正的主体（人）却消失了，其位置被物像化的、拜物教化的结构的自主运动所占据。科西克在这里暗示了结构主义的谬误，那就是将社会现实等同于自主运动的结构，而不是从实践的角度加以把握，这个判断是准确的。

三　日常生活与理性形而上学批判

众所周知，科西克对日常生活的理解深受海德格尔思想的影响，这一点从他对"烦"的分析可以看出。与海德格尔一样，科西克认为烦是现代人的基本生存境遇，烦不是偶然的、主观的，而是人们必然遭遇的客观现实，"烦是个人在关系网中的纠缠，这种关系网作为实践的—功利主义的世界呈现在他的面前"②。因此，人要超越客观的关系网就必须同烦照面和打交道。科西克认为烦有三层含义：一是社会个体以个人的介入及其功利性实践为基础在社会关系体系中的纠

---

① ［捷克］卡莱尔·科西克：《具体的辩证法》，刘玉贤译，黑龙江大学出版社2015年版，第37—38页。

② ［捷克］卡莱尔·科西克：《具体的辩证法》，刘玉贤译，黑龙江大学出版社2015年版，第46页。

缠；二是以烦神和获取的形式出现的个人活动；三是表现为无区别、匿名的活动主体。获取是一个重要的概念，与一般的劳动过程不同，它意味着异化和拜物教化的加深，当个人在装置和器具构成的系统中活动时，他的目标是获取某种物，但结果却是被物俘获。获取让人丧失对物的认识，遗忘实践的本性，物一旦成为固定不变的现成之物，历史就会被视为非理性的残余遭到遗忘和抛弃。

在科西克看来，获取是实践的异化，标志着人受控于现成之物构成的系统，"获取是人在一个现成的、给定的世界里的实践行为，这相当于在某个世界里维护和操控器具，但它绝不是一个形成人类世界的过程"①。更进一步，科西克强调器具是一个复杂的系统，总是以复数的面目出现，因此反抗必须指向一个总体，任何局部的改变都无济于事。科西克还将分析延伸至政治经济学领域，在他看来，获取是抽象劳动的表现，它造就了一个抽象的日常生活效用世界，在这里一切都演变为功利主义的工具，事物（包含人）只有在系统中和被操控时才具有意义，而这意味着"特殊性被超越，取而代之的是绝对的普遍性"②。总之，科西克认为现代性危机的实质是普遍性对特殊性的统治，即马克思批判的"抽象成为统治"。抽象普遍性的统治只会导致虚无主义以及意义和价值的丧失，而一旦人只知道操控世界和他人，人和自然的关系就演变成征服者和被征服者的关系，自然的美学方面将被彻底清除。

换个角度看，科西克认为现代性危机的实质是人的危机，因为现代人在社会中已经变成客体，主体不再构造世界，而是变成总体的一部分，服从超个体的规律，"主体从他的主体性中抽象出来变成了一个客体和系统的一个要素。人变成了规律般的系统中由其功能决定的一个单元"③。

---

① ［捷克］卡莱尔·科西克：《具体的辩证法》，刘玉贤译，黑龙江大学出版社2015年版，第49页。
② ［捷克］卡莱尔·科西克：《具体的辩证法》，刘玉贤译，黑龙江大学出版社2015年版，第50页。
③ ［捷克］卡莱尔·科西克：《具体的辩证法》，刘玉贤译，黑龙江大学出版社2015年版，第63页。

科西克认为这一切是资本主义制度造成的，而作为资产阶级意识形态的国民经济学只是用"经济人"假设反映了异化的规律。在资本主义社会，人与世界的关系表现为人与系统的关系，"经济人"不过是资本主义社会系统功能的要素和表征，"经济人是作为系统的一个组成部分的人，是作为系统的一个功能性要素的人，这样的人本身必须具有使系统得以运转所不可或缺的一些本质特征"①。资本主义系统离不开"经济人"的表征，同时它也支撑着"经济人"假设，"不是理论，而是现实，把人降低为一个抽象物。经济是一个系统，是一套支配着人在其中总是不断地被转变成'经济人'的各种关系的规律"②。

科西克强调，只要人处于资本主义的经济系统和经济关系中，就一定会异化，"一旦进入经济王国，人就会被改造。他一进入经济关系，就不以他的意志和意识为转移地被拖入环境和规律般的关系中"③。可见，"经济人"并不是经济学家主观臆造的观念，而是经济系统和经济关系的产物，"经济就是一种有把人变成经济人，把人拖入征服人、改造人的客观机制之中的趋势的生活氛围"④。但是，资产阶级的经济学家并没有看到这种关联，他们把"经济人"视为合理必要的逻辑假设，进而陷入了拜物教。经济学家从不关心现实的工人如何生活，而只关注系统如何持续运转，他们在展开具体研究前早已将"经济人"和系统作为先验的观念驻留脑中了，其根本要害在于将"应当加以说明的东西假定为一种具有历史形式的事实"⑤。经济学运用数学语言以及各种模型和计量方法，把表面上看来偶然的事

---

① ［捷克］卡莱尔·科西克：《具体的辩证法》，刘玉贤译，黑龙江大学出版社2015年版，第65页。
② ［捷克］卡莱尔·科西克：《具体的辩证法》，刘玉贤译，黑龙江大学出版社2015年版，第66页。
③ ［捷克］卡莱尔·科西克：《具体的辩证法》，刘玉贤译，黑龙江大学出版社2015年版，第66页。
④ ［捷克］卡莱尔·科西克：《具体的辩证法》，刘玉贤译，黑龙江大学出版社2015年版，第66页。
⑤ 《马克思恩格斯文集》第1卷，人民出版社2009年版，第156页。

物囊括在规律之下,并把规律视为绝对的、自主的,但事实上,这些规律不过是特定系统的规律,它们本身是历史的产物,将随着系统的消亡而消失。

马克思批评李嘉图把人变成了帽子,古典经济学之所以会"见物不见人",就在于它把人视为系统的要素,让系统凌驾于人和其他一切事物之上。古典经济学在方法上试图排除一切人的主观性,认为只有数学方法才能准确把握本质和规律,但这样恰恰把人当成了物。科西克认为从"烦"到"经济人"不仅仅意味着从主观性转为客观性,而且表明一种双重客体的生成,即客观现实变成了客体现实,人(主体)变成了客体。就这样,资本主义社会制造了一个全新的客体现实,"现实本身被改变了。方法论本体论化了"[1]。科西克为我们揭示的这个转变非常重要,它表明不仅仅是人们观察事物的角度发生了变化,由于客体现实的出现,主体本身也发生了变化,即变成了客体。与之对应,系统则凌驾于人之上,变成了主体,成为新的上帝。古典经济学既没能揭示出这个异化和颠倒的世界的本质,也未能论证人的社会历史关系如何被物的关系掩盖,"它描述这个物化了的世界及其规律,好像它就是真正的人类世界,因为它是古典经济学所知道的唯一的人类世界"[2]。但事实上,这是一个悖谬的世界,因为人只有成为系统的一个要素,成为经济人,才能证明自己的现实性和人生价值(意义)。也就是说,一个人的能力和才能只有满足系统需要才是现实的,系统不需要的能力和才能都是非现实的,尽管它们可能对于人的全面发展来说至关重要。

浪漫主义用"自然人"预设反对"经济人"预设,认为如果一切都用金钱来衡量,自然价值和道德准则便消失了。从整体的人出发,浪漫主义反对系统对人的操控,这是正确的,但浪漫主义的立场和方法并不正确。在科西克看来,"自然人"和"完整的人"均不是

---

[1] [捷克]卡莱尔·科西克:《具体的辩证法》,刘玉贤译,黑龙江大学出版社2015年版,第69页。
[2] [捷克]卡莱尔·科西克:《具体的辩证法》,刘玉贤译,黑龙江大学出版社2015年版,第70页。

现代人的形象，而是宗法式的、尚未充分发展的人的形象，因此浪漫主义的完整性是虚假的，建立在人的有限能力基础之上。在看待现代性的问题上，科西克虽然批判现代性的异化特质，但却坚持历史进步论，肯定现代性的积极价值，认为现代性为人的全面发展提供了重要条件。在他看来，浪漫主义最大的问题在于轻视系统和无视抽象，忘记了"人总是生活在系统中，并且作为它的一个组成部分总是被化约为某些方面（功能）和某些（片面的和物化的）实存形式"[①]。科西克对待现代性的态度是辩证的，他从不排斥系统，因为人无法离开系统，但他又反对将人化约为系统的要素，坚信人具有超越系统（社会历史环境和社会关系）的能力和潜能。无论是科西克还是赫勒，在一定程度上均继承了马克思主义的人道主义立场，对日常生活的异化展开了批判，同时他们又能从辩证法出发，接纳和承认日常生活（现代性）的积极意义和价值，这是非常难能可贵的。

科西克在批判理性形而上学时区分了唯理主义理性和辩证理性。唯理主义理性的出发点是原子式的个人，它尊崇科学技术，认为科学技术无法把握之物是非理性的"剩余物"，按照这个逻辑，一切不能用交换价值衡量的东西，即资本主义现代性之外的事物都是不可理解的、非理性的"剩余物"。科西克认为唯理主义的理性在反对权威和传统方面具有积极意义，但把无法衡量之物视为非理性的剩余是有问题的，因为这样一来价值理性就被视为非理性之物排除在外了。而辩证理性则不同，它"主要表现为预示着神秘化和伪具体的毁灭的到来的批判性的反思，并旨在像它本来的面目那样描绘实在，以复归于它的全部客观的内在含义"[②]。总之，辩证理性坚持历史性原则，具有超越性和否定性，基本方法是从现象到本质，根本旨趣是改变现实和实现自由。辩证理性就是具体的辩证法，它可以摧毁伪具体的日常生活世界，让人们摆脱系统的操控，为人类生活提供意义。

[①] ［捷克］卡莱尔·科西克：《具体的辩证法》，刘玉贤译，黑龙江大学出版社2015年版，第71页。

[②] ［捷克］卡莱尔·科西克：《现代性的危机》，管小其译，黑龙江大学出版社2014年版，第71页。

综上所述，科西克认为要摆脱现代性的危机，破除伪具体的日常生活世界，就必须依靠具体的辩证法（辩证思维）来扬弃功利主义实践。在迄今为止的人类社会中，人们表面看是在创造历史，但事实上却是历史的奴隶，其愿望只能通过天意、看不见的手、理性的狡计、先定和谐等实现。人们为了摆脱自身的有限性和偶然性，倾向于夸大天意、绝对精神、历史等因素的作用，这就导致了一系列神秘化和颠倒，结果使得功利主义实践作为形而上学进入人脑，演变成拜物教意识和物化意识。真正的实践是能动的，它是不断更新和生成的过程，正是在这个过程中，人与世界、物质与精神、主体与客体、产品与生产实现了有机统一。

本章小结
东欧新马克思主义日常生活批判的意义与限度

在东欧新马克思主义看来，之所以要进行日常生活批判（革命），主要是因为资产阶级的所有成就仅仅是恢复和加固了日常生活世界，但这个世界并不是人道主义的，而是异化的，它集中体现在人与环境的关系上，"日常生活中的人的个体存在把他的环境视作'已经给定的存在'；他自发地占有习惯体系，并操控他的环境；他的行为是实用性的（因而对他而言最本质的东西就是确保特定的行为的成功）；他的概念是最低的公共标准；他的知识，按照哲学的标准来衡量，仅仅是意见"[1]。从本质上看，日常生活批判是一种异化批判理论，无论是赫勒还是科西克，无一例外都将批判矛头指向了现代性条件下个体的异化生存状态。但与一般的异化批判不同，东欧新马克思主义的日常生活批判具有双重向度，这突出表现在"既深刻剖析传统日常生活世界中人的自在自发的生存状态，批判人之生存的自然状态，又深刻解析当代理性文明高度发达条件下的文化危机和现代人的异化受动

---

[1] [匈]安德拉什·赫格居什等：《社会主义的人道主义》，衣俊卿、文长春、王静译，黑龙江大学出版社2014年版，第20页。

的生存状态,批判现代社会的普遍的物化结构"①。这种双重批判与东欧新马克思主义所处的特定时代有关,作为后发展国家,东欧各国在一定程度上处于前工业文明的笼罩之下,惰性的日常生活氛围仍在社会发展中起着阻滞文化发展的消极作用。在自在自发的生存状态下,个体经历着重复性的日常生活,用马克思的话说这是一种以"人的依赖关系"为主的社会。严格意义上讲,这时主体并未完全觉醒,主体性也未完全生成,人们更多的是依靠经验、习惯、风俗、礼仪决定自己应该做什么。按照赫勒的分析,日常生活遵循的是实用主义的原则,这就意味着人们关注的是事物的功能而不是起源。这种纯粹实用主义的关系"代表着以过去为定向的社会而不是以未来为定向的社会"②,因此这是典型的异化社会。科西克认为每一个时代的人都有自己的日常,但日常作为熟悉的世界仅仅是表象,日常生活最大的问题是非反思性,"在日常里,活动与生活方式都转变为本能的、下意识的、无意识的和未经思考的活动与生活的机制"③。而按照黑格尔的说法,反思是认识事物本质的关键,"只有通过以反思作为中介的改变,对象的真实本性才可呈现于意识前面"④。科西克发现,现代人倾向于从非历史的角度看待日常,不仅将日常视为熟习的世界,更将之视为永恒不变的世界。如此一来,日常就变成了空洞乏味的"日常宗教"和荒谬的不变性,与此同时,主体成为系统操控的对象,变成了赝主体(客体),这自然是一个颠倒的异化世界。在这里,东欧新马克思主义自然而然地将批判矛头转向了主体异化受动的生存样态,这种异化的不自由状态正是马克思批判的"以物的依赖性"为主的资本主义现代社会。

东欧新马克思主义日常生活理论的双重批判对我们构建"中国现

---

① 衣俊卿:《东欧新马克思主义精神史研究》,黑龙江大学出版社2015年版,第332页。
② [匈]阿格妮丝·赫勒:《日常生活》,衣俊卿译,黑龙江大学出版社2010年版,第161页。
③ [捷克]卡莱尔·科西克:《具体的辩证法》,刘玉贤译,黑龙江大学出版社2015年版,第54页。
④ [德]黑格尔:《小逻辑》,贺麟译,商务印书馆1980年版,第76页。

代性"具有重要的启示意义。中国无疑也是后发展国家，也面临着建构自己的现代性和加快现代化的问题。在这个过程中，我们不仅同样面临着日常生活的文化阻滞力，而且也一定会遭遇系统对主体的操控问题。但与东欧僵化的社会主义模式不同，中国特色社会主义具有巨大的制度优势。"中国现代性"虽然在物质内容层面（发展生产力）与"西方现代性"存在一致性，但在社会关系和文化价值层面却完全不同。就人的自在自发的生存状态而言，中国传统文化确有一些"糟粕"固化了"自在自发性"，阻碍了现代化的发展，这是我们应着力批判和去除的东西。但也应看到，中国传统文化中有不少优秀的文化因子，它们不仅能够抵制工具理性的侵蚀，还能起到巩固国家和整合社会的积极作用。现阶段中国面临的最大问题在于，一方面传统文化中的负面因素仍然发挥消极作用，另一方面传统文化中的优秀基因随着现代化的发展而逐渐被蚕食，以至于有学者感慨道："在今天这样一个全球化时代，民俗文化实在太微弱了，每天、每小时、每一分钟都在流失"[①]。东欧新马克思主义理论家在分析日常生活时，并没有彻底否弃日常生活，他们批判日常生活的机械性、呆板性和重复性，目的是希望改变日常生活，让其充满意义和价值，这种辩证的态度正好契合我们的时代需要。

　　任何一种理论都不可能做到尽善尽美，东欧新马克思主义的日常生活批判也存在自身的缺陷，这主要体现在两个方面：一是日常生活批判内含了一种异化批判逻辑，异化批判的理论优势在于能够深刻揭示现代社会非人性的阴暗面，但由于它仅仅预设了一种非异化的人类状态，而没有从科学层面论证社会转变的历史必然性和现实可能性，因此无法为人们摆脱日常生活的困境指明方向。二是理论本身存在自相矛盾的地方。譬如，在分析特性的个人向个性的个体转变时，赫勒的核心论据是社会中一定存在好人，他们能够意识到个体和类的一致性，并及时中止特性的无限蔓延。好人的存在可能是事实，但问题在于，这部分人作为榜样的力量能够引领其他人成为个性的个体吗？赫

[①] 许纪霖：《读书人站起来》，中国人民大学出版社2011年版，第287页。

勒曾指责法兰克福学派理论家的审美救赎论是精英主义,但她的学说又何尝不是一种隐性精英主义呢?无论怎样,东欧新马克思主义的日常生活批判至今仍具有重要意义,它不仅拓展了马克思对异化的分析,从微观政治哲学角度深化了马克思主义的宏观社会革命论,还让处于睡梦状态的现代人意识到自己正深陷危机之中,而走出危机的关键是改变自己。

第二章 激进需要与理性乌托邦

在前现代社会，宗教、道德和哲学发挥着社会整合的重要作用，但它们也产生了消极影响。宗教让人信仰身外之神，只是反映了人的本质的异化；道德让人遵循伦理规范和规则，只是让人在至善面前变得空虚；哲学让人相信理性和自然，却在形而上学的道路上蜕变为教条主义的训诫。现代性让宗教世俗化、道德虚无化、哲学无用化，现代性的危机就是宗教、道德和哲学的危机。因此，恢复宗教、道德和哲学的社会整合作用，让它们能够积极干预社会现实，就成为现代性批判的题中应有之义。本章我们集中论述东欧新马克思主义理论家对哲学功能的基本看法，宗教和道德的内容放在其他章节探讨。

第一节 激进哲学与理性乌托邦

《激进哲学》是赫勒"新左派"时期的最后一部著作，在这部著作中她的思想发生了转变，其"理论诉诸的'主体'不再是'作为类的人'，而是现代个体，按照赫勒自己的分析，个体有独立心智，具有不受限制的社会流动性"[1]。该转变不仅表明赫勒即将从日常生活批判转向现代性批判，也表明其人道主义马克思主义的总问题正在

---

[1] Simon Tormey, *Agnes Heller: Socialism, Autonomy, and the Postmodern*, Manchester: Manchester University Press, 2001, p. 104.

趋于弱化，这就为其历史哲学视域下的现代性批判埋下了伏笔。在这部承前启后的著作中，赫勒把哲学视为理性的乌托邦，认为哲学在现代社会应该在表达和功能上实现变革：一方面成为真与善的统一和合理性的乌托邦，在价值上引领人们的生活与行动，另一方面积极发挥祛拜物教的社会批判功能，让人们在教条主义的睡梦中苏醒。

一 哲学在现代社会的定位与功能

自诺瓦利斯起，哲学发生了重要的变革，人们不再醉心于世界如何构成，而是把目光集中在哲学的自我认识和反思上。随着现代性的萌发和拓展，科学成为衡量一切事物的重要标尺，哲学也希望成为"精确的科学"，但最终不得不选择退却。在现代性条件下，追求精确性和科学性的哲学已深陷危机，哲学无法完成自己的使命，哲学的危机并不意味着哲学无用，而是表明哲学必须在表达和功能上实现转型。赫勒认为费尔巴哈哲学的功绩在于，将唯心主义哲学视为"思辨的"，一语道破了传统哲学的抽象性，将哲学的关注点移向人和自然界，用感性对象性原则重构了哲学人类学价值。费尔巴哈为哲学开启了两条理论进路：一是存在主义和生命哲学，二是马克思的激进哲学。马克思强调问题在于改变世界，认为只有改变世界才能真正实现哲学，这是实践哲学的批判理论传统。赫勒等人不认同卢卡奇和韦伯的工具理性预设，认为将自我调节市场和工具理性的统治视为"铁笼"为现代性描绘了一幅暗淡的前景，是物化和拜物教的无意识反映。从总体上看，卢卡奇对现代性的判断带有悲观主义的情愫，这一点被法兰克福学派的霍克海默和阿多诺继承和发挥，对西方马克思主义的后期理论走向产生了深远影响。布达佩斯学派并不否认自由市场和工具理性的负面作用，但更希望人们积极面对现代性的危机，他们赞同波兰尼（Karl Polanyi）对市场自由主义的批判，相信现代社会的原动力由双重倾向支配：一方面是市场不断地扩张，另一方面是国家对市场的反向保护。一个脱嵌且完全自律的市场经济只能是空想，"市场只不过是前所未有地受到社会权威之控制与节制的一项制度装置的一个附属特征"①。但是，现代性并不能自动地维系下去，要避免终结的厄运，就必须建立在一种积极的哲学（理性乌托邦）之上。

每种哲学都是一种生活方式，东欧新马克思主义理论家崇尚一种多元化的生活方式，因此在他们眼里哲学一定是复数的。但是，这并不表明所有哲学都是合理的，只有指向理性乌托邦的哲学才具有积极价值。赫勒主张这样看待哲学危机，与其说哲学的功能被科学掳走，不如说哲学本就不具备这些功能。哲学是真和善的统一，但哲学从不相信单一的真和善，它总是不断追求终极；哲学是应然和实然的统一，但在现实生活中实然和应然总是处于矛盾性的张力中，哲学从不任意设定应然，"应然不是幻想的错觉，不是仅仅存在于我们的主观愿望中的纯粹梦想，相反，'应然'恰恰是最紧要的东西，是标准，是'真'或者最真实的实在"②。我们决不能简单地将东欧新马克思主义者对应然的强调视为唯心主义的乌托邦，正如实践派哲学家马尔科维奇分析的："如果人没有任何一种理想，即对未来应有的东西没有任何一种认识的话，那么他既不可能把任何东西都评价为一种局限，也不可能一以贯之地区分善和恶、积极的东西和消极的东西。事实上，关于未来的一种发达的意识在人对现实的批判中指引着他。在这个意义上，哲学总是一种关于任何一种现存的人的状况的批判意识。"③

具体说来，哲学并不是把知识强加给人，而是"向上引导"，让人们运用自己的理性反思真和善。如果我们承认哲学包含应然的成分，那就表明哲学是一种乌托邦。赫勒并不认为每个人都要成为哲学家，但她认为人人都应该学会独立思考，成为理性存在者。哲学展示了特定的生活方式，人们选择某种哲学就意味着选择了某种生活方式，因此不能随意撤销和更改，选择意味着承担责任，必须对自己的

---

① ［英］卡尔·波兰尼：《巨变》，黄树民译，社会科学文献出版社2013年版，第144页。
② ［匈］阿格妮丝·赫勒：《激进哲学》，赵司空、孙建茵译，黑龙江大学出版社2011年版，第10页。
③ ［南斯拉夫］米哈伊洛·马尔科维奇：《从富裕到实践》，曲跃厚译，黑龙江大学出版社2012年版，第5页。

选择和行为负责。因此,"一个哲学家应该过他的哲学生活,积极地推动他的观念的实现。他的任务不仅在于从人的生存中推出哲学原则,而且在于试图把人的生存提高到哲学原则的层次"①。在笔者看来,东欧新马克思主义者不仅是哲学家,更是践行哲学的实践家,知行合一在他们身上得到了完美体现。

总之,东欧新马克思主义者否认工具理性可以一统天下,这份自信源于对哲学本质和功能的深刻觉解。作为合理性的乌托邦,哲学具有价值理性,其基本功能是祛拜物教。哲学还能促使人们思考人生意义,引导人们进行辩论,进而从中得出真正的知识和善。与科学不同,哲学并不提供"一般规律",但它提供某种合理的生活方式和价值选择,并激发人们从理论走向实践。问题在于,如何保证哲学的乌托邦诉求不会落入鄙俗的意识形态呢?哲学又如何在获得至高荣誉的同时不坠入实证主义的窠臼呢?这就涉及了哲学价值讨论②。

二 哲学价值讨论何以可能

人总是生活在特定的社会价值体系中,离开价值规则不仅无法区分善恶,甚至连社会本身都无法存在。现代社会是一个动态社会,价值范畴不断发生变化。资本主义现代性的危机主要表现为某种价值失范,由于该社会以资本和财富为目的,以有用性和成功为基本价值准则,这就势必导致工具理性和价值理性的关系发生颠倒和错位。一言以蔽之,现代性的根本病灶在于真正的价值讨论和价值选择被资本主义制度彻底根除,消除危机的关键是让哲学价值讨论成为可能。

既然现代性的危机表现为工具理性吞噬价值理性,那么反对实证主义的量化原则就是一切批判哲学的题中应有之义。科拉科夫斯基是这样描述实证主义的:"实证主义是一个涉及人类知识禁令的集合,它打算把'知识'(或者'科学')的名称限定在那些限定自然科学

---

① [南斯拉夫] 米哈伊洛·马尔科维奇:《从富裕到实践》,曲跃厚译,黑龙江大学出版社2012年版,第6页。

② 哲学价值讨论不同于一般意义上的日常生活讨论,前者是围绕真实的价值展开的,目的是通过确立某种应然的原则,建构和规范人们的个性和行为。

的演进中可观察到的操作活动之中。"① 实证主义将哲学的善抹去，否定一切合理性的乌托邦，既不提供应然也不批判实然，仅仅为人们提供一种拜物教的、反乌托邦的生活方式。实证主义的量化原则认为"只有可量化的东西才是真实的，并因此是科学的"②。按照这个逻辑，一切善的理想和合理性的乌托邦都是"不科学的"，因为它们无法被量化。东欧新马克思主义者对工具理性和量化原则持批判态度，这不仅源于卢卡奇等西方马克思主义者的影响，更是直接源于他们特殊的文化体验和社会经历，这些知识分子深刻地意识到，支撑工具理性、实证主义哲学和量化原则的现实力量是资本主义现代性，当代工业社会的基本精神让人们丧失了对意义和价值的追求，迷恋于效用、成功和手段。正是通过消灭特殊性，令其臣服于普遍性，资本不断获得增殖，实现了自己的全球统治。

在现代性条件下，人们应该寻求真实的价值并以实践理性来指导自己的行为，但这既不意味着彻底否定工具理性，也不意味着价值理性行为不能包含任何功利化的目的，而仅表明特定的目的应接受价值观念的规制和引导，行动的关注点不应是直接的目的，而是目的背后的价值观念。东欧新马克思主义理论家反对一切否认工具理性积极意义的浪漫主义观点，坚持用马克思主义的历史性方法辩证看待社会的发展，他们承认过去的理想社会可能较少充斥工具理性行为，甚至在一定程度上饱含丰富的价值理性元素，但这种人类早期的社会模式并不能作为理想模式供我们使用，因为它是以彻底废弃现代工业和技术发展为代价的。历史地看，工具理性和价值理性的分化是人类进步的表现，"没有目的合理性或没有目的合理性的行为方式从价值合理性中的分化，人类的未来甚至只能被想象为混乱和饥荒的景象"③。

---

① ［波兰］莱泽克·科拉科夫斯基：《理性的异化》，张彤译，黑龙江大学出版社2011年版，第9页。
② ［匈］阿格妮丝·赫勒：《激进哲学》，赵司空、孙建茵译，黑龙江大学出版社2011年版，第61页。
③ ［匈］阿格妮丝·赫勒：《激进哲学》，赵司空、孙建茵译，黑龙江大学出版社2011年版，第71页。

第二章 激进需要与理性乌托邦

赫勒认为价值理性的实现需要两个条件：一是行为者能够坚守某种价值，二是价值必须得到社会普遍承认。价值理性并不是先验的原则，衡量一种价值是否合理，不是看它是否具有先天的本质，而是看它能否在较长时期内有效指引行动，人们甚至不需要关心结果会怎样，只要用这些价值指引自身行动就可以了。据此，赫勒强调价值选择源于主体自由自觉的活动，它必须发自行动者的内心，不掺杂任何外部强制。在价值讨论中，人们在阶级、阶层或共同体内部达成共识非常重要，共识既是哲学价值讨论的目标，也是哲学价值讨论的前提。具体说来，哲学价值讨论有两个前提：一是讨论者必须是理性存在者，二是讨论者具有寻求真理的意愿和能力。哲学价值讨论的目标是确立真实的人类价值，并用这种价值抵制和反抗以统领和依附关系为主的资本主义社会。

赫勒认为资本主义现代性是以统领和依附关系为基础的，在这种关系中，真正的哲学价值讨论不可能实现普遍化。从本质上看，哲学价值讨论的核心是对道德规范和规则进行论辩，"一个价值的等级越高，在我们与它的关系中道德的作用就越大，并且因此我们为它所作出的自觉的决定的重要性就越大"[①]。每个人都应积极参与哲学价值讨论并达成共识，即便不能彻底形成一致意见，也可以做到求同存异。真实的价值是以整体人类利益为指向的，作为一种普遍的道德，它不是源于个人利益、需要和愿望，而是类似于康德的绝对命令。问题在于，在依附和统领关系为主的现代社会哲学价值讨论何以可能。赫勒区分了对称的关系和不对称的关系，以依附和统领关系为主的社会主要是不对称的关系，尽管偶尔人们可以"悬置"这种关系，但这不过是特例。以统领和依附为主的社会也存在对称的关系，但只限于同一阶级内部，无论怎样，对称关系在现代性条件下无法推广至整个社会。赫勒还区分了个人依赖关系和不对称关系。个人依赖关系意味着存在权威和工具性行为，任何社会都有这种关系，但它并不一定

---

① [匈]阿格妮丝·赫勒：《激进哲学》，赵司空、孙建茵译，黑龙江大学出版社2011年版，第72页。

是依附和统领关系。在现代性条件下，哲学价值讨论必须建立在对称关系上，这并不排斥依赖关系和权威，当人们从事工具性活动或围绕具体目的进行讨论时（如决定公交站点的位置），因为涉及专业知识，就会形成权威关系。以师生关系为例，教师拥有较多专业知识，相对于学生是权威，师生间就形成了依赖关系。教师如果在课堂上纠正学生的语法错误，就是在恰当运用权威关系，执行有效的工具性活动，但如果教师强迫学生必须听话，依赖关系就转化为依附和统领关系，哲学价值讨论的前提就会遭到破坏，这是应该避免的。

哲学价值讨论和日常生活讨论不同，后者不仅不需要选择某种价值，还可以保留特殊的动机、愿望和需要，前者则必须对真实的价值负责，讨论的关键是弄清楚何种价值具有优先性并能够成为主导性的价值。哲学价值讨论预设了人类的普遍利益和需要，但在以依附和统领关系为基础的社会中，讨论却倾向于特殊的利益和需要，因此哲学价值讨论在资本主义现代性条件下只能成为调节性的理念。资本主义现代性的悖论在于，哲学价值讨论应该存在却又不可能存在，正是这种实然和应然的张力让人们保持着对哲学价值讨论的热望。在赫勒看来，尽管哲学价值讨论只能发挥调节性的作用，但人们仍要相信它能够成为构成性的理念，否则以依附和统领关系为基础的社会就将永远存在下去。在进行哲学价值讨论时，人们必须接受至善的引导，避免落入实证主义的陷阱。这就要求每一个讨论者以人类利益为最高参照点，悬置自己的特殊利益，充分意识到各种意识形态的消极影响。讨论还应在不同主体间平等展开，每一个讨论者要承认其他价值的真实性，一旦形成价值的优先序列，就必须暂时放弃自己的价值，遵守新的价值。当然，这并不是要人们否定自身价值的真实性，而只是要人们认可新价值的优先性。最重要的是，每一个讨论者要为自己推出的价值承担责任，这样才能摆脱道德困境。

综上所述，现代性的困境在于，只要现代社会仍然以依附和统领关系为基础，哲学价值讨论就不可能被普遍化，而只要哲学价值讨论仍然发挥调节性作用，未能成为构成性的实然结构，以依附和统领关系为基础的社会就始终存在。尽管看起来现代性困境是无解的,但赫勒等人还是认为应该保持不可为而为之的心态,即保持一种对哲学价值讨论的热望。虽然在现代性条件下哲学无法改变世界,但改变世界却离不开哲学提供的理想和规范,"所有那些想要结束以依附与统领关系为基础的社会的人都需要哲学。他们需要能提供一种视角使他们可以改变世界的规范和理想"[①]。哲学价值讨论关注的是理想性的应然,但正因有了它符合规范的世界才能够创建。赫勒在这里借鉴了哈贝马斯的商谈伦理学思想,她要解决现代社会价值多元化诱发的合法化危机问题,其根本目标是通过哲学价值讨论,在多元生活方式的基础上重建社会合法性。但问题仍然在于,在一个以依附和统领关系为基础的社会中,真正的哲学价值讨论是不可能实现的。

三 激进哲学与激进乌托邦

按照赫勒的说法,激进哲学与日常生活革命的目标是一致的,那就是让世界成为人类美好的家园。什么是激进哲学呢?马克思曾说过,应然的理想只有转变为人的意志并被群众掌握,才能转变成改变世界的物质力量。从马克思主义的立场出发,赫勒区分了左翼激进主义和右翼激进主义,二者虽然都批判以依附和统领关系为基础的社会,却存在着质的差别。右翼激进主义不把人类整体利益视为自身的最高价值,不仅拒绝哲学价值讨论,觉察不到自身价值中的意识形态局限性,还否认其他价值的真实性,贬斥群众,缺乏独立思考能力,带有精英主义的色彩。相比较而言,左翼激进主义预设所有人都是愿意从事哲学价值讨论的理性存在者,因而它始终是民主的,能够鼓励人们思考和探寻真理。

激进哲学包含了实然与应然、现象与本质、意见与知识的张力,其基本任务有四个:一是提出一种合理性的乌托邦,"合理性的乌托邦始终是为现在而构想的,它的理想表明人们现在应该在前进的方向

[①] [匈]阿格妮丝·赫勒:《激进哲学》,赵司空、孙建茵译,黑龙江大学出版社2011年版,第118页。

上所朝向的——相对的——目标，以及人们现在应该为之行动的目标"①。激进哲学必须对以依附和统领关系为基础的社会提出挑战，用一种总体性的社会变革实现新旧生活方式的更替。二是考查应然是否可能以及如何可能。激进哲学必须包含一种哲学人类学，考查人类的需要和特性，同时提出一种批判的社会理论，思考具体的社会矛盾，提出相应的计划和纲领，历史地反思现代性的结构和起源。三是要为人们提供一种新的生活方式，回答如何生活的问题。激进哲学不能止于应然，而应向"能有"转变，不仅要告诉人们应该过什么样的生活，还要告诉人们能够过什么样的生活。四是要为政治行动制定计划。激进哲学不相信救世主，只相信自由的人类行动，由于充分考虑到了行动的经验前提和实现条件，激进哲学能够实现理论和实践的统一。

赫勒把激进哲学所包含的理性乌托邦称为激进的乌托邦，并具体分析了三种模式：第一种模式是哈贝马斯和阿佩尔的"理想交往共同体"，这是一种求真的理想模式。哈贝马斯等人预设了无支配的交往，但现实社会却是以依附和统领关系为基础的，这就必然包含统治和不平等的分配。即便如此，理想的交往共同体也是有积极意义的，这种共同体虽然不能排除个人依赖关系和权威关系，却能够保证权威不至于演变成绝对权威，个人依赖关系不至于转变为依附和统领关系。第二种模式是求善的模式，涉及伦理道德问题，它预设人在现代性条件下存在，主张用个性伦理学代替义务伦理学。第三种模式追求美的实现。马克思认为只有需要和能力得到全面发展的人才是美的，而只有自由人联合体的社会才能实现美。三种模式对应三种人（关系）：真的理想对应人与社会的关系，预设人是理性存在者；善的理想对应人与他人的关系，预设人是同理心的存在者；美的理想对应人与共同体的关系，预设人是创造性的存在者。三种类型的人又可以归为一种人，那就是自由的个体，三种理想模式指向了现代社会最高的善——

---

① ［匈］阿格妮丝·赫勒：《激进哲学》，赵司空、孙建茵译，黑龙江大学出版社2011年版，第130页。

自由。

赫勒清醒地意识到，激进哲学作为一种理论必然会面临诸多悖论：真也即哲学价值讨论的悖论表明，在以依附和统领关系为基础的社会中不可能实现讨论的普遍化；善也即需要的悖论表明，以依附和统领关系为基础的社会中存在需要和利益的矛盾，需要不可能得到认可；美也即完整的人的悖论表明，以依附和统领关系为基础的社会无法实现人的全面发展。赫勒坚信激进哲学可以消除悖论，她强调理论与实践相结合，解释世界与改造世界并举，认为"哲学、激进哲学必须变成实践，以便使实践变成理论的实践"[1]。从上面的分析可以看出，第二种模式是低级目标，第三种模式是高级目标，作为人道主义的马克思主义者，赫勒仍然寄希望于第三种模式的实现，但随着时间的推移，她的思想发生了变化，第二种模式逐渐成为现代性批判的核心理论关切。

第二节　激进需要及其异化批判

需要作为自觉的渴望、强烈的愿望和意图，总是指向特定的目标，并激发人们展开行动。需要是一个意义含混不清的多义词，激进需要是布达佩斯学派现代性批判的核心概念，提出这个概念主要是为了寻找新的革命力量，分析现代性条件下需要结构的异化，勾画未来共产主义社会新的需要结构。受卢卡奇"被赋予的意识"概念的启发，赫勒认为激进需要也是"被赋予的"，它不同于工人阶级日常经验意义上的需要，不是现存的需要及其延展，而是工人阶级依据自己的地位和使命必然具有的需要。然而，激进需要在资本主义现代性的框架内是无法实现的，这便内含了批判的潜能，指向了对以依附和统领关系为基础的社会的超越。激进需要的实现有赖于总体性的社会变革，譬如，哲学价值讨论、人是目的不是手段、个体和类的统一、人

---

[1] ［匈］阿格妮丝·赫勒：《激进哲学》，赵司空、孙建茵译，黑龙江大学出版社2011年版，第165页。

的自由全面发展等，这些都是典型的激进需要，它们在资本主义现代性的框架内无法实现，但作为一种应然的理想，又关乎人类的自由和解放。因此，激进需要及其实现关乎现代性的存续，要让世界成为人类的美好家园，就必须发起一场激进需要的革命，摧毁资本主义社会异化的需要结构。

一 马克思的需要概念及其内在张力

赫勒认为马克思政治经济学的基本创见均与需要概念有关，以使用价值为例，马克思是在满足人的需要这个意义上谈论使用价值的，使用价值就是"靠自己的属性来满足人的某种需要的物"①。马克思区分了劳动和劳动力，强调劳动力价格由生产劳动力所需商品的价值决定，而工人需要哪些商品维持生存和发展，完全取决于工人的需要。剩余价值的生产也与需要有关，因为生产的目的无非是满足资本增殖的需要，同时新需要的出现又成为剩余价值生产的前提。劳动分工与需要的关系也值得关注，分工的发展不仅创造了丰富的需要，也导致了需要的异化，正是需要和生产的张力使资本主义社会注定垮塌。赫勒敏锐地发现，国民经济学家的根本错误在于对需要概念的误用，其对需要概念的分析未能超出资产阶级的狭隘视界，由于仅仅从经济学的角度理解需要概念，这便使得经济价值成为不可超越的神话。如果说纯粹经济学的需要概念是国民经济学家的"专利"，马克思则将"需要概念作为非经济学范畴，作为历史—哲学的、人类学的价值范畴看待"②。

就需要与需要对象的关系看，需要转变为对象，对象又导致新的需要。赫勒并不否认历史唯物主义的物质生产决定性原理，但她更关注需要的实现以及"人是目的不是手段"这句康德格言。与西方马克思主义者一样，东欧新马克思主义理论家对正统马克思主义的生产概念持审慎态度，认为其包含了理性启蒙主义的倾向，"问题不仅在

---

① 《马克思恩格斯文集》第5卷，人民出版社2009年版，第47页。
② Agnes Heller, *The Theory of Need in Marx*, London: Allison & Busby, 1976, p. 27.

于马克思假定在联合生产者的社会里精神和意识的结构将完全异质于当前社会,还在于他从不质疑这种可能性和过程本身,更不会对精神领域变化的快慢提出疑问。他相信,只要人们不断改造社会,就能彻底改造自身,这是一个自然过程,其结果决不会遭到质疑"①。由此可见,赫勒已经对历史哲学的宏大叙事产生怀疑,但她并不是要彻底否定马克思,而是力图揭示马克思思想的复杂性和矛盾性。在她看来,马克思在谈论资本主义向共产主义过渡时采取了两种决然不同的方式:一是诉诸激进需要和集体(阶级)主体,强调激进需要必定附着在无产阶级身上,而后者将以革命的方式完成资本主义向共产主义的过渡;二是诉诸因果必然性逻辑,强调"应该"内含因果必然性,共产主义必然会取代资本主义,这是人类历史发展的客观规律,任何人都无法改变。

赫勒认为马克思思想体系中存在两种不同性质的矛盾,一种是生产力和生产关系的矛盾,矛盾发展的结果是资本主义体制的崩溃。赫勒认为这种强势的经济必然性逻辑可能会扼杀激进需要的实现,因为"如果否定之否定是一个自然规律,便不再有任何一种激进需要可以保证资本主义的必然灭亡了"②。另一种是资本主义社会发达商品生产的矛盾,如使用价值和交换价值的矛盾、人与人的关系表现为物与物的关系的矛盾、个体被经济规律控制以及社会权力被神秘化为自然规律的矛盾等。第二类矛盾具有历史性,"经济运行披着自然规律的外衣,作为商品拜物教的一种表现,实际上隶属于商品生产,而且只能隶属于商品生产"③。赫勒强调,对私有财产的积极扬弃决不能以自然必然性的方式实现,这个过程是对拜物教的扬弃,尽管该过程具有经济的外观,却不是纯粹的经济过程,从本质上看,这是一场总体性的革命。赫勒在这里所做的辨识非常重要,她意识到资产阶级理论家总是倾向于将历史性的生产关系视为自然的、永恒的,而教条化的

---

① Agnes Heller, *The Theory of Need in Marx*, London: Allison & Busby, 1976, pp. 43 – 44.
② Agnes Heller, *The Theory of Need in Marx*, London: Allison & Busby, 1976, p. 79.
③ Agnes Heller, *The Theory of Need in Marx*, London: Allison & Busby, 1976, p. 81.

马克思主义者则倾向于认定资本主义的灭亡是人类社会历史发展的必然过程,两种观点貌似对立,但实质却是一样的,都忽略了主体的能动作用。马克思不否认资本主义生产具有某种规律和必然性,但他认为这只是历史必然性,而不是永恒必然性,按照他的理解,未来社会虽然存在经济必然性,但这种必然性决不会凌驾于人之上并成为支配人、奴役人的力量。然而,在正统马克思主义的理解模式下,这种批判性的人道主义哲学话语被忽略了,规律和必然性被视为认识的对象和目的,甚至被直接等同于自由,这是值得人们深思的。

具体来说,资本主义社会商品生产的矛盾有四个方面。一是自由与必然的矛盾。在商品生产中,生产者和交换活动是自由的,但生产者又从属于经济必然性,受拜物教控制。二是必然与偶然的矛盾。以理性生产为特征的经济规律具有铁的必然性,但生产和需要又受到市场供求关系等偶然因素的影响。三是目的论与因果论的矛盾。资本家的目的是获取利润,工人的目的是维持生存,在现实中双方均无法实现目的,资本家必须增加固定资本的投入,这样平均利润率就会下降,工人必须生产更多的产品,这样会让自己更加贫困。四是富裕与贫困的矛盾。在资本主义社会中,贫富差距必然会不断加大,一方面社会创造出巨大的物质财富,另一方面被剥削者又沦为历史的牺牲品,"劳动为富人生产了奇迹般的东西,但是为工人生产了赤贫。劳动生产了宫殿,但是给工人生产了棚舍。劳动生产了美,但是使工人变成畸形"[1]。赫勒认为,要解决商品生产的矛盾就必须进行总体性的革命,"只有借助于激进需要和革命实践,集体主体(工人阶级)的革命斗争才能保证向未来社会的转变,并创造出未来社会"[2]。赫勒的激进需要理论为我们寻找到了新的革命动力,审美(教育)救赎论由于自身的精英主义缺陷无法普及化,受到良好教育且能够从事审美活动的人毕竟是少数。在资本主义现代性条件下,面对资本逻辑的强势裹挟,知识分子很难凭一己之力实现社会转变。激进需要理论

---

[1] 《马克思恩格斯文集》第1卷,人民出版社2009年版,第158—159页。
[2] Agnes Heller, *The Theory of Need in Marx*, London: Allison & Busby, 1976, p. 84.

试图扩大革命主体的范围，它揭示出一个道理，即革命触发点是发散的、多元的。当然，从理论到现实还有很长的路要走，在现实层面要将拥有不同激进需要的群体整合起来绝非易事，但不可否认，问题的提出本身具有重要的积极意义。

二 资本主义现代性条件下的需要结构批判

每个社会都有特定的需要结构，从人的需要的丰富性和多样性出发，可以判定资本主义社会的需要结构呈现出异化的样态。在前资本主义社会，由于个体与自然共同体的脐带还未完全被斩断，需要的结构呈现出良序的样态，虽然人们在政治地位上并不平等，相当一部分劳动者仍然在温饱线上挣扎，但总体上看，人们能够在相对稳定的社会秩序内从事劳动。以奴隶社会为例，"单个的奴隶是某一个主人的财产，由于他与主人利害攸关，他的生活不管怎样坏，总还是有保障的"①。另外，由于大机器尚未出现和普及化，科学技术水平不高，劳动者与劳动产品之间总存在内在关联，劳动者非常清楚自己在做什么，对产品的属性和功用也了如指掌，甚至在一定程度上可以把个性印刻在产品中。从需要的角度看，这时需要的质相对于需要的量占据着支配地位。但在资本主义现代性条件下一切发生了颠倒，个体与自然共同体的联系被无情地斩断，"资产阶级在它已经取得了统治的地方把一切封建的、宗法的和田园诗般的关系都破坏了。它无情地斩断了把人们束缚于天然尊长的形形色色的封建羁绊，它使人和人之间除了赤裸裸的利害关系，除了冷酷无情的'现金交易'，就再也没有任何别的联系了"②。现代性虽然造就了丰富的需要，却让需要的量压倒需要的质，社会物质生产力的水平越来越高，人却变得越来越片面，需要的量虽不断得到满足，需要的质却缩减到动物的水平，这一切使得"生活本身仅仅表现为生活的手段"③"动物的东西成为人的

---

① 《马克思恩格斯文集》第1卷，人民出版社2009年版，第679页。
② 《马克思恩格斯文集》第2卷，人民出版社2009年版，第33—34页。
③ 《马克思恩格斯文集》第1卷，人民出版社2009年版，第162页。

东西，而人的东西成为动物的东西"①。赫勒之所以批判现代性的需要结构，并不是因为现代社会无法给人们提供富足的生活，而是这种社会无法满足人们多元化的质的需要和激进需要。社会上有一种观念认为马克思主义的无产阶级革命理论主要基于无产阶级物质生活的绝对贫困，如果这一见解是正确的，就会推出如下结论：一旦无产阶级不再是"无产的"阶级，换言之，一旦他们过上富足的生活，就不再是革命阶级了。激进需要理论反对这种观点，从需要概念出发，赫勒坚信无产阶级只要无法满足丰富的质的需要和激进需要，就始终具有革命的意愿和冲动，并能够引发现实的革命行动。

赫勒认为资本主义现代性的异化需要结构体现在四个方面。

第一，手段和目的关系的倒置。康德曾指出，"每个有理性的东西，都自在地作为目的而实存着，他不单纯是这个或那个意志所随意使用的工具"②，马克思也说过"人是人的最高本质"，可见，二者在反对人是手段上存在共通之处。在资本主义社会中，目的和手段的颠倒渗透进了社会生活的方方面面。首先，就劳动而言，形成了具体劳动和抽象劳动的对立。具体劳动是生产使用价值满足不同需要的劳动，当人们把劳动产品的使用价值抽去，具体劳动就变成了抽象劳动。马克思把劳动产品中剩下来的东西（商品价值）称为"同一的幽灵般的对象性"，强调问题不在于商品同时具有使用价值和交换价值，而在于交换价值变得与使用价值完全无关。反映在手段和目的的关系上便是：本应作为目的的使用价值以及具体劳动现在变成了手段，交换价值以及抽象劳动反而成为目的。之所以会这样，主要是因为资本主义社会使用价值生产的目的不再是满足人的需要，而是满足资本增殖的需要。其次，就生产力的发展而言，生产的目的是减轻劳动强度和减少劳动时间，为人们实现丰富个性以及发挥自身潜能创造条件，但在资本主义社会中，"为生产而生产"成为社会的主导原

---

① 《马克思恩格斯文集》第1卷，人民出版社2009年版，第160页。
② [德]伊曼努尔·康德：《道德形而上学原理》，苗力田译，上海人民出版社2005年版，第47页。

则，生产的目的变成了追逐更多的剩余价值，这使得劳动时间和劳动强度不可能持续减少。最后，就社会关系而言，资本主义社会成功瓦解了自然共同体，却没有建立起真正的人类共同体，反而使个体利益主导一切，社会整体利益严重缺位。赫勒发现，资本主义社会越是不断地制造出新的需要，人们就越是陷入异化的境地，资本对需要的操控就是"对需要的专政"。新专政的特点在于，新的需要不是人们的真实需要，而是围绕资本增殖这个目的呈现出来的，于是需要成为一种异己的力量开始反对人。在资本主义现代性条件下，得到长足发展的需要一定是被资本认可和决定的需要，而能够塑造人类个性的真正需要则必然遭到冷落。与之相应，个人在选择需要的对象时也不是以自己真正的个性为标准，而是始终处于一种被决定地位，被迫进行选择。资本主义现代性的悖论在于：就某一个方面看，物质产品的数量和质量变得日益丰富，但从另一个方面看，需要变得日益片面化，个体越来越不自由，日益演变为单向度需要片面发展的奴隶。黑格尔是这样看待目的和手段的辩证关系的，"事情并不穷尽于它的目的，而穷尽于它的实现，现实的整体也不仅是结果，而是结果连同其产生过程；目的本身是僵死的共相，正如倾向是一种还缺少现实性的空洞的冲动一样；而赤裸的结果则是丢开了倾向的那具死尸"①。这句话的意思是，手段离不开目的，离开目的的手段是漫无目的的；目的也离不开手段，离开手段的目的是虚无缥缈的。当然，手段和目的又不能混同和任意互换。

第二，质与量关系的颠倒。卢卡奇在分析资本主义社会数量化存在的问题时指出，"数量化是一种蒙在客体的真正本质之上的物化着的和已物化了的外衣"②。也就是说，数量化原则在社会生活中通常起着蒙蔽事物本质，削弱主体阶级意识的消极作用。在资本主义社会中，质与量的关系是通过享有和占有的关系表现出来的，占有暗含量

---

① ［德］黑格尔：《精神现象学》（上卷），贺麟等译，商务印书馆1979年版，第2页。
② ［匈］卢卡奇：《历史与阶级意识》，杜章智、任立、燕宏远译，商务印书馆1992年版，第250页。

的无限扩张，享有则指向对质的需要的满足。资本主义社会之所以是异化的，主要是占有与享有形成了二元对立，占有不再与享有直接相关，人们不再关心商品的质的属性，也不再发展出新的需要。马克思曾说过："经营矿物的商人只看到矿物的商业价值，而看不到矿物的美和独特性"①，这是因为商人仅仅把自己局限在对物的占有关系上。对此他批判道："私有制使我们变得如此愚蠢而片面，以致一个对象，只有当它为我们所拥有的时候，就是说，当它对我们来说作为资本而存在，或者它被我们直接占有，被我们吃、喝、穿、住等等的时候，简言之，在它被我们使用的时候，才是我们的。"② 后来在《哥达纲领批判》中，当马克思分析按劳分配和按需分配原则时，再一次探讨了质和量的关系问题。有人认为按需分配就是"想要什么有什么，想要多少有多少"，这完全曲解了马克思的原意。当马克思谈论按需分配时，他强调的是个体按照真正的需要自由地向社会进行索取，其目的不是满足自己的贪欲，而是满足社会和他人不同性质的需要，同时实现自身的潜能。马克思从来不曾设想个人仅仅向社会索取物质财富，更不曾设想个人无休止地索取物质财富。资产阶级意识形态家囿于自身狭隘的视界，总是从物质总量的角度思考问题，这并不是马克思主义的立场。

第三，需要的贫困。现代社会的需要结构呈现出同质化和贫困化的样态。对资产阶级而言，同质化的需要表现为实际的占有，它直接指向私有财产和货币数量的增长；对工人阶级而言，需要表现为生存，"工人只能拥有他想活下去所必需的那么一点，而且只是为了拥有这么一点，他才想活下去"③。需要的贫困突出表现为工人的需要被归结为维持必需的、悲惨的肉体生活，生产活动被归结为抽象的机械运动，"人无论在活动方面还是在享受方面都没有别的需要了；因为他甚至把这样的生活宣布为人的生活和人的存在"④。需要的贫困

---

① 《马克思恩格斯文集》第 1 卷，人民出版社 2009 年版，第 192 页。
② 《马克思恩格斯文集》第 1 卷，人民出版社 2009 年版，第 189 页。
③ 《马克思恩格斯文集》第 1 卷，人民出版社 2009 年版，第 227 页。
④ 《马克思恩格斯文集》第 1 卷，人民出版社 2009 年版，第 226 页。

还体现在劳动力上,劳动力不再体现为工人需要的满足,而是降格为工人谋生的手段,通过劳动分工,工人的能力不但没有发展,反而受到了限制。质言之,现代性的悖论表现为:"一方面,资本主义社会被仅仅归结为占有,无论是统治阶级还是工人阶级的需要体系均被同质化为'贪欲';另一方面,资本主义社会又造就了超越其自身的对抗性的'激进需要',具有这种需要的人要求推翻资本主义。"①

第四,个体私利成为现代社会的主导逻辑。在前资本主义社会中,由于人们依附于自然共同体,个体私利并未充分凸显出来。一旦资本主义社会破坏了自然共同体,个体私利便随之膨胀起来。黑格尔深谙此理,他发现资产阶级社会的个体总是追求个人私利,但在个人追求特殊利益的同时,又无形中实现了普遍性的目的,"利己的目的,就在它的受普遍性制约的实现中建立起在一切方面相互依赖的制度。个人的生活和福利以及他的权利的定在,都同众人的生活、福利和权利交织在一起,它们只能建立在这种制度的基础上,同时也只有在这种联系中才是现实的和可靠的"②。黑格尔不是浪漫主义者,他不希望现代性的文明成果因个人私利的争斗而毁于一旦,于是提出"理性的狡计",宣称特殊性必须上升到普遍性才能实现自己。从本质上看,"理性的狡计"不仅是一种逻辑意义上的强制结构,也是一种内含历史必然性的历史强制结构。后来,黑格尔在伦理国家中找到了普遍性,并以此超克特殊性"作为欲望的对象没有节制和尺度"这一缺陷。与黑格尔从唯心主义的角度超克个体私利不同,马克思主张辩证地对待个体私利问题。有人认为马克思主义强调普遍利益和阶级利益,忽视个体私人利益,这是一种成见。马克思和恩格斯曾指出,"共产主义者既不拿利己主义来反对自我牺牲,也不拿自我牺牲来反对利己主义……只有他们才发现了'共同利益'在历史上任何时候都是由作为'私人'的个人造成的。他们知道,这种对立只是表面的,因为这种对立的一面即所谓'普遍的'一面总是不断地由另一

---

① Agnes Heller, *The Theory of Need in Marx*, London: Allison & Busby, 1976, p. 58.
② [德]黑格尔:《法哲学原理》,范扬、张企泰译,商务印书馆1961年版,第198页。

面即私人利益的一面产生的，它决不是作为一种具有独立历史的独立力量而与私人利益相对抗，所以这种对立在实践中总是产生了消灭，消灭了又产生。"① 恩格斯认为个人私利产生的根源在于资本主义私有制，他指出，"利益被升格为人类的纽带——只要利益仍然正好是主体的和纯粹利己的——就必然会造成普遍的分散状态，必然会使人们只管自己，使人类彼此隔绝，变成一堆互相排斥的原子。……只要外在化的主要形式即私有制仍然存在，利益就必然是单个利益，利益的统治必然表现为财产的统治"②。以上分析表明，马克思主义并不否认个人利益，一方面，马克思和恩格斯深知人的谋利动机是白手起家积累财富的最有效方式，没有这种野蛮的方式，共产主义社会所必需的物质基础就不能被生产出来；另一方面，他们认为即便到了共产主义社会，也不意味着不存在个人利益，恰恰相反，共产主义是以个人的全面自由发展为鹄的的。诚然，马克思主义经典作家可能在某些特殊场合强调集体利益高于个人利益，但那也是因为他们坚信个人无法取得革命的胜利，只有通过阶级斗争这一集体行为，才能实现人类解放，并最终实现个人的自由。

第三节 对未来共产主义社会需要结构的构想

东欧新马克思主义理论具有非常强的现实指向性，其基本目标是建立人道主义的社会主义，社会主义与资本主义最大的区别就在于需要结构不同。在资本主义现代性条件下，需要的结构从根本上说是异化的，人的需求完全从属于交换价值的再生产，"为了使财富的生产成为人的目标，就必须把使用价值和交换价值分离，并处于后者的支配之下"③。未来社会的需要结构是非异化的，其根本原则是服务于

---

① 《马克思恩格斯全集》第3卷，人民出版社1960年版，第275—276页。
② 《马克思恩格斯文集》第1卷，人民出版社2009年版，第94页。
③ [英]梅扎罗斯：《超越资本》（下），郑一明等译，中国人民大学出版社2003年版，第619页。

人的多元需要。目前中国特色社会主义已经步入新时代，社会的主要矛盾转化为人民日益增长的美好生活需要和不平衡不充分的发展之间的矛盾。这要求我们必须将目光由需要的量转向需要的质，美好生活绝不仅仅意味着物质生活的一时富足，而是符合人民意愿且有利于个性全面发展的需要得到充分实现。

众所周知，未来的联合生产者社会是一个非异化的自由王国，这就意味着其需要结构与资本主义社会存在质的差别。赫勒认为联合生产者社会的需要结构由物质需要和非物质需要构成，物质需要的对象以及满足需要的手段可以由劳动（生产）制造出来，非物质需要则不必通过这个自然变换过程被制造。譬如，艺术需要的满足依赖于物质生产，因为这种需要的满足离不开书房和书籍等中介，但艺术需要的满足既不能靠书房也不能靠书籍，艺术作品并不属于物质生产领域。我们知道，衡量物质生产的基本范畴是"社会必要劳动时间"，但这个范畴不能用来衡量非生产活动（如医药、教学、规划、科学和艺术活动等）。非生产的活动只能属于自由王国，这种活动具有个性，能够满足人的全面发展，马克思认为正是这种活动应该在共产主义社会占据主流。

在《哥达纲领批判》中，马克思将共产主义分为两个阶段，第一阶段仍然存在社会分工，社会产品实行按劳分配，物质生产占据主导地位。至于共产主义的第二阶段物质生产是否仍然占据主导地位，赫勒认为要先弄清楚以下问题：生产的发展是否等同于社会财富的增长？联合生产者社会是否存在劳动分工？是否存在必要价值和剩余价值的区分？毫无疑问，马克思主义认为生产力是不断发展的，具体说来有两种方式：一是用更少的时间生产更多的财富；二是用更少的劳动生产更少的财富（意味着减少需要）。相比较而言，马克思更认同第一种方式，他深信未来社会生产发展的基础在于固定资本比例的极度增长以及活劳动比例的极度缩小，只有这样才能既保证财富不断增长，又保证必要劳动时间不断减少。然而，资本主义社会为生产发展设置了界限，资本增殖的需要使工人的剩余劳动时间不可能无限减少，这个根本矛盾只有在共产主义社会才能得以解决。

赫勒认为必须区分物质财富和社会财富，物质财富是物质生产活动创造的，社会财富则侧重非物质生产这个维度。在资本主义社会中，劳动是物质财富的根本源泉，但在联合生产者的社会中，由于生产过程中的必要劳动降至最低点，劳动在极大程度上被机器所代替，固定资本逐渐在物质生产过程中占据统治地位，传统的劳动被科学劳动取代。科学劳动并不是普通劳动，而是特指一般知识活动，这种活动不能用劳动时间来衡量。赫勒并不否认物质财富仍由传统劳动创造，但她更强调知识劳动在未来将对体力劳动构成霸权。笔者认为，赫勒提出了一个重要问题，那就是在未来联合生产者的社会中，财富的生产决不能仅仅用劳动时间来衡量，因为高度复杂且极具创造性的知识活动在运作机制上与简单劳动是完全异质的。现在来回答"物质生产能否成为社会财富的源泉"这个问题。一般认为，物质生产理所当然是社会财富的源泉，因为生产的物质产品越多，社会财富也就越多。但赫勒认为这不是马克思主义的观点，在马克思眼里，物质财富仅仅是社会财富的前提和保障，社会财富必须由个体自由自主的活动创造出来。劳动时间和自由时间完全不同，前者创造物质财富，后者创造社会财富。总之，与资本主义社会相比，联合生产者社会的需要结构发生了质的变化，生产者拥有更多的自由时间，他们更关注自身潜能的实现和需要的满足，而不是直接获取更多的物质财富，这也表明，在联合生产者社会中物质需要会降低到最小的范围。

　　按照马克思主义的看法，共产主义社会必须消灭分工和阶级对立。而在资本主义社会中，普遍存在着强制性的分工，人们虽然可以自由选择职业，却没有真正的自由，因为他们隶属于某个固定的行业部门，必须从事固定类型的劳动。在联合生产者社会中，分工虽然仍然存在，但强制性的劳动分工已经消亡，这时的分工主要服务于个体需要的发展。马克思一向主张消灭脑力劳动和体力劳动的分工，并认为分工消除后社会将出现两种情形：一是一切活动成为智力劳动，二是一切劳动成为简单劳动。

　　那么，联合生产者社会是否存在必要劳动和剩余劳动的区分呢？在《哥达纲领批判》中，马克思认为价值范畴只能在共产主义的第一阶段存在，这个阶段仍然以平等交换和按劳分配为特征，由于劳动仍然以劳动时间为基础，就必然存在必要劳动和剩余劳动的区分。然而到了第二阶段，劳动成为生活的必需品，这时便不再有必要劳动和剩余劳动的差别了。赫勒认为马克思在《1857—1858年经济学手稿》（以下简称《手稿》）和《资本论》中提出了两种不同的劳动理论，《哥达纲领批判》沿用的是《手稿》的分析思路，倾向于将劳动归为生产过程中可控的技能化活动，但在《资本论》中，马克思更倾向于将劳动化约为简单劳动。这就表明，劳动不能完全转变为生活的必需品，并且劳动仍处于必然王国之中（自由王国位于彼岸）。沿此思路，马克思在《剩余价值理论》中强调劳动是一种社会义务，这就意味着价值范畴和价值规律仍将发挥决定性的作用。

能否由此推出联合生产者社会与资本主义社会具有相似的需要结构呢？答案是否定的。如前所述，联合生产者社会将拥有不同于资本主义社会的全新需要结构。在资本主义社会中，劳动对个人而言不过是一种负担，具有外在的强制性，只会抑制个体潜能的发挥。在《手稿》中马克思设想在联合生产者社会中异化将被彻底清除，强制性劳动将不复存在，一切劳动将转变为智力劳动，并成为自由王国中人们生活的第一需要。而在《资本论》中，马克思虽然也主张扬弃异化和拜物教，却不再认为劳动是人们普遍追求的必需品。按照这一理解，劳动（即便不是异化劳动）在联合生产者社会中不可能是完全自由自主的活动，只有自由时间里的活动才是真正自由自主的，而要增加自由时间就必须缩短必要时间。棘手的难题在于，既然人们不再普遍追求劳动，为什么还要保留劳动呢？答案只能是劳动成为一种普遍的义务。在马克思看来，共产主义第一阶段将劳动视为普遍义务并不会引起人们反感，因为此时劳动的义务形式是可经验到的普遍现象，这也是从资本主义社会传承下来的。为了生活就必须工作，这是一个显而易见的道理。问题在于，联合生产者社会既然已经消除了强制性分工和异化劳动，实现了按需分配，为什么还要保留劳动的义务形式呢？马克思在《资本论》中给出的答案是，联合生产者社会由于已经建立了全新的需要结构，个体也转变为新人，那么他们便不再把义务视为外在强制的，而是视为内在的道德动机，"必须"与"应该"在这里实现了统一。

联合生产者社会是根据人的需要组织生产的，市场的偶然性被基本清除，问题在于，需要和生产如何匹配？哪些需要应该被生产？不同个体拥有不同性质和数量的需要，马克思从不否认可量化的物质需要，但他认为非量化的精神需要才是真正的需要，将物质需要视为个体需要结构的核心只能导致需要的趋同化，这也是资本主义社会需要异化的表现。马克思反对需要的同质化，认为对于联合生产者社会的个体而言，物质需要只在整个需要结构中占据次要地位。

对于社会主义而言，平等无疑是一个重要的衡量标尺。马克思曾批评平等主义，认为这个资产阶级的意识形态概念局限于商品分配领域，结果平等变成了不平等。平等主义的根本特征是将个体的独特性抽象化，将不同质的事物数量化，这恰恰是马克思反对的，他指出，"平等占有"总是以一种异化的方式宣称实现了自己的真正目的，平等作为一种抽象总是将具体的需要抽象化，将需要视为相同的量。马克思充分意识到了按劳分配的局限性，故提出按需分配以消除平等和不平等的对立。赫勒认为马克思运用了一种关于物质需要的饱和模型，设想社会物质财富达到一定程度后，人们会减少对财富的需求，因此他相信未来社会物质需要仅仅发挥次要作用，每一个社会成员的利益将趋于一致，个体和类将实现统一。如果个体和类能够统一，那么个体需要也就与人类需要是一致的，个体活动若是违背类的价值，就会受到惩罚。如此一来，合道德性和合法性就实现了统一，道德和法的对立就消除了。

赫勒对资本主义需要结构的批判以及对未来社会需要结构的展望澄清了几个问题：第一，需要的质不等于需要的量，片面追求量将导致需要的异化，在需要的质和需要的量的关系问题上，必须坚持马克思主义辩证法，既强调发展生产力，满足人民群众的物质生活需要，又强调需要的多元性和丰富性，满足不同性质的需要。美好生活不仅对物质文化生活提出了更高的要求，还包括政治、文化、社会、生态等多方面的需要，这一切都指向了人的自由发展和社会的全面进步。

第二，马克思关于共产主义阶段的划分直接引出两种不同的对待劳动、价值、需要等问题的态度。从实践层面看，中国的现代性仍处于共产主义的第一阶段，这就意味着按劳分配是最适合我们的分配制度，商品经济和价值规律仍然发挥着重要作用。但是，我们应从资本主义现代性中看到按劳分配以及市场经济的负面效应，充分发挥中国特色社会主义的制度优势，尽可能限制资本逻辑的无限蔓延，为迈向共产主义第二阶段做好准备。第三，马克思主义反对平等主义和抽象的平等观念，但不拒绝谈论平等问题。当前我国的主要矛盾已经转向平等问题，这就要求一方面继续强调效率，另一方面将注意力转向平等。平等并不仅仅指数量上的平等，还应包括社会财富的质的多样性。社会主义社会的平等并不意味着社会将分配给每个人等量的财富或者资源，"真正的平等不是以同样的标准对待每个人，而是对每个人的不同需要给予同等的关注"①。党的十九大报告提出社会主要矛盾已经发生转变，这既体现了新时代社会需要结构的整体转型，也体现了党和国家对个人异质需要的关切。强调物质生产发展和需要在量上的积累固然重要，这也是我们长期要重点抓的一项工作，但如果未能转变思想观念，透彻理解资本主义社会需要结构的弊病并及时转变需要结构，社会主义的事业也会遭遇挫折，人民群众的利益也会受到损害。因此，吸收借鉴东欧新马克思主义理论家对现代性需要结构的分析和批判，坚持和发展马克思主义的需要理论，仍是当前国外马克思主义研究的一项重要任务。

本章小结
在现代性条件下重新审视需要概念

在现代性条件下重新审视需要概念是坚持和发展马克思主义的题中应有之义。马克思用"按需分配"来表征未来共产主义社会的基

---

① [英] 特里·伊格尔顿：《马克思为什么是对的》，李杨、任文科、郑义译，新星出版社 2011 年版，第 107 页。

本特征，这足以表明他非常重视个体需要的满足。东欧新马克思主义的需要理论有两个层面：一是对激进需要概念的分析，主要涉及哲学价值讨论和激进乌托邦等问题，二是对现代社会异化需要的批判以及对未来社会非异化需要结构的构想，这两个方面是紧密相连的。按照格里姆雷（John Grumley）的判断，东欧新马克思主义对需要问题的分析表明其基本立场已经从马克思主义的革命理论转向政治现实主义，即转移到对市民社会逻辑（民主）的分析上来。这个分析有一定道理，但如果我们悬置这种政治意识形态的转变，还是能够看到对需要概念的探讨有更深刻的动因。在经历了大屠杀的噩梦后，东欧批判的知识分子对一切集体层面的事物都心存忌惮，他们甚至反对"真实需要"和"虚假需要"的划分，因为"权力结构允许满足的仅仅是那些权力结构将其解释为是实际的需要"①。就此而言，东欧新马克思主义的观点与法兰克福学派批判理论存在差别，马尔库塞坚持真实需要和虚假需要的划分，阿多诺则声称在当代资本主义社会人们完全陷入了拜物教。赫勒在一份哲学自传中道出了自己的疑惑："既然阿多诺也身处资本主义社会，他又如何知道自己的意识不是拜物教的呢？""我决不能容忍任何人告诉我哪些需要是真实的，哪些又是虚假的。"② 不难看出，对集体需要的恐惧让东欧新马克思主义理论家不得不从个体需要和多元需要的角度看待问题。《对需要的专政》主要批判的对象是苏联社会主义社会，而在《激进需要》《马克思的需要理论》中，东欧新马克思主义的批判对象还主要是发达资本主义社会。但无论批判指向发生了何种变化，东欧新马克思主义在需要问题上的基本观点却保持不变，那就是强调除了将人视为手段的需要应予以反对外，其他一切需要均应得到认可。这个带着深深康德思想印记的观点告诉人们，需要是人的根本属性，决不能让凌驾于人之上的力量操控它，而对不同需要的满足，则要求一种平等和民主的社会体

---

① [东德] 凯特琳·勒德雷尔主编：《人的需要》，邵晓光译，辽宁大学出版社1988年版，第231页。

② Agnes Heller, *A Short History of My Philosophy*, Lanham; MD: Lexington Books, 2011, p. 39.

制。中国特色社会主义进入了新时代，这就意味着中国社会主要矛盾已经转化为人民日益增长的美好生活需要和不平衡不充分的发展之间的矛盾。诚然，现阶段我们还无法实现共产主义社会的"按需分配"，但目标却非常明确，那就是"要着力提升发展质量和效益，更好满足人民多方面日益增长的需要，更好促进人的全面发展、全体人民共同富裕"①。"人的全面发展"内含了对个体不同性质需要的承认，"全体人民共同富裕"则凸显了社会主义的根本目标。东欧新马克思主义强调个体需要的满足，反对外在力量的强制，这是正确的，但如果个体需要的满足不能建基于社会主义制度，没有将全体人民的共同富裕作为根本价值指向，那么也只能沦为空谈。

就激进需要而言，这个概念的提出主要是为了回应革命主体匮乏的问题。激进需要首先是工人阶级的一种需要，但它又不限于工人阶级。然而，如果一切拥有激进需要的人都是潜在的反抗资本主义社会的主体，那么又是什么原因使得社会变革如此艰难呢？东欧新马克思主义认为哲学价值讨论能够推动社会变革，进而让人们实现自由和解放。但正如他们自己觉察到的那样，在一个以依附和统领关系为主的社会中，哲学价值讨论绝不可能普遍化。笔者认为，东欧新马克思主义之所以没能走出循环论证，表面上看是因为未能意识到资本支撑着依附和统领关系，本质上看则是因为对现代性和市民社会（尤其是资本主义民主）抱有幻想。同哈贝马斯一样，东欧新马克思主义理论家认为现代性是一个未竟的规划，启蒙和理性虽然出了问题，但只要能够建构一种理性的乌托邦，充分发挥哲学的批判作用，就可以走出现代性的困境。然而，这忽略了只要立足点仍然是市民社会而不是人类社会，人就始终只能是手段而不是目的。黑格尔早在《法哲学原理》中就洞察到市民社会的实质是个体私利原则，并认定在这种社会中"每个人都以自身为目的，其他一切在他看来都是虚无"②。与黑格尔妄图用伦理国家调和市民社会的矛盾不同，马克思主张用人类社会取

---

① 习近平：《习近平谈治国理政》（第三卷），外文出版社2020年版，第133页。
② ［德］黑格尔：《法哲学原理》，范扬、张企泰译，商务印书馆1961年版，第197页。

代市民社会，进而从根本上超越资本主义现代性，为人类自由和解放指明方向。中国特色社会主义正在建构符合中国国情的现代性，但中华民族的伟大复兴并不仅仅是实现现代化，"它在完成现代化任务的同时正在开启一种新文明类型的可能性"①，这种新的文明类型决不同于西方资本主义的现代性，而是以扬弃这种狭隘的现代性立场为本质特征的。东欧新马克思主义的需要批判以维系市民社会的平衡和存续为目的，因此仍然是一种解释世界的旧哲学。

---

① 吴晓明：《世界历史与中国道路的百年探索》，《中国社会科学》2021年第6期。

第三章　历史哲学视域中的现代性批判

虽然布达佩斯学派的两位主将赫勒和费赫尔直到20世纪70年代末才将现代性作为自己的核心理论关切，但现代性的基本哲学预设却是在赫勒两部论历史的著作《历史理论》《碎片化的历史哲学》中阐明的。赫勒等人转向现代性问题研究并不是在学术上"赶时髦"，而是要回答"现代性条件下个体如何生活"这个问题。从经过反思的后现代视角出发，他们对历史哲学提出质疑，试图用一种不完备的历史理论替代历史哲学的宏大叙事。赫勒的现代性批判继承了黑格尔、马克思和韦伯的思想遗产，以现代人的偶然性境遇为立足点，基本目标是让现代个体经由伦理选择获得自决，在现代性条件下过一种有意义的生活。

第一节　从历史哲学到历史理论

现代性理论是对现代社会的描述与反思，每个人都可以根据独特的生活经验并运用本质直觉能力把握社会现实，进而提出一种现代性理论。赫勒的现代性理论融合了个人、经历大屠杀的少数人和现代社会的男男女女们的生活经验，她从反思的后现代视角[①]出发，对历史

[①] 在赫勒那里，经过反思的后现代性不是一个宗派或学派，而是指现代社会的后现代状况以及观察现代性的某种特殊视角（方法）。赫勒多次强调自己不是后现代主义者，并对一切"主义"话语表示拒斥，声称只是在谈论艺术和建筑风格时才会使用"后现代主义"。从理论内容和研究方法上看，赫勒的现代性理论与后现代理论存在重要差别，其对待现代性的立场更接近哈贝马斯。

哲学的宏大叙事、历史进步论、历史必然论等提出质疑，试图建构一种不完备的历史理论，阐明现代人的偶然性生存境遇，让人们通过存在论的选择，将偶然性转变为自身的命运，过一种令人满意的有意义的生活。

一 历史意识的发展阶段

赫勒的现代性理论始于对历史意识发展阶段的反思，历史意识就是对历史性的认识，"历史性并不是仅仅发生在我们身上的某种东西。它不是我们'随意选择'的某种癖好，犹如匆忙披上一件衣服那样。我们即是历史性"[①]。历史意识要回答高更之问，"我们从哪里来？我们是什么？我们向何处去？"依据不同回答历史意识可以分为六个阶段。

（一）未经反思的一般性意识（神话）

任何一种社会秩序都需要合法化，神话的基本功能是对社会秩序的起源进行合法化。"一般性"表示"价值系统、习俗系统以及群体建制的系统之起源在其谋划中包含着世界、宇宙本身的起源"[②]。"未经反思"意味着人与神话的氏族和部落是同一的。神话虽然不运用法则和规则，却隐含一种目的论，其解释世界的基本方法是比拟。在神话阶段，未来、过去和现在混沌未分，神话告知人们来自何处、人是什么以及该往何处去。历史意识在神话阶段不存在个体和主体性，神话阶段并非一片黑暗，但也不能奢求科学和真理，正是"通过神话中的生活，人们开始意识到超验性，在这种相遇中客体性和主体性不可分割"[③]。与近代主客二分的哲学形而上学相比，神话阶段虽然层次不高，但也算得上是一个良序的开端。

[①] ［匈］阿格妮丝·赫勒：《历史理论》，李西祥译，黑龙江大学出版社2015年版，第4页。

[②] ［匈］阿格妮丝·赫勒：《历史理论》，李西祥译，黑龙江大学出版社2015年版，第6页。

[③] ［波兰］莱泽克·科拉科夫斯基：《经受无穷拷问的现代性》，李志江译，黑龙江大学出版社2013年版，第109页。

（二）在特殊性中经过反思的一般性意识（作为复数的历史）

从这一刻起存在开始位于特定的时间中，如果说神话阶段不存在任何个人阐释空间，此时阐释则变得特殊化和个体化了。对历史性问题的回答不再由单一的神话垄断，尽管神话在历史阐释中仍占有重要地位，但个体化阐释已成为可能，"神话不再是集体世界观不变的、封闭的系统，而毋宁说是某种媒介，借助它可以表达和阐述变化的、特殊性的、个体化的世界观"①。在这个阶段，人们主要运用哲学来阐释宇宙的起源，而不是直接论证民族国家的合法性。无论早期哲学家泰勒斯将万物始基视为"水"，还是赫拉克利特将之视为"火"，都与现实政治无关。必须指出，这个阶段虽然出现了特殊性，但"特殊的存在没有独立性，不是自在自为的真实体，而只是一种偶然事物，一种变形"②，其根本缺陷在于"'普遍'被表示在一个特殊形态里"③。也就是说，特殊性和一般性的关系是断裂的，特殊性充其量只是作为一般性的对立面出现。

（三）未经反思的普遍性意识（普遍神话）

在历史意识的神话阶段，人们不可能反思自身，因为一切都被神话所禁锢。一旦人们开始从特定的民族国家和政治实体出发反思一般性，关于人的本性和动机的理论便出现了。在未经反思的普遍性意识阶段，一般性（人的本质和人的本性）再次进入未反思的状态并隶属于普遍性的神话（作为造物主的上帝）。普遍性神话排除了一切特殊性，个人只有依赖于普遍性并同它发生关联才能获得拯救。在这种历史意识看来，未来是不可避免的、确定的，因此带有强烈的宿命论色彩。从本质上看，未经反思的普遍性意识是一种非现实的、观念性的意识，它要求理性服从信仰。从哲学发展史上看，历史意识的这个

---

① [匈]阿格妮丝·赫勒：《历史理论》，李西祥译，黑龙江大学出版社2015年版，第11页。
② [德]黑格尔：《哲学史讲演录》（第一卷），贺麟、王太庆等译，上海人民出版社2013年版，第188页。
③ [德]黑格尔：《哲学史讲演录》（第一卷），贺麟、王太庆等译，上海人民出版社2013年版，第201页。

阶段对应于中世纪的经院哲学,这种哲学"完全是野蛮的抽象理智的哲学,没有真实的材料、内容"①,这时真理还未呈现出来,整个生活分裂为两部分,"我们也就看见两个王国,即一个精神的王国和一个世俗的王国,皇帝和教皇,彼此尖锐地对立着"②。

(四) 在一般性中经过反思的特殊性意识(现代性的基本描述)

在历史意识的这个发展阶段,特殊性在一般性中得到反思,这也意味着特殊性与一般性实现了和解,各种人道主义学说和社会契约论是其主要代表。这时,普遍性的神话已经跌落神坛,自由和理性成为衡量历史进步的基本标尺,人们宣布"新欧洲文化与理性的人类起源是同一的,资产阶级市民社会与理性社会是同一的,资产阶级和革命与自由和理性是同一的,因此与人类自然也是同一的。"③ 特殊性在一般性中被反思,表明"抽象人性论"和"自然状态说"登上了历史舞台,其目的是为民族国家的合法性寻找新的依据。从时间上看,历史意识的这个阶段也就是现代性萌发和发展的时期,对应于启蒙运动以来的资本主义早期发展阶段。黑格尔将这个时期的历史意识称为旧形而上学,其基本特点是,"以抽象的有限的知性规定去把握理性的对象,并将抽象的同一性认作最高原则"④。但是,这种旧形而上学未能达到具体的同一性,而只是固执着一种抽象的同一性。黑格尔发现,近代社会已经同中世纪大不相同,人们这时无法独立从事活动,虽然仍然是私人,却在公民关系中过着一种政治生活。这就意味着,一方面人们不得不陷入私人(市民)和公民的矛盾中,另一方面又不得不承认一种普遍性的理智关系。当然,这时人们还无法透视出现代性的本质,一般性作为凌驾于人之上的力量仍发挥着神秘化的支配作用。

---

① [德] 黑格尔:《哲学史讲演录》(第三卷),贺麟、王太庆等译,上海人民出版社2013年版,第318页。
② [德] 黑格尔:《哲学史讲演录》(第三卷),贺麟、王太庆等译,上海人民出版社2013年版,第321页。
③ [匈] 阿格妮丝·赫勒:《历史理论》,李西祥译,黑龙江大学出版社2015年版,第19—20页。
④ [德] 黑格尔:《小逻辑》,贺麟译,商务印书馆1980年版,第109页。

（五）经过反思的普遍性意识（宏大叙事）

历史意识的这个阶段通常被称为大写历史、普遍历史、世界历史，以区别于拥有复数形式的小写历史。在这个时期，普遍性重新成为神话并统摄过去、现在和未来，但与传统的普遍神话不同，普遍性意识这次经过了反思，它不再具有唯一性，而是以复数形式出现，如表现为斯密的"看不见的手"、康德的"大自然的隐蔽计划"、黑格尔的"理性的狡计"等。确切地说，大写的历史不是宗教和神话，而是历史哲学。在赫勒看来，任何一种历史哲学都声称存在特定的历史承担者（集体或个人），作为历史主体他们可以救赎人类。在历史哲学中，现在与过去是断裂的，过去和现在都不重要，只有未来才是重要的。历史哲学虽然强调人是历史主体，但这个人不是现实的个人，而是虚构的、大写的人。历史哲学宣扬个体与类的统一，只不过是让个体屈从于历史。历史哲学中的个体是偶然的个人，他们不过是历史实现自身目的的工具，人的存在的一切价值无非是用来证明历史规律"更高"的目的。总之，经过反思的普遍性意识总是趋向绝对的意志，执行所谓"上帝之鞭"的使命，尽管普遍性意识经过了反思，但却遗忘了人本身，因此表现出一种残忍的原则。[①]

（六）经过反思的一般性意识（后现代意识）

20世纪的两次世界大战诱发了人们对历史意识的反思，从根本上动摇了对历史哲学和普遍性意识的盲信，一些学者为了让历史哲学脱困，提出三个替代性的命题：研究机构的事实性、大饭店深渊和恶之激进化的心理避难所。研究机构的事实性从不反思一般性，拒绝一切人类学（人道主义）预设，倾向于用玫瑰色描绘现在和未来，进

[①] 一般认为黑格尔的历史哲学最充分地展现了残忍的原则，波普尔直接把黑格尔的历史哲学称为"神谕哲学"和"新部落主义"，认为其历史主义学说与现代极权主义哲学具有同一性。国内也有部分学者对黑格尔的历史哲学持批判态度，杨耕和张立波认为，"黑格尔历史必然性观念的起点和终点都是历史与人的分离，他只是在形式上肯定了人的能动性，实际上彻底剥夺了历史的属人性质"。（参见《历史哲学：从缘起到后现代》，《学术月刊》2008年第4期）衣俊卿也认为，"黑格尔不容许任何特殊的、个别的要素影响世界历史的普遍性和唯一的发展进程。在他的视野中，差别性和个体性都是无关紧要的、微不足道的"。（参见《东欧新马克思主义精神史研究》，黑龙江大学出版社2015年版，第13页）

而对现行的制度无条件认同，其典型代表是实证主义及其变种。黑格尔曾强调这类经验科学存在两大缺陷：一是至多只能达到某种空泛的、不确定的普遍性；二是总是基于直接的事实或权宜的假设，无法满足必然性的形式。由于这种科学与特殊的东西没有内在联系，特殊的东西之间也仅存在偶然的联系，因此不可能达到真正的现实。大饭店深渊强调一种否定的总体性，否认个体的存在，认为个体已经变成社会操控的玩偶，现代人唯一可做的事只能是"一面欣赏着关于空间大战和地球毁灭的电视剧，一面悠然自得地享受着午餐"[①]。不难看出，这是一种悲观主义和历史虚无主义的论调。恶之激进化的心理避难所崇尚一种激进的暴力，认为疾病、精神病、疯狂才是真正的革命。这不禁让人联想到卡夫卡的小说《变形记》，主人公格里高尔一觉醒来发现自己变成了甲壳虫，事实上，现代人早已成为甲壳虫，因为健康与疾病、动物与人的界限已经内爆（鲍德里亚语），正是病态的现代社会造就了病态的人。赫勒对上述三种观点都持批判态度，她的立场是坚持一种经过反思的一般性意识（后现代意识）。具体说来，这种历史意识把人类理解为每个人的"此时此地"，主张人们勇于承担星球责任。星球责任是一种责任伦理学，它类似于种植油树，种植者并不知道是否有人受益，但坚信一定有人受益，因此他们的姿态是愉悦的，不含自我否定的成分。在种植油树的过程中，必然性被抛至一旁，人们在行动中证明自己是自由的理性存在者。质言之，经过反思的后现代意识是"一种积极的斯多葛主义—伊壁鸠鲁主义的伦理学。它意味着决心进行价值理性的行动，无论它们是成功还是失败"[②]。历史意识的最后两个阶段分别对应着现代性和后现代性，后现代性并不意味着现代性的反面，对这个概念还应做具体的探讨。

[①] ［匈］阿格妮丝·赫勒：《历史理论》，李西祥译，黑龙江大学出版社2015年版，第32页。

[②] ［匈］阿格妮丝·赫勒：《历史理论》，李西祥译，黑龙江大学出版社2015年版，第341页。

二 何谓"后现代性"

与现代性一样,后现代性是一个语义含混的多义词。按照后现代理论家利奥塔的说法,"'后现代性'不是一个新的时代,而是对现代性自称拥有的一些特征的重写,首先是对现代性将其合法性建立在通过科学和技术解放整个人类的视野基础之上的宣言的重写"①。国内有学者从经济基础角度区分现代性和后现代性,"如果说现代性产生的经济基础是现代工业的规模化大生产的话,那么后现代性出现的经济基础是后工业社会,是生产过剩条件下的社会"②。东欧新马克思主义理论家普遍意识到20世纪70年代之后的资本主义现代性发生了重要转变,但他们并不认为后现代社会已经到来,而是更多地将后现代性视为现代性发展过程中的一个新特征,"后现代既不是一个历史时期,也不是一个特征清晰的文化或政治思潮。……后现代性可以被理解为广阔的现代性时空内的私人—公众时空"③。这样看来,后现代性就是现代性的组成部分,它"不是跟随着现代之后的东西,而是跟随着现代性展开的东西"④,毋宁说它是对现代性的一种理智的反思态度。

赫勒等人是从历史哲学批判入手分析现代性的,这就意味着后现代历史意识具有正面的价值。现代人总是要求一种历史特权,声称掌握着绝对真理,能够理解历史中的一切事物。后现代人不认为自己拥有任何特权,他们既不依据历史规律思考问题,也不认为探查偶然事件能够揭示必然性,"后现代的心智并不预设一种通过这些偶然事件来实现自身的必然性,因为历史没有'趋势'"⑤。必须指出,东欧新马克思主义拒斥必然性、历史规律和历史进步,诉诸偶然性、可能性

---

① [法]利奥塔:《后现代性与公正游戏》,谈瀛洲译,上海人民出版社1997年版,第165页。
② 王晓升:《走出现代性的困境》,江苏人民出版社2021年版,第44页。
③ [匈]阿格妮丝·赫勒、费伦茨·费赫尔:《后现代政治状况》,王海洋译,黑龙江大学出版社2011年版,第1页。
④ [匈]阿格妮丝·赫勒:《现代性能够幸存吗?》,王秀敏译,黑龙江大学出版社2012年版,第203页。
⑤ [匈]阿格尼丝·赫勒:《现代性理论》,李瑞华译,商务印书馆2005年版,第18页。

和怀疑论，从立场和观点上看类似于后现代理论，但从总体立场上看，他们相信现代性是一项未竟的规划，现代性的矛盾和危机源于人们对现代性的误识，因此只要澄明现代性的本质，就可以消除矛盾，让现代性存续。这表明，东欧新马克思主义理论家虽然是现代性的批判者，但同时也是现代性的捍卫者，其基本理论旨趣和研究方法同那些彻底拒斥现代性的后现代理论家是不同的。

赫勒区分了两种后现代性意识，一种是"未经反思的后现代性"，这种历史意识是幼稚的，无意识续写着现代性的宏大叙事。具体说来有两种形式：一是原教旨主义，它不允许人们带着伤口存活，认为必须显示关于未来的确定性的浮标；二是犬儒主义，它不介意存在伤口，但却拒绝承担责任。赫勒提醒人们，要让生活充满意义就必须承担责任，根据"绝对现在时"思考问题。如果把现在比作火车站，按照现代性的观点，人们只需在车站等待片刻，然后登上驶来的列车便可以安然抵达目的地（未来）。在这个过程中，火车的运行轨迹是既定的，它一定会到达现在这座车站，也一定会驶向已知的终点。在现代性的叙事模式中，现在并不重要，未来才是重要的，并且现在的合法性是由未来保证的。由此出发，赫勒认为资本主义的自由主义和苏联的社会主义存在一致性，二者都预设了一个确定性的未来，进而确证了当下的合法性。不同仅在于，自由主义认为美好的未来会在当下的自由市场运作中自动实现，苏联社会主义则否认自由市场可以给人类带来普遍幸福，转而认为废除私有制并执行全面的计划经济体制能够实现美好社会。另一种后现代性的意识是经过反思的后现代性，这种历史意识反对一切目的论和进步主义图式，认为未来是不确定的，它可能是天国降临尘世，也可能是地狱落入人间。

在《开放社会及其敌人》中波普尔曾提醒人们，"即使怀抱着建立人间天堂的最美好的愿望，但它只是成功地制造了人间地狱——人以其自身的力量为自己的同胞们准备的地狱"[①]。与波普尔的自由主

---

① ［英］卡尔·波普尔：《开放社会及其敌人》（第一卷），陆衡等译，中国社会科学出版社1999年版，第326页。

第三章 历史哲学视域中的现代性批判

义倾向不同,赫勒秉承了马克思主义的乐观精神,强调与其关注未来,不如立足当下,"我们(现时代的居民)对什么负责?现时代的居民主要是对现时代负责,或者不如说是对现时代的人与事负责"①。要真正理解这句话,就必须联系东欧社会特殊的历史文化背景。东欧各国作为小国和弱国,屡遭西方列强侵凌,而在转向社会主义后,又在政治上受制于苏联。基于此,东欧新马克思主义者对一切打着普遍性理念的幌子进行侵略和干预的行径非常反感,而在他们看来,历史哲学恰恰提供了这样一种关于未来的虚假承诺。笔者认为,赫勒强调个人要对现在负责,除此之外一切皆是空无,只不过是要替特殊性(小国)说话,抵制普遍性(大国)的压制,并无不妥。

与现代人不同,后现代人以不同的思维方式看待现在和未来,他们承认列车将会到站,但声称列车的终点是不可知的。后现代人不认为拥有洞察一切的特权,他们承认自己无知并意识到科学具有局限性,主张从偶然性出发思考问题。赫勒之所以反对一切目的论和进步主义图式,主要是因为这些理论倾向于掩盖历史苦难和社会冲突,并利用虚无缥缈的未来合法化现在。譬如,在黑格尔哲学中,现在就因为是绝对精神的发展阶段而被合法化了,这也就不难理解,黑格尔为什么会无视异化劳动的负面影响,因为异化劳动不过是绝对精神发展的必然环节。

赫勒自称是后现代人,主张用经过反思的后现代视角反思和批判现代性。作为一个前缀词,"后"常常表示历史的断裂,譬如,"'后工业主义'标识着工业时代的结束,以知识和信息为组织原则的新社会的到来;'后福特主义'标志着与福特主义刻板特征直接对抗的灵活积累体制的诞生;'后历史'标识的是意识形态和历史的终结,一切止步于资本主义社会;'后马克思主义'则代表一种与传统马克思主义彻底决裂的新理论形态"②。赫勒认为"后"有三层含义:一是

---

① [匈]阿格尼丝·赫勒:《现代性理论》,李瑞华译,商务印书馆2005年版,第12页。

② 颜岩:《批判的社会理论及其当代重建》,人民出版社2007年版,第149页。

指处于宏大叙事之后。宏大叙事是一种特殊的理解世界的模式，现代性就是以宏大叙事为标志的，这种叙事普遍内含某种形而上学的成分，具有强大的合法化功能，代表着某种权威和霸权。利奥塔认为宏大叙事将导致现代性事业的毁灭，奥斯维辛是其必然结果。赫勒不同意利奥塔关于现代性的悲观论断，但她认可对宏大叙事的批判，因为宏大叙事的确包含了一种偏激的目的论，讲故事的人声称无所不知，故意偏袒故事中的一个人而压制另一个人，"它有着神圣而神秘的起源，严格的因果性，秘密的目的论，无所不知的和超验的叙事者以及对宇宙和历史意义上的幸福结局所作的承诺"①。二是指处于阶级政治学之后。依照哈里森（Paul Harrison）的分析，赫勒和费赫尔的现代性理论标志着一个重要的思想转变，这一点突出表现在对阶级的理解上，那就是现代性标志着"政治阶级的历史终结，阶级只能作为纯粹的社会经济现象存在"②。要分析这一思想变化，必须从赫勒等人对前现代社会和现代社会的区分谈起。在赫勒等人看来，前现代社会是一个等级制的、结构化的社会，而现代社会是一个非等级制的、功能化的社会，这就意味着，不能用传统的阶级政治学分析现代社会。在这里，赫勒接受了卢曼的功能主义，对现代社会做了功能化的解读。必须承认，与前现代等级制的结构社会相比，现代社会的确是一个功能化的系统，但若因此声称阶级政治已经终结，恐怕不合时宜。从本质上看，"功能主义的解释就是要把整个社会内部区分为各个相对独立的组成部分，并从需要和适应的角度来解释社会内部各要素之间的关系"③，这势必会忽略人的行动的复杂性和社会的合法性（正当性）。三是指处于历史之后。在这里，"后历史"有特殊的含义，主要指向对黑格尔普遍历史的否定，意味着一种新的历史意识，它传递给人们这样一种感觉："我们总是在进入现在，同时又在它之后。

---

① ［匈］阿格妮丝·赫勒、费伦茨·费赫尔：《后现代政治状况》，王海洋译，黑龙江大学出版社2011年版，第2页。

② John Burnheim ed., *The Social Philosophy of Agnes Heller*, Amsterdam: Podopi, 1994, p. 150.

③ 王晓升：《历史唯物主义的当代重构》，社会科学文献出版社2013年版，第9页。

以同样的姿态，我们已经比以往更深刻地占有了我们的现在，并从它那里发展出了一个批判的距离。"① 可见，后现代性并没有切断同现代性的联系，从各个方面看它都寄生于现代性之上，并从现代性的成就和困境中汲取养分。在这个意义上，现代性批判并不是要否定现代性，而是要寻找一个连接现在和未来的纽带，既反对宏大叙事的绝对主义，同时又反对以利奥塔为代表的后现代主义，其根本目的是在后现代政治状况所允许的条件下重建现代性。

综上所述，赫勒对现代性持一种辩证的态度，她对黑格尔普遍主义的宏大历史叙事提出质疑，实际上是要调解特殊性和普遍性的关系。黑格尔认为排斥普遍性的特殊性根本无法维系现代性，因为市民社会的个体私利原则将导致现代性解体，于是他用伦理国家这一普遍物来克服市民社会的矛盾。赫勒从反思的后现代性视角出发，认为普遍性（国家）有可能成为扼杀个体个性的工具，激进普遍主义有可能转变成一种敌视人、压制人的消极理念。这种对现代性的隐忧不无道理，但对普遍性叙事的拒斥有可能偏离马克思主义的正确轨道，这是必须注意的一个方面。

三 历史哲学批判

要把握赫勒的现代性批判理论，必须先弄清她的历史哲学批判逻辑，进而阐明其历史理论与历史唯物主义的关系。必须指出，历史哲学并不是关于整个人类历史的哲学学说，而是特指历史意识发展的特定阶段（第五个阶段），即现代性背景下人们对历史性的觉解。在《历史理论》中，赫勒把历史哲学的特征归纳为九个方面：第一，历史哲学的核心范畴是大写的历史，一切具体的人类历史受这个特定历史的支配；第二，大写的历史是变化的，包含一种普遍的发展趋势；第三，历史哲学包含一种关于整体的普遍叙事；第四，历史可以有多种解释，如解释成因果关系和决定性关系的结果、伟人和偶然因素的

---

① [匈]阿格妮丝·赫勒、费伦茨·费赫尔：《后现代政治状况》，王海洋译，黑龙江大学出版社2011年版，第13页。

结果或是世界精神自发发展的结果；第五，历史哲学与自然科学从哲学中分离出来，同时历史哲学希望自己成为"科学"；第六，历史哲学把当下视为过去的结果，强调人类本性的历史性；第七，历史哲学坚持从"是"中推出"应该"，把"应该"理解为真理，并将之作为最高的价值标尺植入未来；第八，在历史哲学中，历史的真理在未来中揭示自身，历史哲学不是过去，而是未来的现在；第九，历史哲学把现在视为转折点，认为现在体现了历史的过去并且是未来的摇篮。[1]

赫勒首先质疑历史哲学的普遍发展逻辑。在她看来，历史哲学是一种单一的强制性理论，为了证明未来预言的正确性，总是以某种单一的逻辑和发展趋势扼杀具体丰富的人类历史，这样一来，多样性的人类文化就受到了威胁。大写的历史认为历史中存在一种普遍发展逻辑，历史是连续发展的，可以分为不同的发展阶段，各种文化分属于高级与低级、进步与落后两种类型。不难看出，这种理论为大国沙文主义和种族主义打开了方便之门，如果某个民族被认为属于低级文化，那么歧视、驱赶甚至屠杀其族人就不再是非法的。历史哲学还总是通过做出一系列强有力的承诺和警告干预世俗生活，这就与宗教神学毫无区别。当然，历史哲学同宗教相比仍然是进步的，因为历史哲学将自由视为最高价值，把进步视为自由的增长，但这个问题仍有争议，有人认为工业化是进步，意味着自由的扩展，也有人认为工业化是退步，意味着自由的缩减。

赫勒从历史发展的角度将历史哲学分为三种类型：历史进步论、历史退步论和历史循环论。历史进步论强调历史的连续性，认为历史总是从低级阶段发展到高级阶段，康德、黑格尔、马克思、卢卡奇等人都坚持这种观点。历史退步论也强调历史是连续的，但却认为是从高级阶段向低级阶段蜕变，各种浪漫主义学说都属于这种类型，其中海德格尔是现代哲学家中最杰出的代表之一。历史循环论认为历史总是在进步与退步之间交替循环，自由既没有增加也没有减少，这种理

---

[1] 参见［匈］阿格妮丝·赫勒《历史理论》，李西祥译，黑龙江大学出版社2015年版，第222—224页。

论最后通常会倒向历史退步论并陷入悲观主义,汤因比和施特劳斯就坚持这种观点。赫勒反对上述所有观点,提出用历史理论代替历史哲学,历史理论承认历史的进步价值,但不把进步本体化。如果说历史哲学倾向于将进步、退步和重复视为历史事实和基本发展趋势,历史理论则将进步视为调节性(规范性)的理念。赫勒反复声称自己对历史进步的理解深受柯林伍德影响,正是后者提出进步只能是无毁损的获益。按照这个标准,现代社会就无所谓进步或退步,因为人们根本无法衡量毁损和获益究竟哪个更大。必须指出,赫勒虽然拒绝承认进步是一个构成性的理念,却强调其作为调节性理念发挥着重要的作用,"未来的进步不是一种必然性,但却是一种我们所致力于的价值,并且正是通过这种致力于的行动,它变成了可能性"①。赫勒对历史进步的反思具有重要启示意义,她区分了作为历史事实的进步和作为价值观念的进步,并提醒人们:在一个"后大屠杀"的时代,沉迷于历史事实的进步是极其危险的,在现代性条件下,人们不能悲观颓废,必须勇敢承担责任并团结在一起,只有这样才能对抗恐怖,使进步成为现实。可见,东欧新马克思主义者虽然经历了大屠杀,却没有陷入绝望的悲观主义、彻底的怀疑主义和极端的虚无主义,他们深信"进步取决于我们、取决于我们的警醒、取决于我们的努力、取决于我们目标概念的清晰、取决于现实主义的目标选择"②。既然一切历史预言都是虚假的,我们就不做预言家,而是做自己命运的创造者。

赫勒将历史哲学的发展模式分为机械的、有机的和辩证的三种模式。机械的发展模式以可量化的社会数据为基础,按照"更多"或"更少"的标准衡量社会的方方面面,如果是单因素的,就是一种简单化的思维,如果是多因素的,就可能陷入矛盾,这一模式唯一的作用是为历史哲学判定进步或退步确立独立变量。有机的发展模式以事物内在结构在社会中的安排为基础,按照"不成熟"和"成熟"的

---

① [匈]阿格妮丝·赫勒:《历史理论》,李西祥译,黑龙江大学出版社2015年版,第315页。
② [英]卡尔·波普尔:《开放社会及其敌人》(第二卷),郑一明等译,中国社会科学出版社1999年版,第428页。

路线衡量社会的方方面面，通常是整体论性质的。辩证的发展模式是前两种模式的综合，它把进步视为矛盾的过程，强调历史整体的进步伴随着历史个体的牺牲。辩证发展模式包含了个体与类的矛盾，但它认定这一矛盾在未来社会将会被彻底消除。无论哪种历史哲学模式，都倾向于用某几个特定的指标衡量社会发展，而最重要的指标通常是知识和自由。在实际运作中，历史哲学家把其中一个指标视为决定性的独立变量，"只有一个指标可以充当进步（或退步的）独立变量；然而，另一个指标衡量价值的实现。因此，第一个指标充当解释原则，而第二个指标充当人类意志的规范—实践的理念"①。于是，历史哲学便陷入过度决定的怪圈，将某个因素本体化了，这样做虽然可以加强理论的力度，却牺牲了个体的个性和文化的多样性。

从现代人的偶然性境遇出发，赫勒对历史哲学的目的论设定和必然性观念持批判态度，她用两个例子来阐明自己的观点：一个例子是鞋匠对顾客承诺鞋子第二天可以完成，另一个例子是小伙子对姑娘承诺将永远爱她。两个例子都包含着关于未来的承诺，鞋匠第二天可能会食言，小伙子也可能在将来某一天不再爱姑娘。一旦发生上述情况，人们通常会认定鞋匠和小伙子说了谎，但其实这属于两种不同性质的情形。就第一个例子而言，鞋匠在做出承诺的当天完全可以根据客观条件分析出结果，即是否能够如期完成鞋子。而在第二个例子中，小伙子可以辩称自己做出承诺的那一刻的确出于真情实感，只不过这种情感后来发生了变化。两个例子的差别在于，后一个例子与人的主观感情有关，其真实性取决于许诺人当时的感情。赫勒要表达的意思是，历史哲学是一种关于价值理性的承诺，既不能说它们是真实的，也不能说它们是不真实的，"真实和虚假完全地依赖于它们是否是'认真的'这个事实"②。换言之，历史哲学作为一种关于未来的道德承诺，其真实性只能依据承诺人发出承诺时的主观感情状况来决

---

① ［匈］阿格妮丝·赫勒：《历史理论》，李西祥译，黑龙江大学出版社2015年版，第243页。
② ［匈］阿格妮丝·赫勒：《历史理论》，李西祥译，黑龙江大学出版社2015年版，第247页。

定，这就意味着，我们决不能指望承诺在未来必然实现。

赫勒认为一切历史哲学都内含目的论，"它们建构了作为过去结果的当下和未来，因此这个结果开端时就必须已经在'那里'"①。历史哲学必须面对自由和必然的悖论：一方面历史是人类行动、目的和意志的结果，另一方面历史将按照自身的普遍计划、决定论序列和内在发展逻辑前进。在解决自由和必然的矛盾时，历史哲学常常使用独立变量这个秘密武器，它们总是首先将某个指标夸大为独立变量，然后宣布其他一切因素由该变量决定，虽然交互性作用从来没有被排除，但独立变量始终被理解为交互作用的最终决定因素。历史哲学的基本逻辑可概括为以下三个步骤：第一步是设定某个关于未来的价值理念；第二步是用各种指标描述社会发展的轮廓；第三步是选择某个要素并将之视为独立变量。历史哲学在现代性条件下之所以能够占据支配性地位，主要是因为它们总能充分利用科学这个护身符，既然科学规律是真理，历史哲学也就成了真理。然而，赫勒并不认为历史哲学所谓的规律是真理，因为它们没有按照自然科学的表述方式推出结果，即"如果 X、Y、Z 等现象出现，E 将出现"。恰恰相反，历史哲学总是以命令的口吻规定道："我们必须这样或那样做，因为我们服从规律，如果我们不做我们必须做的，我们将会毁灭。"②

赫勒强调偶然性反对必然性，主要是为了反对规律对个体自由的限制以及随之而形成的道德真空，她高度评价康德将道德规律和自然规律相分离的做法，因为"一旦'历史规律'变成了自然规律和司法规律的倾向的混合物，并且偶然性（作为非自由）被等同于'规律'的无意识实现，而自由被等同于在实现必然性的时候从一切偶然性中'解放我们自己'，'自由'的观念就失去了其道德内容"③，而

---

① ［匈］阿格妮丝·赫勒：《历史理论》，李西祥译，黑龙江大学出版社 2015 年版，第 250 页。
② ［匈］阿格妮丝·赫勒：《历史理论》，李西祥译，黑龙江大学出版社 2015 年版，第 253 页。
③ ［匈］阿格妮丝·赫勒：《历史理论》，李西祥译，黑龙江大学出版社 2015 年版，第 255 页。

失去道德内容的自由不过是虚假的自由。赫勒的分析有一定道理，但她未能意识到康德道德哲学的主观主义缺陷。黑格尔曾将康德的批判哲学视为粗浅的主观唯心论，认为其根本缺陷在于未能深入到范畴的内容，只列举了一些主观性的抽象形式并停留于此，因此"康德的实践理性并未超出那理论理性的最后观点——形式主义"①。赫勒由于在潜意识里认定黑格尔以普遍性压制了特殊性，故未能看到黑格尔有时对特殊性也颇为倚重，其实在黑格尔那里，真正的普遍性（必然性）一定同时包含特殊性（偶然性）。在分析善的理念时黑格尔说道："善作为普遍物是抽象的，而作为抽象的东西就无法实现，为了能够实现，善还必须得到特殊化的规定。"② 有人认为黑格尔的理念是抽象的、普遍的，但事实上这只是就其形式而言，黑格尔也强调普遍自身就是特殊，因为真理是具体的，如他说："哲学是最敌视抽象的，它引导我们回复到具体。"③ 赫勒对黑格尔的误读直接影响了其现代性批判的未来走向，而她对康德道德哲学的倚重也影响了其对现代性道德状况的审视。

综上所述，赫勒认为历史哲学存在两个重要缺陷：一是从非历史的观点反思历史，不把标准应用于自身。历史哲学强调现在是历史的转折点，却不反思现在缘何重要；历史哲学声称把握了历史必然性和客观规律，却从不质疑必然性和规律为何直到现在才被把握；历史哲学断言找到了人类历史的主体，但从不怀疑自身资格的合法性；历史哲学宣布破解了一切"历史之谜"，但实际上任何矛盾都未解决。与此同时，历史哲学的激进反对者（后现代主义者）则跌入了相反的陷阱，一旦拒斥宏大叙事和关于未来的乌托邦设想，通往未来的可能性就被堵死了。可见，盲目相信必然性和彻底否定必然性都是错误的。二是历史哲学的最高价值（自由）与其他价值的本体化存在矛

---

① ［德］黑格尔：《小逻辑》，贺麟译，商务印书馆1980年版，第143页。
② ［德］黑格尔：《法哲学原理》，范扬、张企泰译，商务印书馆1961年版，第136—137页。
③ ［德］黑格尔：《哲学史讲演录》（第一卷），贺麟、王太庆等译，上海人民出版社2013年版，第30页。

盾。历史哲学总是宣布只有一条道路通向自由，这就否定了其他获得自由的可能性，"如果仅仅存在着一种通向自由的可能道路，而其他所有的道路都通向非自由，那么自由也是同样程度上被毁灭了"①。赫勒的分析击中了历史哲学的软肋，启发我们在判断历史进步时不能仅仅依据工具理性，而是要引入价值理性和道德标准。

四 走向一种历史理论

在对历史哲学进行一系列批判后，赫勒开始着手建构历史理论，按照她的说法，这种历史理论可以阐释为历史唯物主义的一种版本。严格地说，历史理论也是一种历史哲学，只是不同于传统意义上完备的历史哲学，其根本特点在于不完备性。在历史理论中，"应该"仅作为理念而存在，它拒绝历史哲学的完美主义，坚持一种怀疑论，因而是不完备的。赫勒在这里再次区分了调节（规范）性原则和构成（建构）性原则，反对将未来社会的乌托邦本体化和现实化，强调乌托邦只能作为调节性理念发挥作用。可见，赫勒并不反对乌托邦，她只是反对历史哲学对乌托邦的虚构，在她看来，"我们应该设定适合乌托邦理念的目标，不是期待这种乌托邦的'实现'，而是产生一个比我们所生活的世界更为接近它的世界"②。也就是说，在"是"与"应该"的张力中不能出现历史哲学那样的强势承诺，人们无法确定未来一定会怎样，而只能设定一个理想，然后一步步地调解矛盾，向这个目标逼近。历史理论决不会武断地认为自己拥有绝对真理，它自知没有资格判定历史主体并对未来做出精准的预言，但它又知道预言必须做出，而且预言可能且应该发生。与历史哲学试图将预言普遍化并强迫人们接受不同，历史理论强调"应该"仅仅是一种理念，在这个意义上，历史理论作为哲学并不完备，而且是故意让自己不完备。

---

① ［匈］阿格妮丝·赫勒：《历史理论》，李西祥译，黑龙江大学出版社2015年版，第271页。
② ［匈］阿格妮丝·赫勒：《历史理论》，李西祥译，黑龙江大学出版社2015年版，第321页。

赫勒指出，现时代之所以仍然需要一种历史理论和乌托邦，原因恰恰在于它是一个不同于前现代社会的动态社会。在前现代的静态社会里，社会结构相对稳定，价值理性能够顺利得到普及和流行，因此即便没有乌托邦想象也不会存在危险。而在现代性条件下，传统伦理和价值观念已经坍塌，工具理性压倒价值理性成为支配社会发展的主导逻辑，这时如果没有乌托邦想象引导和约束人的行为，社会将陷入严重的危机。在赫勒看来，拒绝乌托邦想象的人一定会拒绝好生活，并"将人类抛入单纯工具理性支配之下；抛入对拥有的渴望和对权力的渴望的支配之下；抛入独裁者和操纵者的支配之下"[1]，因此现代性需要合理的乌托邦想象。历史理论作为一种积极的斯多葛主义—伊壁鸠鲁主义的伦理学，意味着人们要有一种不惧怕困难决心进行价值理性活动的意志。面对奥斯维辛和大屠杀，赫勒没有选择沉默和逃避，而是呼吁人们行动起来，积极进行道德选择并为自己的行为负责，这种坚韧的毅力和乐观的精神值得每一个现代人学习。

在赫勒的心目中，人类最值得期许的乌托邦是社会主义，但她反对用历史哲学建构社会主义，而是主张用历史理论重塑社会主义。马克思的社会主义到底是一种历史理论，还是历史哲学呢？赫勒认为应该辩证看待，她的基本立场与哈贝马斯类似，那就是："历史地反思马克思及其著作并尊重他所应得的所有伟大理论成就，与此同时从他的体系中挑选所有对我们有重要的暗示和理论命题，而将其他的抛弃，不是心怀憎恨或信任，而是理解地抛弃。"[2] 在赫勒看来，马克思思想中同时存在着历史哲学和历史理论的元素。马克思的历史哲学主要与政治经济学有关，或者说，马克思的政治经济学是为历史哲学服务的，要实现对社会主义的历史哲学论证，就必须让经济学观点成为批判的。赫勒认为指责马克思经济学观点过时的人不过是用自己的历史哲学攻击马克思的历史哲学，这是一种攻击大师的愚蠢举动，

---

[1] [匈]阿格妮丝·赫勒：《历史理论》，李西祥译，黑龙江大学出版社2015年版，第335—336页。
[2] [匈]阿格妮丝·赫勒：《历史理论》，李西祥译，黑龙江大学出版社2015年版，第275页。

"它这样做的时候在一个远比它所攻击的靶子更为低的层次上,因为它以工具理性(其尺度为事实上成功与否)来替代了价值理性(其尺度是维系和遵循一种理念)"①。

赫勒认为马克思的历史哲学和历史理论存在张力,这主要表现在,一方面他力图避免和消解传统历史哲学的缺陷,另一方面为了让论证显得更加有力,他不得不把历史哲学从后门请了回来。譬如,马克思在分析经济基础和上层建筑的关系时,一方面认为这种关系是历史性的,只有在现代资本主义社会中这种区分才有意义,但另一方面他又设定经济基础决定上层建筑是历史发展的普遍规律,适用于一切人类历史发展阶段。再如,马克思在探讨生产力的发展时,有时从工具理性出发将之视为衡量历史进步的独立变量,有时又从价值理性出发否认生产力发展具有进步意义。在马克思的思想体系中,衡量进步的标准比较复杂,他区分了社会积累的财富和个人占有的财富,前者随生产力发展而增加,后者却不一定随着生产力的发展同步增长。赫勒认为马克思的历史哲学由于指向了一种历史进步论,因此只能把生产力和社会财富的增长视为独立变量,而如果从历史理论出发,用价值理性来衡量历史进步,那么一种类本质的自由学说就会成为其核心理论关切。马克思为了避免矛盾,有限地承认了资本主义社会的历史进步性,强调资本主义生产方式的进步性在于可以为未来共产主义社会提供物质条件和基础。但与自由主义者和历史乐观主义者不同,马克思强调生产力的发展只是在知识积累的意义上是进步的,生产的主体(工人)却日益贫困化,他不得不承认:"如果生产力的发展能带来全新的自由和解放的可能性,那么这种可能性必然是以流血牺牲为代价的"②,这就是历史进步的悲剧性一面。

前面我们分析过激进需要理论,从反对历史哲学出发,赫勒认为激进需要理论就是一种历史理论,它可以更好地论证社会主义的合法

---

① [匈]阿格妮丝·赫勒:《历史理论》,李西祥译,黑龙江大学出版社2015年版,第276页。

② [英]特里·伊格尔顿:《马克思为什么是对的》,李杨、任文科、郑义译,新星出版社2011年版,第49页。

性,"资本主义自身生产了资本主义所不能满足的需要,并因此促使人类超越它这个论点,使大写的历史和它的一切普遍规律及趋势成为剩余的和理论上多余的"①。但是,赫勒认为马克思没有抵制住历史哲学的诱惑,在他的理论体系中,历史哲学还是压倒了历史理论。按照历史理论的观点,自然和必然、个体和类、偶然性和必然性、主体和客体的矛盾应该消失,但在历史哲学的介入下,这些矛盾又被恢复和加强了。笔者认为,赫勒虽然意识到了马克思思想的复杂性和矛盾性,但并未真正理解它,事实上,这种矛盾并不是历史哲学和历史理论的矛盾,而是历史辩证法的主体向度和客体向度的视角差异。当马克思从主体自由的角度考察社会历史发展时,资本主义现代性(大写的历史)恰恰是要超越的对象,而当他从物质社会关系这一客体向度出发审视人类社会时,生产力的发展自然成为理论的重心。因此,历史哲学与历史理论的对立是一个伪命题,它基于"要么……要么……"的形而上学逻辑,而当我们从"既……又……"的辩证法逻辑出发来理解马克思思想时,对立仅仅是同一性中的非同一性,双方不再具有决然二分的性质。科学社会主义的确建立在历史哲学之上,但它不是虚假承诺,而是基于对资本主义现代性的科学分析,同时还融入了价值理性(道德)的内容。马克思不仅规避了传统历史哲学的缺陷,而且对社会主义进行了最有力的科学论证。

第二节 经典现代性理论家的思想遗产

东欧新马克思主义现代性批判深深根植于经典的现代性理论,尤其受惠于黑格尔、马克思和韦伯的思想遗产。黑格尔是18世纪的时代产儿,通过为现代性设计一套完整的宏大叙事,他试图维系家庭、市民社会和国家三种伦理力量的平衡。马克思是19世纪的批判理论家,通过为现代性确立新的"始因"——生产力和科学技术,继承和

---

① [匈] 阿格妮丝·赫勒:《历史理论》,李西祥译,黑龙江大学出版社2015年版,第282页。

发展了黑格尔的历史哲学。韦伯是 20 世纪盛期现代性理论家，通过区分两种合理性并提出领域划分理论，也希望维系现代性微弱的平衡。

一 黑格尔的绝对精神与伦理学遗产

现代性要实现自身的合法化就必须寻找一个坚实的基础，自由作为现代性的"始因"总是被视为理所当然的，但自由作为基础意味着一切都没有基础，因此现代人不得不面对自由的悖论，并坚信一切基础（包括自由）都是无效的。当马克思宣称在现代社会"一切坚固的东西都烟消云散"时，他深刻洞察到了现代性的无根本性。赫勒认为经过反思的后现代意识（后现代人）思考了这个悖论，但不把它看成是悖论，而是将之扩展到对真理问题的讨论中。悖论总是被时间化，如在历史的某个时期普遍性具有压制性，应该保护特殊性和差异性，而在另一个时期情况又可能正好相反。后现代人已经学会了在没有真理的情况下生活，"真"和"真理"不同，"真理"涉及存在论的立场，"真"涉及认识论的立场，社会科学最大的谎言就是试图通过真实知识达到真理。按照赫勒的理解，真理关涉人的生存和整体，因此是主观的，总是表现为我的真理。真理与实用主义的知识无关，真理不仅仅是一种理论，还是一种道德实践。在现代社会，人们都是以各自的真理说话。当人们谈论某个属于自己的真理时，并不表明拥有了真理，而仅意味着真理拥有了我，我必须对这个真理负责，一个对自己的真理负责的人就是在实践现代性。

哈贝马斯认为黑格尔是第一位清楚阐释现代概念的哲学家，黑格尔可能不是第一位提出现代性概念的人，但却是第一个发现现代性问题的人。赫勒认为黑格尔提出了一种没有预设的宏大叙事，在他的哲学体系中，现代性作为世界历史的完成而出现，但它不是最终的目的，而是绝对精神的一个异化阶段。黑格尔认为现代性最大的问题是受到了某种错误同一性的折磨，将有限之物设定为绝对，因此现代性意味着历史、哲学和艺术的终结。黑格尔祈求绝对精神（艺术、宗教和哲学）对现代性的庇护，"绝对精神也就是文化的核心，也就是提供意义的核心，也就是真理（真+善+生活）"①。但是，黑格尔的绝对精神与现实的经验世界存在矛盾，"黑格尔体系（海德格尔在这一点上是正确的）预设了绝对精神的绝对性，但是思辨哲学的绝对精神，或者说体现于思辨哲学中的绝对精神（绝对精神的绝对性）没有正在回归它自身，在现代世界中它也没有回归到它自身（在它的绝对性中）"②。赫勒不否认绝对精神的意义，在她看来，这个概念包含了现代性不可或缺的重要价值，这种价值关乎生活的意义，对于医治现代人的实用主义世俗风气和麻木不仁的精神状态至关重要。如她指出："通过把一本哲学著作、一个艺术作品、一个过去的宗教图景作为思维崇拜的对象，并且通过思想来美化它，那么人就历史性地活着；虽然不在此时此地，也不在那时那地，而是在无时空的意义的王国。"③

黑格尔一方面强调现代性是不稳定的、流动的，另一方面又要保证现代性的存续，于是他寻求多种伦理力量的平衡，试图在普遍性、特殊性和个别性三者矛盾最终激化前暂时化解冲突。具体说来，黑格尔认为现代社会存在着三个活动领域：家庭、市民社会和国家，每个领域都体现了一种特殊的人与人的关系。家庭以爱为纽带，市民社会以利益为导向，国家以忠诚为核心。三个领域分别代表三种伦理力量，如果发展不平衡，某一种伦理力量无法再生产自身，同时其他伦理力量膨胀到支配一切的地步，现代性就会陷入危机。在黑格尔的哲学体系中，国家的伦理力量是首要的，因为国家实现了普遍性和特殊性的统一，"自在自为的国家就是伦理性的整体，是自由的现实化"④。但黑格尔没有想到，现实中的国家获得了远超预期的强大力量，法西斯极权主义政府的出现就是最好的例证。哈贝马斯洞察到了

---

① [匈] 阿格妮丝·赫勒：《碎片化的历史哲学》，赵海峰、高来源、范为译，黑龙江大学出版社2015年版，第246页。
② [匈] 阿格妮丝·赫勒：《碎片化的历史哲学》，赵海峰、高来源、范为译，黑龙江大学出版社2015年版，第244—245页。
③ [匈] 阿格妮丝·赫勒：《碎片化的历史哲学》，赵海峰、高来源、范为译，黑龙江大学出版社2015年版，第252页。
④ [德] 黑格尔：《法哲学原理》，范扬、张企泰译，商务印书馆1961年版，第258页。

黑格尔伦理学的缺陷,认为他为了调和分裂的现代社会,预设了一种伦理总体性,但"它不是从现代性土壤中生长出来的,而是源于原始基督教的宗教团契和希腊城邦对过去的理想化"①,这个批判可谓一语中的。

二 对马克思现代性理论的解读

赫勒认为马克思与黑格尔一样成功避开了现代性的自由悖论,但为了让自己的历史哲学显得格外有说服力,又不得不续写宏大叙事,为现代性寻得一个新的"始因"——生产力(技术)。无论是青年马克思关于类本质的叙事,还是唯物史观创立后关于生产力的叙事,都是本质主义的观点。在马克思那里,经济(关系)充当了中介,历史的最终目标是共产主义,在那里个体与类实现了统一,一切形式的异化被彻底消除,历史之谜得以完美解决。质言之,马克思的现代性理论是一种乐观主义的宏大叙事,自由和理性被置于绝对的地位,历史总是不断进步,可以有得无失。从柯林伍德的历史哲学出发,赫勒对此表示怀疑。

赫勒关于马克思现代性理论的基本观点可归纳为三个方面。第一,现代社会是动态的和未来指向的,扩张和工业化是其主要特征。马克思和恩格斯充分意识到现代社会的动态性,认为"一切坚固的东西都烟消云散了",可见动态性构成了现代性的重要特质。现代社会的未来指向性主要指作为实存的"是"总是指向未来的"应该",马克思对资本主义现代性的分析具有双重维度:一是从资本主义社会的经济现实("是")出发,阐明资本主义社会的基本矛盾,揭示其历史必然性和历史局限性;二是从未来理想社会("应该")出发,阐明资本主义社会的异化特征,揭示其非人道的方面。与黑格尔更多地关注过去不同,马克思更关心如何从现在过渡到未来,他对工业化的基本判断是,"存在于19世纪的那种现代性或工业资本主义的特殊形

---

① [德] 于尔根·哈贝马斯:《现代性的哲学话语》,曹卫东译,译林出版社2011年版,第35页。

式必须经历一场实质性转变；工业化的无限发展与资本主义经济组织的联姻不能持久；工业化将为资本主义自身的发展设限"[1]。现代社会的工业化具有无限扩张的趋势，"不断扩大产品销路的需要，驱使资产阶级奔走于全球各地。它必须到处落户，到处开发，到处建立联系"[2]。赫勒把现代性的无限扩张称为"蒸汽压路机"，认为它"一旦在世界上的一个地方确立，就会碾过所有的前现代文化和格局"[3]。面对工业化的无限扩张趋势，赫勒认为现代性既可以把我们带入天堂，也可以把我们推向地狱。虽然未来的道路不可预知，但人们不必陷入绝望，因为只要能够信守承诺，选择做一个好人，就能维系现代性的平衡，令人类不至于灭亡。

第二，现代社会是理性化的、功能主义的。韦伯区分了价值合理性和目的合理性，前者指由价值意识（宗教、伦理、道德、审美等）决定的行为，后者指内含预期目的及实现手段的工具性行为。在现代社会，价值合理性与目的合理性是完全割裂的，主体的行动较少受到价值观念的引导，这也是现代性危机的病根。马克思认真审视了资本主义的理性化进程，一方面强调工具理性能够有效推动社会生产力的发展，促进社会整体财富的增长，另一方面又指出工具理性的发展表现为片面的"为生产而生产"，将会激化资本主义社会的矛盾，加大剥削和异化。赫勒认为马克思对待理性化的态度有些含混，"一方面，他对那些不再与价值相关或从属于价值的效率大加赞赏，甚至称赞李嘉图对'为生产而生产'的偏袒；另一方面，马克思又同韦伯一样对理性化表示担忧，……最终不愿承认生产应该与一切价值脱离关联"[4]。这是对马克思思想的误解，马克思对资本主义现代性的批判具有双重维度：一是从客体视角出发对资本主义社会的理性化进程进行科学分析，目的在于理解资本主义社会的规律；二是从主体视角出发对资本主义社会的理性化进程进行道德批判，目的在于揭示资本主

---

[1] Agnes Heller, "Marx and Modernity", *Thesis Eleven*, No. 8, January 1984, p. 47.
[2] 《马克思恩格斯文集》第2卷，人民出版社2009年版，第35页。
[3] [匈] 阿格尼丝·赫勒：《现代性理论》，李瑞华译，商务印书馆2005年版，第77页。
[4] Agnes Heller, "Marx and Modernity", *Thesis Eleven*, No. 8, January 1984, p. 48.

义社会非人性的方面。这并不是态度含混不清,而是一种辩证的科学觉解。

受卢曼系统功能论的影响,赫勒认为马克思的阶级理论已经丧失了对现代性的解释力。在马克思看来,消灭阶级结构以及消除功能上发生分化和物化的互动领域是一回事,也就是说,一旦革命取得胜利,阶级结构被废除,阶级功能也就不复存在了。但在卢曼看来,现代社会是一个功能分化的社会,功能本身决定着阶级的划分,功能失调导致的野蛮状态并不局限在资本主义社会,而是出现在一切功能系统中。在赫勒看来,现代社会与前现代社会不同,现代人是偶然的人,工人完全可以通过后天努力成为资产阶级,因此,决定其身份和命运的是他在社会中发挥的作用。譬如,一群人在公交车站候车,每个人都想乘坐一辆车况优良(干净且动力强)的车,但这类车的出现是完全偶然的,对所有人而言机会是相同的。从系统功能论出发,赫勒认为仅仅从劳动和资本的关系出发分析现代性是片面的,她反对把阶级限定在经济领域,强调阶级与民主政治有关。依她之见,一个社会最重要的要素既不是经济状况,也不是政治条件,而是超经济—政治的民主。赫勒进而认为马克思关于工人阶级是人类解放天然代理人的观点无法成立,后马克思主义者拉克劳(Ernesto Laclau)也有相近的观点:"工人阶级——像所有其他成分一样——是一种社会作用力,但此一作用局限于它自己的目标及可能性之内,它并非是马克思主义传统中的'普遍阶级',并非是全世界人类解放的必然代理人。"[1] 密里班德(Ralph Miliband)认为上述观点忽视了统治阶级的力量,工人阶级的"优先原则"应基于如下事实,"即在资本主义社会中没有其他的集团、运动或者力量会有哪怕是很小的能力,能够如同工会工人一样向现存的权力与特权的组织发起有效的和强大的挑战"[2]。事实上,赫勒并不反对阶级概念,她只是反对一切闭合的、普遍的、固定的阶级概念,因为这种阶级概念消除了一切社会反抗的

---

[1] 周凡、李惠斌主编:《后马克思主义》,中央编译出版社2007年版,第67页。
[2] 周凡主编:《后马克思主义:批判与辩护》,中央编译出版社2007年版,第34页。

可能性空间。笔者认为，无论是卢曼还是赫勒都遗忘了一点，那就是功能必须依附于结构，功能只有制度化才能发挥作用。因此我们赞同哈贝马斯的如下分析："就系统分化的新层面而言，卢曼忽略了，像货币和权力等控制媒介——有了这些媒介，功能系统脱离了生活世界——需要重新在生活世界中获得制度化。"[①] 可见，片面强调功能而忽略结构的做法并不可取。

第三，科学的魔咒与价值准则的多元化。马克思认为在现代社会中科学已经代替宗教成为知识积累的基础，这尤其体现在"知识就是力量"这一言论中。在这个意义上，"上帝死了"并不带有宗教无神论的色彩，其真实意涵不过是作为真理代言人的上帝死了。赫勒赞同上述观点，反对把科学视为卓然独存于上层建筑的中性物，她指责说："马克思从未想过科学将会成为一种占统治地位的世界观，他分享了实证主义的观点，认为只有宗教、政治和道德观念（不是科学）才行使着统治的功能。"[②] 在赫勒看来，现代性不过是这样一种社会格局，在这里科学大行其道，行使着解释世界的基本职能，人们认定"科学的"就是"真的"，这个着了魔的词汇激发出一种新的信仰，否认是其实际所是。结果只能是，通过合理化和最优化的概念，科学发展转变成一种压迫性的力量。赫勒对科学技术负面作用的批判值得我们深思。

现代性不仅在促进社会发展的同时制造了灾难，还导致了传统习俗和美德的丧失以及价值准则的普遍化。赫勒认为马克思对现代性持乐观态度，因为他将一切阻碍生产力发展的传统社会价值观念视为消极的、反动的，而正是资本主义的工业化彻底摧毁了这些观念。"马克思坚定地认为工业资本主义将在若干个不同方面执行普遍化的功能。他认为，资本主义将会统一全球：在一个非常短的时期内，所有国家将成为资本主义的，这就是他为什么在理论上支持

[①] ［德］于尔根·哈贝马斯：《现代性的哲学话语》，曹卫东译，译林出版社 2011 年版，第 398 页。

[②] Agnes Heller, "Marx and Modernity", *Thesis Eleven*, No. 8, January 1984, p. 52.

殖民化的原因。资本主义将倾覆一切传统的生活方式和行业，从而为现代性的第二阶段共产主义扫清一切障碍。"① 赫勒认为马克思的预言可能会落空，因为他没有顾及现代性的其他逻辑，尤其是非经济因素的作用。这显然是对马克思思想的误读，马克思绝不会因为强调生产力标准就支持资本主义的市场原则，更不会赞同殖民主义，他只是确证和描述了市场原则必然随着资本逻辑扩展而统治全球这一事实，但对于这一趋势和自由主义经济学则持批判和怀疑的态度。

必须承认，现代性的确会导致创造与阐释准则的消失，关键在于如何评价判断标准的多元化。马克思的观点是辩证的，一方面他认为资本主义市场摧毁了前现代社会特定的标准，艺术遭受到毁灭性打击，另一方面他又认为资本主义现代性创造出真正的审美主体，这种审美主体摆脱了一切传统宗教伦理的束缚，以自由人的姿态出现在社会中。可见，现代性的悖论不是永恒的，而是历史性的，只有到未来社会人们才可以充分发挥自己的才能，创造出各种各样的艺术品。从多元真理观出发，赫勒强调对真理的认识一定会受到主体阶级立场的影响，一个阶级看上去正确的东西，在另一个阶级看来则有可能是错误的，因此真理只能是多元的、动态的。赫勒还认为真理具有"主观"色彩，"真理实际上是'整体'（the whole），不是因为它关系到总体（totality），而是因为它关系到作为一个整体的我们的生存。在这种意义上，真理总是主观的。在日常生活中，这意味着'为我的真理'（truth-for-me）"②。笔者不建议将赫勒的真理观解读为片面的主观唯心主义，事实上，她是基于多元化的生活方式得出这个结论的，"己所不欲，勿施于人"，任何人都不能宣布自己是绝对真理的拥有者，真理需要平等、合理的哲学辩论，一种未加反思的生活不值得人们期许。

---

① Agnes Heller, "Marx and Modernity", *Thesis Eleven*, No. 8, January 1984, p. 53.
② [匈]阿格妮丝·赫勒：《现代性能够幸存吗?》，王秀敏译，黑龙江大学出版社2012年版，第14—15页。

三 韦伯的领域划分理论

依赫勒之见，现代性并不是一个固定不变的客观事实，人们虽然可以理解和接近它，但却不能用线性因果关系解释它。与传统历史哲学试图为现代性确立单一的基点（独立变量）不同，韦伯认为在历史发展过程中存在着多个变量，没有哪个变量能够单独决定历史的发展，这一分析思路为人们从不同角度理解现代性创立了条件。如果把黑格尔、马克思和韦伯进行比较，便会发现三位思想家对待科学的态度不完全相同，黑格尔把科学视为自成一体的概念运演体系，强调"科学只有通过概念自己的生命才可以成为有机的体系"[①]，而科学的任务是理解普遍性和必然性，通过现象发现背后的本质。马克思扬弃了黑格尔的唯心主义辩证法，"在经济存在的现实辩证法中揭示了人类生活、人类社会发展的规律并使它们形成为概念"[②]，他一方面将科学奠基在经验事实基础上，另一方面又通过从抽象到具体的方法，批判经验主义和实证主义，让唯物史观成为真正意义上的历史科学。在现象和本质的关系上，马克思虽然强调从现象到本质，但对本质的理解与黑格尔不同，马克思对本质的理解既没有演化为本质主义的独断论，也没有坠入虚假的历史目的论，而是根植于人类的实践活动。赫勒并没有细致区分马克思和黑格尔的思想，有时甚至将二者混为一谈，但她认为韦伯对科学的理解是独树一帜的，即提出了"科学是可以证伪的"这个命题，因此她更愿意将韦伯视为反思的后现代理论家。赫勒认为韦伯最重要的贡献是提出了领域划分理论，将科学、政治、艺术、宗教、法律、经济视为不同领域，强调每个领域具有相对独立性和自己的伦理标准，一旦将某个领域的标准运用到其他领域，现代性就会出现严重的危机。事实上，领域划分并不是韦伯独有的理论创见，历史上很多哲学家都做过类似的事情，这种做法有助于区分

---

① ［德］黑格尔：《精神现象学》（上卷），贺麟、王玖兴译，商务印书馆1979年版，第35页。

② 中共中央马克思恩格斯列宁斯大林著作编译局马恩室：《〈1844年经济学哲学手稿〉研究（文集）》，湖南人民出版社1983年版，第207页。

不同社会因素和力量的限度，防止因僭越界限而带来的混乱。但所有的领域划分理论都有一个局限性，那就是仅仅解释世界，未能改变世界，这些理论家虽然看到了不同领域的矛盾，但未能理解矛盾的现实根源并找到消除矛盾的正确途径。当理论家们声称不同领域的因素和力量只要井水不犯河水现代性便可以安好时，便陷入了资产阶级保守主义的意识形态。赫勒的现代性理论虽然是一种社会批判理论，但从本质上看仍然是在市民社会内部寻求自由和解放，这与马克思在人类社会中构想自由人的联合体存在本质区别。

　　黑格尔把国家视为神的意志，认为它"就是当前的、开展成为世界的现实形态和组织的地上的精神"①，因此能够让现代社会的不同领域保持平衡。在黑格尔那里，家庭和市民社会是国家实现的必要环节，三种形式分别具有自身的伦理规则，国家高于家庭和市民社会。与黑格尔褒扬国家的观点不同，韦伯认为国家是形式化的官僚机构，尽管它能够维持社会的高效运转，却不能在价值理性层面保证人们获得自由，更无法让生活充满意义。韦伯的悲观主义论断同他关于工具理性压倒价值理性的判断紧密相连，他意识到现代社会人们的理性行动较少由价值观念引导，而更多地由带有工具色彩的目的支配。韦伯把价值理性丧失的过程称作"祛魅"，包括神话的失落、哲学的终结、意义的匮乏、美感的遗失等。问题在于，如果国家不能为平衡伦理力量提供支撑，价值理性又不断丧失，现代性又应当如何存续呢？韦伯开出的药方是让每一个相对独立的领域选择自己的伦理力量，并严格遵守自身领域的规则。这就意味着，现代性可以拥有不同的伦理规范和规则，人们可以根据不同领域选择适合该领域的伦理规则。韦伯还设置了一条禁令，即不同领域的标准不同且不可通约，这条禁令有效防止了社会总体化和原教旨主义，避免了政治美学化、宗教政治化等一系列社会弊病。韦伯虽然强调各领域不能越界，但这只是一厢情愿，因为总有一些领域在现代性条件下占据支配性地位。既然现代性是一个祛魅的过程，那么有利于祛魅的领域就一定会占据主导地

---

① ［德］黑格尔：《法哲学原理》，范扬、张企泰译，商务印书馆1961年版，第271页。

位。在赫勒看来，经济和科学在祛魅中贡献最大，受益也最多。赫勒赞同韦伯对真理和知识的区分，认为正确的知识是暂时的，终会被取代，而真理是绝对的，始终代表着意义。因此，人们应该追求真理而不是拥抱知识。但在现代社会，科学却是以追求知识为目标的，这就意味着它不能给人们的生活提供意义。由此可以推出，祛魅的本质和结果一定是让生活失去意义。

赫勒试图将韦伯的领域划分理论同存在主义的选择理论结合起来，在她看来，价值领域的选择也就是存在的选择，一个人选择了某一价值领域，也就选择了自己。赫勒区分了两种存在的选择，第一种是根据差异作出存在的选择，即选择自己作为特定事业的人，如选择成为一名哲学家。之所以是差异的，是因为这种选择不具有普遍性，它是一种特殊的选择，其他人也可以选择成为一名教育家。这种选择有两个特点：一是作为存在的选择，尽管是根据差异作出的，却不能随意取消和撤回；二是选择是无功利的，不会在意最终的结果。一个人选择成为哲学家，既可能是福也可能是祸，无论他人如何看待，也无论这个人是否真的成为合格的哲学家，都无所谓。关键是这个人作出了这样的选择，选定了命运，成为了自己。第二种是根据普遍性作出存在的选择，这种选择"不把进行选择的人与我们中的其他人分开，而是把这个人与我们连在一起"[①]，即伦理地选择成为一个好人。依据普遍性作出选择不带有任何工具主义的色彩，不掺杂任何利益、权力和欲望，因此这种存在的选择更根本、更重要。一个人如果仅仅进行差异的存在选择，充其量可以确定自己的事业，为自己的行动找到一个合适的理由，但并不能保证活动在道德上是最佳的。譬如，在第二次世界大战期间，不少科学家和工程师研制出大规模杀伤性武器，这些活动在道德上并不是最佳的。总之，"依据差异的范畴选择自己的人们可以成为伟大的，而且他们甚至可能具有重大的历史意义；不过，他们在道德上依然是模棱两可的或者是完全危险的和破坏

[①] [匈] 阿格妮丝·赫勒：《道德哲学》，王秀敏译，黑龙江大学出版社 2014 年版，第 15 页。

性的"①。赫勒的"道德选择说"受惠于存在主义,但又不同于存在主义,在赫勒那里,孤立的、抽象的个体和原子式的个人是不存在的。与哈贝马斯一样,赫勒坚持一种关于人类共同体的理念,对于这一点后面还会详述。必须指出,"道德选择说"的弊病在于无法摆脱道德(价值)相对主义,尽管赫勒想尽办法,如提出哲学商谈原则,但仍然无法解决社会整合问题。

笔者认为,在一个支离破碎的现代社会中,如果离开了普遍性的原则,那就只能导致相对主义和虚无主义。赫勒担心黑格尔和马克思的历史哲学有可能过分强调普遍性而威胁到个性自由,但她显然忘记了,一种碎片化的历史理论更加无法承担起将不同社会因素和力量整合在一起的重任。赫勒对黑格尔和马克思的思想多有误读,且不说马克思一生关注个体解放和自由,即便是黑格尔也绝没有无视特殊性,如他在《法哲学原理》中说道:"特殊利益不应该被搁置一边,或竟受到压制,而应同普遍物符合一致,使它本身和普遍物都被保存着。……在国家中,一切系于普遍性和特殊性的统一。"②

第三节 作为现代性基本预设的偶然性

塞涅卡有言:"顺从命运的人,命运领着走;不顺从命运的人,命运拖着走。"③ 这句话有两层含义:一是要人们相信命运是一种主宰性的力量,决不能违背;二是告知人们一旦主体意识到并成功选择了命运,便能够自主行动、享获自由。现代性是一个复杂的概念和理论规划,其核心论题可以是启蒙、理性、个体性、资本主义、工业化、民主等。但在赫勒看来,自由才是现代性的终极原理和"始因",然而,现实却是个人被偶然性统治,没有实现真正的自由。人们总是千方百计地消除偶然性,但结果却事与愿违,不仅没有摆脱偶

---

① [匈]阿格妮丝·赫勒:《道德哲学》,王秀敏译,黑龙江大学出版社2014年版,第136页。
② [德]黑格尔:《法哲学原理》,范扬、张企泰译,商务印书馆1961年版,第263页。
③ 转引自张凤阳《现代性的谱系》,江苏人民出版社2012年版,第1页。

然性，反而重新回到必然性的统治之下。如何才能既消除偶然性又避开必然性带来的宿命，进而获享真正的自由呢？现代社会的个体又如何选择命运进而实现主体自决呢？回答这些问题必须先澄清现代性的基本哲学预设——偶然性，这也是现代人的基本生存境遇。

一 现代人的偶然性生存境遇

赫勒关于偶然性的基本论断一方面吸取了黑格尔和马克思的理论资源，如强调偶然性的不可避免性、历史性以及相对于纯粹必然性而言的合理性，另一方面融合了存在主义哲学的思想元素，如强调个体自由和主体选择。在日常生活中，偶然性常常与巧合和意外相关联，如某人的名字是偶然的，某张桌子的颜色是偶然的，等等。但在赫勒那里，偶然性是一个存在论术语。这意味着偶然性内在于人，人不得不是偶然的。赫勒对现代性的基本判断是社会规范日益代替本能规范成为社会的主导，她用"人的境况"（也译作"人类条件"）标识这一转变。"人的境况"不是一般意义上的人的生存处境，而是特指现代性条件下人的境况，即社会规范代替本能规范这一现象。赫勒有时直接将社会规范等同于人的境况，她要表达的意思是，现代人总是在偶然性的张力中生活。伊壁鸠鲁曾指出，必然性的生活是不幸的，但人并不必然要过这种生活。赫勒将这句话改写为：偶然性的生活是不幸的，但偶然性的生活却不是偶然的。也就是说，偶然性境遇的出现是历史发展的产物，无论人们如何忽视和抵制它，偶然性都在当下作为事实存在着。

赫勒认为偶然性意识可以追溯至《圣经》中人类的祖先——亚当和夏娃，从偷食禁果那一刻起偶然性便出现了，它意味着纯真无罪状态的丧失。偶然性对人类发展产生了深远的影响：一方面人拥有了自由，可以不再盲目地生活；另一方面人失去了上帝的庇护，不得不在改造世界的过程中承担风险。人类必须为自己的选择负责，亲口品尝自己种下的苦果。其实，在整个前现代社会，偶然性一直处于边缘地位。无论是柏拉图的理念论、亚里士多德的目的论还是中世纪的宗教神学，宣扬的都是偶然性的反面——目的论。柏拉图极为轻视偶然

第三章 历史哲学视域中的现代性批判

性，认为一切变动不居的、经验的、暂时的东西都不是事物的本质，本质应该是完善的、理念的存在。柏拉图主义者"决不承认偶然性是人类的命运，他们认为命运之路通向绝对"[1]。亚里士多德在一定程度上认可偶然性，将之视为"一种可能存在或者可能不存在但却不是必然的有限存在的状态"[2]，但他仍然认为偶然性依附于必然性，其存在意义不过是为了反衬必然性（绝对、上帝）的至上地位。"中世纪哲学之父"爱留根纳试图证明偶然性并不是绝对的实在，而是以恶为特征的某种暂时性，但还是认为它是绝对发展和实现自己的必然阶段。在《论自然的区分》中，他分析了精神创造世界又回归自身的历史，偶然性作为异化的一个阶段，被设定为终将被扬弃的对象。总之，古代哲学家并不否认偶然性的存在，但他们普遍认为偶然性来自人的狭隘性和生存的匮乏状态，因此是一种较低层级的事物。事实上，这种贬低偶然性抬高必然性的做法，并不能使人类获得自由。

到了现代社会，偶然性逐渐登上历史舞台，并伴随现代性的出现发展起来。笛卡尔率先打开了一个缺口，其现代宇宙论极大地推动了人们对宇宙偶然性的意识。黑格尔将偶然性与可能性并置起来谈论，认为偶然性是一种任性，仅仅意味着形式的自由或主观的自由，因此认识的任务在于克服偶然性，从偶然性的假象中认识潜蕴着的必然性。在黑格尔的思辨哲学体系中，偶然性是精神异化的产物，历史发展的最终目的不是偶然性，而是体现为必然性的绝对精神。赫勒认为黑格尔并没有真正重视偶然性，因为在他那里，"在宇宙的和历史目的论被完全恢复的地方，在现代世界中单个人的起源的偶然性从来没有被认真地询问"[3]。但她又指出，那种认为偶然性必将成为过去的乐观主义信念，只会让人变成历史的玩偶，滞留在偶然性之中不能自

---

[1] ［波兰］莱泽克·科拉科夫斯基:《马克思主义的主要流派》（第一卷），唐少杰等译，黑龙江大学出版社 2015 年版，第 15 页。

[2] ［波兰］莱泽克·科拉科夫斯基:《马克思主义的主要流派》（第一卷），唐少杰等译，黑龙江大学出版社 2015 年版，第 11 页。

[3] ［匈］阿格妮丝·赫勒:《碎片化的历史哲学》，赵海峰、高来源、范为译，黑龙江大学出版社 2015 年版，第 36 页。

拔。更严重的是，这种做法还暗含了某种必然性的强制，尤其当必然性附着在国家身上时就会形成极权主义统治。在奥斯维辛之后，赫勒不再相信任何总体性的事物可以给个人带来自由，她开始借助克尔凯郭尔等人的存在主义思想探讨个体的存在和意义问题。

赫勒对偶然性进行反思的最大贡献在于区分了两种偶然性：宇宙的偶然性和历史（社会）的偶然性。宇宙的偶然性是一种自然偶然性，本质上是一个思辨问题；社会（历史）的偶然性与人的被抛状态相关，本质上是一个实践问题。无论哪一种偶然性，都是客观存在的，不能被轻而易举地消除。赫勒重点分析的是历史的偶然性，因为它直接关系到人的生存。消除历史偶然性通常有两种方式：一是重返前现代社会，这显然是不可能的、虚假的，一方面是因为历史的车轮不会倒转，另一方面是前现代社会也存在偶然性，只是被必然性掩盖了而已。二是在现代性中同偶然性实现和解，即勇敢面对偶然性，抵制逃离偶然性的诱惑，将偶然性转变为自身的命运。赫勒赞同第二种方式，她将历史的偶然性细分为原初的偶然性（出生的偶然性）和继发的偶然性（成长的偶然性），两种偶然性在不同人类历史阶段有截然不同的表现。在前现代社会中，人们可能会设想，如果我是 X 而不是 Y，我将会取得更大的成就。这就表明出生的偶然性决定了个人在社会分工体系中的位置，在意识到这一点时偶然性便转化为宿命，个人只能"心安理得"地依附于这种带有强制意味的宿命。在现代社会中，劳动的功能性分工代替了社会等级划分，个人在社会中的地位不再由出身决定，而是由其在社会分工体系中发挥的作用决定，曾经是命运的东西现在变成了偶然性的境遇。人们相信"一切皆有可能"，继发的偶然性取代原初的偶然性开始占据支配地位。对于人的偶然性生存境遇，赫勒打了一个比方：在前现代社会中，每个人在出生的一刹那其本质便被封存在信封里，信封上标有明确的地址（如某座城堡），信件一旦被寄出并送达目的地，个人的命运便确定下来（如城堡主人或奴隶）。在现代社会中，人的本质同样被封存在信封里，不同的是信封上没有注明地址，信件会寄往何处完全是偶然的，人们将在成长过程中自己写上地址，直到那时偶然性才转变为命运。

赫勒承认同前现代社会的宿命论相比历史偶然性是一种进步和自由，但她也意识到这种自由是虚假的，"现代的男人和女人就像信一样，被放进或者被扔进一个无地址的信封之中，拥有一种虚无的无意义的空洞的自由"①。而且，这种纯粹偶然性的自由在极端情况下还会给人类带来灾难，如转向自由的反面——逃避自由。因此，"纯粹偶然性的自由必须转化成命运的自由，自由必须与必然联合，或者至少它必须'意识到'必然性或者按照必然性行动，以便它被'意识到'"②。赫勒试图综合认识论的自由和本体论的自由，她不反对人们认识必然性，因为这是走向自由的必要条件，但她反对必然性对人的奴役，反对人的自主性的丧失。与马克思一样，赫勒发现现代人正处于偶然性的统治之下，只有破除这种偶然性才能实现自由。赫勒并不认为重返必然性是正确的选择，受存在主义思想的影响，她认为个人必须做出存在的选择，正确地选择自己，如果一个人被赋予第二次生命，而他愿意做出同样的选择，即成为他自己，那么这个人便克服了偶然性，获得了真正的自由。

二 不满意的社会与自决的需要

赫勒倾向于用不满意的社会来标识现代社会，从需要的生产、感知、分配和满足出发，她强调普遍的不满意正是现代性持久而强大的动力，如果人们停止不满，社会便无法进行再生产，进而有可能进入衰退期，直至解体和崩溃。从需要概念出发审视现代性具有两个理论优势：其一，能够从整体性的角度看待现代性，但又不落入整体化的意识形态陷阱。整体性和整体化是有区别的，整体性的方法在考察事物时，不仅关注整体也关注局部，强调各部分的复杂关系和相对独立性；整体化的方法在考察事物时，则强调整体高于部分，忽视局部的复杂性和相对独立性。以现代性的要素为例，整体性的视角认为现代

---

① ［匈］阿格妮丝·赫勒：《碎片化的历史哲学》，赵海峰、高来源、范为译，黑龙江大学出版社 2015 年版，第 40 页。
② ［匈］阿格妮丝·赫勒、费伦茨·费赫尔：《后现代政治状况》，王海洋译，黑龙江大学出版社 2011 年版，第 21 页。

性是高度复杂的，具有多种要素（如工业化、民主、资本主义），每种要素都有可能决定其他要素并占据主导地位；整体化的视角则认为现代性是由单一要素（如科学技术）决定的整体，局部的变革不会影响和改变现代性的基本走向。其二，能够在社会哲学和存在哲学之间进行对话，把社会批判理论与存在主义方法结合起来。以往的社会哲学一般仅仅关注社会不满意的客观方面，而存在主义哲学则主要关注社会不满意的主观方面，只有将二者结合起来才能获得准确的知识和判断。

  偶然性与不满意的社会紧密相关，正因为社会和个人是偶然的，所以才会不满意，一旦消除了偶然性，不满意的社会也就不存在了。赫勒认为不满意源于期望和经验现实的差距，期望总是高高在上，而经验现实却是残酷的，二者之间存在不可弥合的鸿沟。赫勒还区分了需求的需要和自决的需要。任何一种需要得不到满足，都会引起不满意。当人们谈论发展时，通常指的是需求物的增长，也就是需求的需要，然而现代性的问题恰恰是这种需要形式占据了支配地位，这就解释了为什么资本主义现代性必然会无限追逐财富、地位、名誉和权力。在现实资本主义社会中，只有极少数人能够满足需求的需要，绝大多数人无法得到满足，这就是不满意社会存在的根本原因。赫勒并不反对人们追求需求物，但她强调人应该过一种有意义的生活，这就必须让自决的需要占据支配地位。

  只有满足了自决的需要，人们才会在现代性条件下感到满意，而要做到这一点就必须消除偶然性，将偶然性转变成自身的命运。赫勒认为一个人在进行选择之前处于不确定的可能性状态，"不确定的可能性是抽象的自由和生活—机会，因为它们是一切，同时又什么也不是"①。这时人具有极强的可塑性，既可以通过选择将偶然性转变成命运，进而对生活感到满意，也可以让他人做出选择（或改变和撤销选择），自己仍然处于偶然性的状态，继续对生活感到不满。一个摆

---

① ［匈］阿格妮丝·赫勒、费伦茨·费赫尔：《后现代政治状况》，王海洋译，黑龙江大学出版社2011年版，第31页。

脱偶然性的人通常会意识到除了"已经选择过的生活道路外,我们不可能选择任何其他道路,并且我们已经实现了我们所有天赋中最好的可能性"①。一旦具有这种意识,个人就会无怨无悔地做出自主性选择,并将选择视为自身的命运。赫勒并不认为做出选择的人一定会对社会感到满意,因为"我们无法对世界的状态满意,我们无法知道我们想要的每件事,我们无法看到我们想看到的每件事,我们无法做到我们想做的每件事,总之,我们无法实现我们想要实现的每件事"②。但是,只要实现了偶然性到命运的转变,个体就会对整体生活感到满意,因为他已经成为自己想要成为的人。

不难看出,正是自决需要的实现而不是需求的满足让人们从一种偶然性意识转变为命运意识,但自决的需要依赖于需求的满足,"如果否认拥有某物,拥有某种权利或者享有一些名望对获得自决有帮助,那完全是愚蠢的,甚至是自负的"③。也就是说,人们不能在价值上否定需求的满足,因为它是偶然性转变为命运的手段。但必须看到,需求的需要与自决的需要在本质上完全不同,前者是一种外部决定,受到外在因素的影响,后者是一种内部决定,不受偶然性因素的制约。这就意味着,无论一个人处于何种社会环境中(甚至在奥斯维辛集中营里),他都可以做出自主的选择。赫勒认为满足自决需要的方式有两种:一是个体发展自身的能力,这是孤立主义的做法,无法推广到整个社会;二是与他人合作,共同实现自决,这是唯一可行的方式。无论哪种方式,都不能排除需求的满足,也就是说,自决不需要绝对自治和绝对自由来保障。总之,赫勒呼吁在现代性中直接寻求自决,同时又不放弃对需求的满足。一旦自决的需要得到满足,人们便能够对生活感到满意。

---

① [匈]阿格妮丝·赫勒、费伦茨·费赫尔:《后现代政治状况》,王海洋译,黑龙江大学出版社2011年版,第32页。

② [匈]阿格妮丝·赫勒、费伦茨·费赫尔:《后现代政治状况》,王海洋译,黑龙江大学出版社2011年版,第32页。

③ [匈]阿格妮丝·赫勒、费伦茨·费赫尔:《后现代政治状况》,王海洋译,黑龙江大学出版社2011年版,第33页。

以上我们分析的是一种理想状态，即通过将一切社会关系悬置起来，考察现代人如何将偶然性转变为自身的命运。但是，人不可能生活在真空中，就其现实性而言，人在本质上是一切社会关系的总和。因此，我们需要深入到现代性的制度层面，进一步分析实现自决的客观社会条件，并阐明阻碍自决实现的各种因素。从后现代的视角出发，赫勒认为现代社会是一个不透明的社会。透明的社会通常具有总体性的结构和统一的阶级基础，一切都围绕特定的利益组织起来，在透明社会中统治是透明的，制度拥有单一的中心，人们非常清楚谁是敌人。一般认为，前现代社会和极权主义社会是透明的社会。后马克思主义者拉克劳和墨菲（Chantal Mouffe）认为现代社会的基本特征是不透明性，"由于社会被否定性所渗透——即被对抗性所渗透——它没有获得透明性、完满在场的同一性，而且它的同一性的客观性不停地被颠覆"①。由于现代社会不可能把自己构成为一个纯客观的领域，它就注定是不透明的社会，而这就意味着对抗必定是不透明的、多元的。赫勒同样遵循非同一的差异逻辑，预设了非单一的对抗的增殖。

推翻透明的社会在程序上并不困难，只需要一场政治革命摧毁单一的统治中心就可以了。但现代社会是去中心化的不透明社会，直白地说就是一个找不到敌人的社会，这就需要新的革命策略。赫勒认为个人可以赞同或反对现代性的某个要素而保持对它的忠诚，"现代社会不像一座楼房，必须毁掉它才能建立新楼房。如果我们必须使用明喻，那么它更像一艘船，在这艘船上，一群人可以改变桅杆，另一些人可以改变航程，而第三群人可以忙于清洁甲板"②。这个比喻意在表明，现代性并不是铁板一块，而是复杂的、具体的、偶然的。

后现代主义者不相信任何主体力量，不认可偶然性可以转变为命运，他们认为主体的力量是人道主义的虚构物，社会结构要么是否定性的整体，要么是微观权力的战场。与后现代主义者不同，赫勒并不

---

① ［英］恩斯特·拉克劳、查特尔·墨菲：《领导权与社会主义的策略》，尹树广、鉴传今译，黑龙江人民出版社2003年版，第145页。
② ［匈］阿格妮丝·赫勒、费伦茨·费赫尔：《后现代政治状况》，王海洋译，黑龙江大学出版社2011年版，第40页。

认为主体已经消亡,而是认为现代社会的主要变化是由主体(个人或集体)发动的。通过应对偶然性的境遇,主体给予自决某种优先性,但这个过程并非仅仅意味着主体进行选择,也意味着客观条件发生改变。只有社会境遇不断朝着有利于自决的方向改变,主体自决的需要才能得到满足。然而,特殊的人生经历使得赫勒不得不对一切救赎政治表示怀疑,在她看来,"救赎政治是这样的政治,在其中,单一的最终姿态被视为对社会和生活于这个社会中的每个人所进行的最终救赎的承担者。社会制度变得越去中心化,救赎政治就越显得头脑简单"[1]。按照这个逻辑,既然社会制度的统治中心已不复存在,那么统一的政治行动就没有必要了。

从自决的需要及其满足出发,赫勒对现代性展开批判,她强调现代性各个要素中最重要的是民主,工业化和资本主义虽然可以满足人们的日常需求,却无法满足自决的需要。以资本主义现代性为例,工业化和资本主义处于支配地位,但这正是现代性危机的表现。要让现代性得以存续,就必须发展民主,让民主的逻辑在现代性中占据支配地位。民主是这样一种制度设计,在其框架内所有规范和规则都是由每一个成员的自由意志设计并授权通过的,只有民主制度才能保证自决不断增长。由此出发,赫勒认为现代性在西方民主制度中仍有存续的希望,"按照现在的情况,西方现代性没有排除自决增长的可能性。与原来的情况相比,现代西方社会已经丧失了其组织中心这一事实为民主化设计带来了更大的可能性"[2]。当然,这并不意味着现代性危机已经解除,民主之路还任重道远。

综上所述,现代社会是市民社会,个体之间存在着现实利益的矛盾,黑格尔试图通过伦理国家来调解矛盾,马克思则期待用政治革命来改变现实。赫勒不赞同上述两种方式,试图通过回答利己和利他的关系解决矛盾,她强调自决的实现有两种途径:一是依靠个人努力实

---

[1] [匈]阿格妮丝·赫勒、费伦茨·费赫尔:《后现代政治状况》,王海洋译,黑龙江大学出版社2011年版,第39页。
[2] [匈]阿格妮丝·赫勒、费伦茨·费赫尔:《后现代政治状况》,王海洋译,黑龙江大学出版社2011年版,第42页。

现自决，二是与他人合作，在满足他人自决的同时实现自决。赫勒更倾向于第二种途径，"如果个人的目标是自决，那么个人致力的更好的目标似乎是他者的自决"①，事实上，只有建立在利他基础上的行动才能进一步促进整个团体、机构、党派乃至社会的自决。个人的自决、他人的自决以及更广泛的团体和机构的自决是一致的，三者互为条件，其中"与他人一起"最为关键，这将直接导致自我、团体和机构的自决。要实现他人的自决，就必须建立一种平等的交往关系，尊重他人的选择，尤其是不能将他人视为手段。以需要的满足为例，赫勒认为除了那种把他人视为手段的需要可以置之不理外，任何人的需要都应该予以承认（尽管在现实中不一定满足）。自决的实现还需要责任感，不负责任的人不可能以他人和社会的自决为目的，而愿意负责并且为了他人的自决甘愿奉献的人一定是道德上的好人。总之，现代人必须进行存在的选择，将偶然性转变为自身的命运，只有这样才能在令人不满意的社会中获得满足感。

本章小结　历史哲学还是历史理论？

东欧新马克思主义理论家是从拒斥黑格尔的历史哲学入手切入现代性批判的。维柯创立历史哲学的初衷是让人们从自然转向历史，他相信"民政社会的世界确实是由人类创造出来的，所以它的原则必然要从我们自己的人类心灵各种变化中就可找到"②。康德把历史视为"大自然的一项隐蔽计划的实现"③，意在强调历史哲学是合目的性与合规律性的统一。黑格尔把历史看作是"理性的狡计"，不仅强调历史发展有自身的客观必然规律，还强调历史发展内含目的，"各个人和各民族的种种生活力的表现，一方面，固然是它们追求和满足它们自己的目的，同时又是一种更崇高、更广大的目的的手段和工具，关

---

① ［匈］阿格妮丝·赫勒、费伦茨·费赫尔:《后现代政治状况》，王海洋译，黑龙江大学出版社 2011 年版，第 44 页。
② ［意］维柯:《新科学》，朱光潜译，商务印书馆 1989 年版，第 154 页。
③ ［德］康德:《历史理性批判文集》，何兆武译，商务印书馆 1990 年版，第 15 页。

第三章 历史哲学视域中的现代性批判

于这一种目的,各个人和各民族是无所知的,他们是无意识地或者不自觉地实现了它"①。沃尔什(Willian H. Walsh)区分了思辨的历史哲学和批判的历史哲学,前者"把历史过程作为一个整体来理解,是要表明,尽管历史呈现出许多明显的不规则和不连贯,它却可以被看做是形成为体现出一种全面计划的整体;而这个计划,如果我们一旦掌握了它,就既会阐明各种事件的详细过程,又会使我们把历史进程在一种特殊的意义上看做是能满足理性的"②,后者则从历史本体论转向历史认识论,"从对历史本身性质的探讨转移到对历史知识性质的分析,转移到对人们认识历史能力的批判"③。东欧新马克思主义者大多经历了大屠杀,这促使他们不得不对历史规律、必然性、进步观念、历史目的论等进行反思,加上后现代主义在20世纪70年代的兴起,一种拒斥和批判历史哲学的"洪流"应运而生。必须承认,正如后现代主义者和东欧新马克思主义者批判的,普遍性(一致性)对个性的强制不仅在理论上是错误的,而且在实践上造成了人间悲剧。在这个意义上,我们完全赞同赫勒等人提出的不完备的历史理论,这也符合马克思对黑格尔历史哲学的批判。但任何事情都有两面性,如果一味地拒斥普遍性,强调特殊性,也有可能走向反面,带来一定的灾难。笔者认为,问题的关键是区分两种普遍性,一种是前面提到的抽象普遍性,另一种是具体的、历史的普遍性。马克思虽然反对黑格尔,但从未否认历史普遍性、必然性、历史进步等,因为他深知扬弃异化的基本前提是世界历史的生成和人们普遍交往的确立,而共产主义的事业"只有作为'世界历史性的'存在才有可能实现"④。黑格尔正确地预见到特定的民族将承担起世界历史的重任,但他错误地认为这个民族一定是普鲁士民族,而历史的终点一定是资本主义的现代性。如此一来,历史哲学就成了东欧新马克思主义者批判的封闭

---

① [德] 黑格尔:《历史哲学》,王造时译,上海书店出版社2006年版,第23页。
② [英] 沃尔什:《历史哲学——导论》,何兆武、张文杰译,广西师范大学出版社2001年版,第4页。
③ 杨耕、张立波:《历史哲学:从缘起到后现代》,《学术月刊》2008年第4期。
④ 《马克思恩格斯文集》第1卷,人民出版社2009年版,第539页。

体系和神学避难所，这种历史哲学也是马克思着力解构和批判的对象。问题在于，人类社会（历史）真的不存在普遍性吗？普遍性真的无法和特殊性相兼容吗？对于这一点马克思说得非常清楚，只要人类仍然处于市民社会（资本主义社会），普遍性和特殊性、个体和类的矛盾就无法消除，但他没有直接否定资本主义现代性的积极意义，而是把现代性视为人类通往未来理想社会的一个必经阶段。显然，东欧新马克思主义在这个问题上陷入了形而上学，未能理解历史哲学的科学性和必要性，虽然赫勒声称自己不是后现代主义者，但其理论却沾染了后现代理论的弊病，这是应该特别注意的地方。

东欧新马克思主义的现代性批判主要基于对人的偶然性生存的指认，这个判断是准确的。马克思和恩格斯在《共产党宣言》中明确指认了现代社会的偶然性（流变性）特征，认为"一切等级的和固定的东西都烟消云散了，一切神圣的东西都被亵渎了。人们终于不得不用冷静的眼光来看他们的生活地位、他们的相互关系"[①]。但马克思也反对偶然性，认为它违背了人性，与人类自由事业相抵牾。在《资本论》及其手稿中，马克思从拜物教和物化的角度审视了偶然的人的生存境况，批判了资本主义社会对个性的褫夺，认为交换价值消灭了一切特性，使人沦为抽象的存在。但也应该看到，东欧新马克思主义虽然批判偶然性，但却认为在资本主义现代性框架内可以通过实现自决的需要消灭偶然性，而马克思则强调"有个性的个人与偶然的个人之间的差别，不是概念上的差别，而是历史事实"[②]。这就意味着，我们决不能在想象中消灭偶然的个人，偶然的个人是隶属于某个阶级的，是历史发展的产物，"有个性的个人与阶级的个人的差别，个人生活条件的偶然性，只是随着那本身是资产阶级产物的阶级的出现才出现"[③]。因此，马克思认为在资本主义现代性条件下，偶然的人绝不可能消除偶然性获得自由，而只能是"更不自由，因为他们更

[①]《马克思恩格斯文集》第2卷，人民出版社2009年版，第34—35页。
[②]《马克思恩格斯文集》第1卷，人民出版社2009年版，第574页。
[③]《马克思恩格斯文集》第1卷，人民出版社2009年版，第571—572页。

加屈从于物的力量"①。总之,偶然的个人要想摆脱偶然性,"不能靠人们从头脑里抛开关于这一现象的一般观念的办法来消灭,而只能靠个人重新驾驭这些物的力量,靠消灭分工的办法来消灭。没有共同体,这是不可能实现的"②。

---

① 《马克思恩格斯文集》第1卷,人民出版社2009年版,第572页。
② 《马克思恩格斯文集》第1卷,人民出版社2009年版,第570—571页。

第四章 现代性的多重逻辑与动态平衡

《现代性理论》既是赫勒"历史理论三部曲"的终曲,也是她关于现代性理论的集大成之作。赫勒认为现代性有两种成分:现代性的动力和现代社会格局,二者的关联构成了现代性的本质。现代性的动力一方面致使现代社会格局出现,另一方面也埋下了瓦解现代社会格局的祸根。现代性的动力就是启蒙的辩证法,作为一种恶无限的逻辑,它无法在现代性内部被阻遏,只能走向自我毁灭。实践现代性的动力不仅是理性主义的启蒙,还有浪漫主义的启蒙,两种启蒙以悖论的形式共同构筑了现代性。现代社会格局作为蒸汽压路机已经碾压了一切前现代社会格局,并成为遍及全球的支配性社会格局。现代社会格局是对称性的相互关系系统,它摧毁了不平等的等级制金字塔,将机会均等推向历史前台,但同时也造成了新的不平等。现代性有历史想象和技术想象两种机制,只有保持二者的平衡才能阻止现代性危机的蔓延。现代性并非沿着单一的逻辑发展,而是由三种相互制衡的逻辑构成,任何一种逻辑的不平衡发展都会导致现代性深陷危机,因此现代性得以存续的关键是保持一种动态平衡。

第一节 作为现代性动力的启蒙辩证法

赫勒认为现代性的动力是一种非辩证的辩证法,即启蒙的辩证法。启蒙辩证法的核心是动态发展和永无休止的否定,它为现代社会格局的全球布展提供了源源不断的动力。无限的否定为人们提供了前所未有的自由，但在消解真理的同时又让自身缺乏根基，启蒙最终将导致虚无主义，并走向自我毁灭，自由和真理成为现代性最大的悖论。

一 无限否定的现代性

现代性的动力要比现代社会格局更早出现，可以追溯至雅典城邦的民主鼎盛时期。苏格拉底和智者派向传统提出挑战，质疑一切理所当然的事物，这种无限的否定便是现代性动力的雏形，正是无限否定使现代性葆有活力。哲学家总是希望为世界确立支点，提供无须证明的"始因"，传统形而上学对本体的追寻就是这样一种努力，但无一例外地都失败了。柏拉图试图用至高无上的善制止理性逻各斯的无限扩张，结果却牺牲了自由人格。黑格尔试图用伦理力量确保人格自由，但其伦理国家学说却沦为极权主义的工具。赫勒并不认为不断的否定是消极的，她指出，"如果否定之后是一种更真实的肯定，为什么又非得要阻止持续的否定过程呢？为什么不可以持续地、不间断地动摇每一种信念和信仰呢？如果质疑需要被阻止，又有什么能够限制并如何限制这种无限的动力呢？"① 赫勒反对一切追求和解以及确定性的哲学，这种哲学被阿多诺称为同一性哲学。在《否定辩证法》中，阿多诺反对黑格尔的否定之否定的肯定辩证法，提出否定辩证法应该遵循瓦解的逻辑，这种辩证法的运动"不是倾向于对象与概念之间差异的同一性，更多地是怀疑同一"②。与阿多诺一样，赫勒也崇尚非同一性，在她看来，肯定的东西意味着拜物教，而现代性的无限否定恰恰可以消解拜物教。

启蒙辩证法关注的是为什么在普遍接受启蒙后，"人类没有进入真正的人性状态，反而深深地陷入了野蛮状态？"③ 启蒙的根本目标

---

① ［匈］阿格尼丝·赫勒：《现代性理论》，李瑞华译，商务印书馆2005年版，第65页。
② ［德］阿多尔诺：《否定辩证法》，王凤才译，商务印书馆2020年版，第165页。
③ ［德］霍克海默、阿道尔诺：《启蒙辩证法》，渠敬东、曹卫东译，上海人民出版社2006年版，"前言"第1页。

· 119 ·

是使人们摆脱恐惧，树立自主，通过唤醒世界，祛除神话，用知识替代幻想，但结果事与愿违，在消灭君王统治的同时却让不平等常驻永存，在破除神话的同时却让自身重新登上神坛。从本质上看，启蒙辩证法是一种同一性逻辑，其对个体的危害不言而喻，"启蒙用同一性的逻辑把所有的对象都纳入同一的模式中，这不仅否定了人所控制的对象的特殊性，使对象不能与自身同一，而且成为控制人本身的手段"①。赫勒认为启蒙之所以会转向自身的反面，主要是因为它不是黑格尔意义上的扬弃，而是一种不可遏制的否定性力量。启蒙不仅可以毁灭一切他物，还趋向于自我毁灭，当外围不再有任何坚固之物可以摧毁时，它就开始摧毁自己。因此，启蒙包含着虚无主义的萌芽。

尽管对启蒙的阴暗面和负面效应心存芥蒂，赫勒却并没有像霍克海默和阿多诺那样陷入悲观主义，而是坚信"启蒙远没有被替代；它仍在不断工作"②。启蒙虽然具有破坏性的一面，但也有建设性的一面，因为它对事物的不断质询和检验，将使现代社会出现较少的恶。更进一步，赫勒区分了理性主义的启蒙和浪漫主义的启蒙，前者只看到启蒙年轻美丽的面孔，后者则只看到启蒙破败老丑的面容。理性主义的启蒙将技术应用于现代社会所有领域，乐观地认为技术能够解决一切问题，结果陷入了技术决定论。浪漫主义的启蒙否定技术的力量，认为启蒙（技术）消解了真理和神圣性的事物，必将导致虚无主义。两种看待启蒙的理念是互补的关系，如果任由理性主义的启蒙片面发展，就会摧毁真理、情感、神话等包含价值理性的事物，人类社会将变成一片精神荒漠。此外，理性主义的启蒙倾向于消除一切差异，走向了一种绝对的普遍化精神，最终的结果只能是虚无主义。虚无主义的世界是一个"一切皆被允许"的社会，既没有上帝，也没有道德规范和规则，这样的社会是极其恐怖的。陀思妥耶夫斯基曾说过，如果上帝不存在，那么一切皆被允许。这句话并不是说上帝不在

---

① 王晓升：《走出现代性的困境》，江苏人民出版社 2021 年版，第 159 页。
② ［匈］阿格尼丝·赫勒：《现代性理论》，李瑞华译，商务印书馆 2005 年版，第 69 页。

了，人们就可以为所欲为，而是说上帝不在了，那么我们的道德传统曾经禁止的行为未来将被允许，同时曾经被允许甚至在道德上受到赞扬的行为未来可能会被禁止。无论怎样，赫勒认为现代社会离不开道德规范和规则，若是没有它们，人们就根本无法区分善恶，现代性将会终结。但必须指出，赫勒反对一切固定不变的道德规范和规则，因为这样会对个性自由构成威胁。总之，赫勒赞同马克思关于现代社会"一切坚固的东西都烟消云散"的论断，认为它包含了对现代性动力的深刻觉解。在她看来，现代社会遵循动态正义的原则，"不再有什么是稳定的，不再有什么被一致接受；在任何地方，对一切事物，都存在着不同意见。这就是现代生活"①。

二 现代性的悖论

赫勒认为启蒙的内在矛盾导致了现代性的两大悖论：自由的悖论和真理的悖论。自由的悖论指的是自由作为现代社会的基础，实际上根本无法承担这项任务，因为一旦自由成为现代性的基础，就意味着一切都没有基础。人们有可能在理论上设计出一套自由民主的社会制度，然而一旦进入社会现实层面，自由和民主就有可能走向反面。赫勒重点分析了真理的悖论，按照她的说法，现代性已经终结了真理，"经过反思的普遍主义已经将真理转换成'历史的真理'，使世界丧失了永恒性、永久性，然而却未曾熄灭人们对内外世界中确信的渴望"②。也就是说，如果现代社会仍然存在真理，那么它一定是主观的、多元的真理。赫勒认为有必要区分真理和真实的知识，在她看来，社会科学只能提供真实的知识，而不能提供真理。当赫勒说真理是主观的时，并不是要做出一种唯心主义的论断，而是要强调真理包含道德和价值，关乎人的整体生存意义，"真理实际上是'整体'，不是因为它关系到总体，而是因为它关系到作为一个整体的我们的生

---

① [匈]阿格尼丝·赫勒：《现代性理论》，李瑞华译，商务印书馆 2005 年版，第 67 页。

② [匈]阿格妮丝·赫勒：《现代性能够幸存吗？》，王秀敏译，黑龙江大学出版社 2012 年版，第 2 页。

存。在这种意义上,真理总是主观的。在日常生活中,这意味着'为我的真理'"①。对于真实知识而言,虽然具有一定的客观性,但也不是绝对的,在这个问题上,赫勒反对一切相对主义的主张,支持哈贝马斯的共识原则,她辩证地分析道:"社会科学的领域能够给同时代的行动者提供有意义的和真实的知识,这种知识对于一种计划的设计和运行是必不可少的。我们仍然可以在形而上学、艺术、宗教和人类关系中寻找确信,通常我们在这些追求中甚至能发现它。但是社会科学不会承诺给我们确信;而是让我们自由。"② 质言之,现代性消解了真理,但它又不能离开真理,现代性建立在偶然性之上,但它又离不开确定性,这就是现代性的悖论。

第二节 现代性的三种逻辑与钟摆运动

现代社会是一个动态社会,任何线性发展逻辑都不能充分呈现现代性的复杂性和多样性。赫勒认为现代性有三种发展逻辑,受到两种想象制度的束缚,只能通过钟摆运动维系各种力量的平衡。现代性并非天堂,只是一种遍及全球的社会格局,但"只有现代社会格局能够维持——喂饱和养活——如今与我们共同拥有地球的那千百万人。如果重建前现代社会格局——即使这是有可能的事——我们地球上至少有一半的人口在劫难逃(死于饥饿、瘟疫和战争)"③。现代性批判的目标是拯救现代性,让它沿着最有利于人类进步的方向前进。

一 现代性的三种逻辑

赫勒在《历史理论》中提出,现代性由市民社会、资本主义和制

---

① [匈]阿格妮丝·赫勒:《现代性能够幸存吗?》,王秀敏译,黑龙江大学出版社2012年版,第14—15页。
② [匈]阿格妮丝·赫勒:《现代性能够幸存吗?》,王秀敏译,黑龙江大学出版社2012年版,第41页。
③ [匈]阿格尼丝·赫勒:《现代性理论》,李瑞华译,商务印书馆2005年版,第83页。

第四章 现代性的多重逻辑与动态平衡

造工业三个要素构成，后来在《后现代政治状况》中，她又将现代性的逻辑归为工业化、资本主义和民主制。两种表述虽然存在差异，但都是对西方资本主义现代性的总体描绘，社会主义现代性不在考察之列。于是，赫勒在《现代性理论》中又做了调整，新表述强调现代性由技术的逻辑、社会地位的功能性分配的逻辑以及政治权力的逻辑（统治与支配的制度）构成。资本主义的逻辑被替换成政治权力的逻辑，目的是把社会主义社会囊括在内；工业化的逻辑被替换成技术的逻辑，一方面是为了凸显技术在现代性中的支配地位，另一方面是考虑到技术比工业范围更广泛，更贴近现代性的本质；市民社会的逻辑和社会地位、功能和财富划分的逻辑大体上具有相同的意涵，目的是通过民主确保"'起点的平等'和结果的公正不平等"①，这也是民主制的基本功能。吉登斯区分了四种现代性维度：一是资本主义的维度，主要指"商品生产的体系，它以对资本的私人占有和无产者的雇佣劳动之间的关系为中心"②；二是工业主义的维度，主要指"商品生产过程中对物质世界的非生命资源的利用"③；三是监督机器的维度；四是对暴力工具的控制。吉登斯的划分与赫勒的界定基本一致，不同之处在于赫勒更强调民主制在现代性中的核心作用。

在赫勒看来，"现代性不应被视为一个同质化和总体化的整体，而应被视为一个有着某些开放但并非无限制的可能性的片断化世界"④。现代性的"三逻辑说"不同于亚里士多德的"潜能—现实说"，后者带有目的论的设定，暗示了某种潜能只能发展成为特定的现实，就像"种瓜得瓜，种豆得豆"一样。而在赫勒看来，现代性

---

① [匈] 阿格尼丝·赫勒：《现代性理论》，李瑞华译，商务印书馆2005年版，第117页。
② [英] 安东尼·吉登斯：《现代性的后果》，田禾译，译林出版社2011年版，第49页。
③ [英] 安东尼·吉登斯：《现代性的后果》，田禾译，译林出版社2011年版，第49页。
④ [匈] 阿格尼丝·赫勒：《现代性理论》，李瑞华译，商务印书馆2005年版，第96页。

的逻辑最初的确表现为某种潜能，沉睡在现代性的母体内，但即便在潜能阶段它也有多种选择，随着潜能逐渐转变为现实，某些选择会被排除，但选择的可能性始终存在。这就表明，现代性不是线性发展的，而是可以选择的，不同民族国家应该根据国情做出自己的选择。泰勒在《现代社会想象》一书"前言"中曾发问道："在我们今天的时代，需要从一个新的角度来考虑这个问题：现代性到底是一种单一现象，还是我们要提到'多种多样的现代性'呢？"[①] 这是一个极好的发问，事实上，东欧有东欧的现代性，西欧有西欧的现代性，中国有中国的现代性，既然现代化是各国不可避免的一个社会发展阶段，那么就必须选择适合自己的现代性模式，"我们应当批判的不是现代性，而是反现代性；是实现现代性的不良方式，而不是现代性本身"[②]。

现代性的第一种逻辑是技术的逻辑。海德格尔曾说过，"技术的本质不是技术的"，这就表明技术并不存在于机器和事物中，而是存在于现代人的思考方式中。从卡斯托里亚迪斯（Cornelius Castoriadis）那里借来"想象"[③]概念，赫勒有时用技术想象机制来表述技术的逻辑，"技术想象指向未来，倾向于解决问题的心智，想当然地面对真理，以工具理性为基础，将物（人与自然）视为客体，对进步和知识积累充满信心，更加喜欢新事物，青睐于功效"[④]。从理论上讲，技术的逻辑一旦不受限制便会走向反面，现代性将会终结。赫勒认为现代人受到一种双重约束的框范，"双重约束意味着一个人既为技术

---

① [加] 查尔斯·泰勒：《现代社会想象》，林曼红译，译林出版社 2014 年版，"前言"第 1 页。

② 张艳涛：《现代性的哲学反思与"中国现代性"建构》，厦门大学出版社 2021 年版，第 31 页。

③ 赫勒借用了法国左翼学者卡斯托里亚迪斯的想象（imagination）概念，卡斯托里亚迪斯认为想象不同于形象（image），前者在本质上决定后者，他还认为现实和理性是想象的产物，人类世界是由想象建构的。在赫勒看来，卡斯托里亚迪斯的想象概念虽然被一种唯心主义的单子论束缚，却揭示了单子所包含的激进想象和创造力，代表着超越的维度，从根本上指向了自由。

④ Agnes Heller, "The Three Logics of Modernity and the Double Bind of the Modern Imagination", *Thesis Eleven*, Vol. 81 No. 1, May 2005, pp. 68 – 69.

想象所约束，又为历史想象所约束"①。这就意味着，支配性的技术想象机制不可能完全支配政治或社会功能的领域。尽管如此，我们还是要防止技术体制化和意识形态化，尤其是不能让技术合理化转变为压迫性的力量。赫勒认为现代性还有另一种想象机制——历史想象。与技术想象不同，历史想象可以给现代世界和真理提供意义和阐释。一个人可以离开历史想象过一种成功的生活，但他却不是幸福的人，要获得幸福就必须成为道德上的好人，自觉接受历史想象的引领，"要过好的生活就必须有一个处在实用主义需求之上和之外的世界——一个富有想象、富有不必要活动和无用观念的世界"②。

为了说明历史想象对人类的意义，赫勒区分了现代生活和现代世界。现代生活可以单纯凭借技术想象而存在，目前社会上大多数人正过着这种生活，但现代生活最大的问题是蔑视生命，将一切归为技术。现代世界是一个由文化提供意义的世界，它负载并传递着历史想象，个体在这个世界中过着有意义的生活，充分地展示着个性。与技术决定论者不同，赫勒倾向于用历史想象制约技术想象，当阿多诺声称"奥斯维辛之后不再有诗"时，她质疑道：一方面，奥斯维辛之后的确不再有诗，因为灾难足以让一切浪漫主义的乌托邦烟消云散，一切写作都是苍白无力的；另一方面，奥斯维辛之后又必须写诗，若不言说和写作，大屠杀的记忆便会逐渐流逝并被人们遗忘。诗作为一种特殊的历史想象，乃是技术想象恶性扩张的一副"解毒剂"，有了它人类社会便不至灭亡，人类才有可能继续栖居在大地上。笔者认为，无论是双重束缚还是两种想象制度，赫勒提供给我们的都是一种社会"应然"状态，但问题在于，就事实层面看，历史想象在资本逻辑的裹挟下是否能够令现代性保持平衡呢？赫勒的现代性批判是否无意识落入了保守的资产阶级意识形态陷阱呢？

现代性的第二种逻辑是社会地位、功能和财富划分的逻辑，也即

---

① [匈]阿格尼丝·赫勒：《现代性理论》，李瑞华译，商务印书馆2005年版，第135页。
② [匈]阿格尼丝·赫勒：《现代性理论》，李瑞华译，商务印书馆2005年版，第122页。

市民社会的逻辑。赫勒认为这个逻辑是现代性的核心,其基本特征是异质性。如果这个逻辑受阻,现代性就会功能失调,譬如,在独裁社会中这种逻辑就受到了限制,个体的地位分配不再以独立的形式发展,而是由国家强加给社会。现代性的第二种逻辑是通过市场关系的普遍化——个人私有财产、私法和人权——实现的。赫勒区分了资本主义社会和资产阶级社会,认为资本主义不平等的生产关系可以被废除,但现代性的民主和自由必须保留。在这个意义上,资本主义社会可以扬弃,资产阶级社会不可超越。马克思曾说过,"旧唯物主义的立脚点是市民社会,新唯物主义的立脚点则是人类社会或社会的人类"①。赫勒认为市民社会(资产阶级社会)不可超越,这表明她仍然囿于资产阶级自由民主的狭隘视界。

　　赫勒对货币化的分析饶有趣味,在她看来,货币试图消除一切质的差别,"人们的问题不再是'什么'或'谁'(你有什么?你的祖先是什么人?你是谁?),而是'多少'(你挣多少钱?你继承了多少钱?)"②。这就抓住了资本主义现代性的实质——普遍化、抽象化、同一化、均质化。浪漫主义也批判货币化,但其批判却是虚假的,因为它过度美化了前现代社会。事实上,前现代社会的德行和价值在一开始便安排给了特定的阶级,不同等级的人拥有不同的品德,抽象谈论品德是本质主义的表现。在货币化的捍卫者看来,货币化的过程虽然并不高尚,甚至令人痛苦,但它让人们摆脱了对他人的依赖,使人们获得了更大的自由。马克思不否认货币化的积极价值,也承认以物的依赖关系替代人的依赖关系是历史进步,但他提醒人们,这种替代"并未排除'依赖关系',它们只是使这些关系变成普遍的形式;不如说它们为人的依赖关系造成普遍的基础"③。对于东欧社会而言,由于大多数国家属于不发达国家,因此并不需要对货币化的负面效应表示担忧,赫勒承认货币化意味着异化,但她并不认为货币化和异化

---

① 《马克思恩格斯文集》第1卷,人民出版社2009年版,第502页。
② [匈]阿格尼丝·赫勒:《现代性理论》,李瑞华译,商务印书馆2005年版,第124页。
③ 《马克思恩格斯文集》第8卷,人民出版社2009年版,第58页。

能够控制人类社会的一切领域,这种乐观主义的情愫为她后来低估资本逻辑埋下了伏笔。

赫勒还从需要的异化出发审视现代性。在前现代社会中,需要不是直接分配给个人,而是按照统一的"捆束"来分配,在这种情况下,需要的质和需要的量都有一定限制,不属于某个阶级的需要决不会分配给这个阶级。在现代社会中,需要按照同质化的量(货币)来分配,货币化意味着平等化,每个人获得的货币数量不同,但质却是一样的。市场循环过程可表述如下:第一步是个人在市场上被分配到某一位置,发挥功能挣得货币;第二步是个人作为消费者返回市场,将货币换成特定质的物。在这个过程中,起点是个体的质(技能、专业能力和才干),中介是一定量的货币,终点是特定质的消费品。整个过程表面上看是平等的,实际上却充满了异化。

需要追问的是市场循环在起点处是否平等?这牵涉到现代性的专业化趋势。在赫勒看来,现代个体的社会地位主要由功能决定,在现实中一个人往往先确定职业,才能发挥特定的功能。职业的确定依赖于教育和家庭背景,这些又受非个人因素影响,"宪法可以保证法律面前的平等和个体作为个体的平等权利,但它不能保证在一个机构环境中占据不同位置的那些个人得到平等对待"[1]。至于专业化导致的异化,黑格尔曾将现代社会称为"精神动物的王国",意在讽刺现代人变成了专业化的奴隶。马克思和恩格斯也反对专业分工,认为它"把一部分人变为受局限的城市动物,把另一部分人变为受局限的乡村动物"[2]。赫勒认为要摆脱专业化的负面影响,就必须引入历史想象机制,赋予生活某种价值和意义。一个人可以没有历史想象活得很好,但这种生活不值得追求。

现代性的第三种逻辑是政治权力(统治)的逻辑,主要指上层建筑中的国家。笼统地看,现代性的第一种逻辑大体上指向生产力和科

---

[1] [匈] 阿格尼丝·赫勒:《现代性理论》,李瑞华译,商务印书馆2005年版,第133页。

[2] 《马克思恩格斯文集》第1卷,人民出版社2009年版,第556页。

学技术，第二种逻辑大体上指向经济基础，第三种逻辑大体上指向上层建筑。可见，现代性的三种逻辑并未超出历史唯物主义的基本框架，是对马克思主义现代性理论的丰富和发展。

二 现代性的钟摆运动

受波兰尼"双向运动论"影响，赫勒认为资本主义的自由市场不可能长期存续，因为反向的运动（国家调节）必然会出现。据此，她提出现代性的"钟摆说"，该理论认为资本主义现代性必须维持一种钟摆运动，在国家和经济的相互作用下来回摆动。如果国家干预少了，就会出现民众动荡，社会平衡就会被破坏，民主政权就会被独裁者取代；如果国家干预多了，危及市民社会逻辑的相对独立性，社会就会停滞不前，钟摆就会再次被推回去，随后是新一轮的摆动重新上演。赫勒认为钟摆运动并非毫无意义，资本主义现代性正是通过不断摆动克服危机，"在钟摆的每一次摆动中，旧的方法之上又加上了对付功能失调或停滞的新方法。某些方法会在下一次摆动中被沿用，它们也得到了改进；这里存在着一种经验的'积累'"①。

赫勒区分了三种国家类型：极权主义国家、自由主义国家和现代民主国家，并将重点放在剖析自由和民主的关系上。一般而言，自由主义关注个人（市民）的权利和自由，民主主义强调公民的权利和平等。现代性的钟摆总是要么偏向民主，要么偏向自由，"自由主义的制度限制着民主，民主的制度也限制着自由主义"②。从积极自由和消极自由的角度看，民主支持积极自由，自由主义支持消极自由。③可见，自由和民主之间存在矛盾。赫勒还区分了实质平等和形式平

---

① [匈]阿格尼丝·赫勒：《现代性理论》，李瑞华译，商务印书馆2005年版，第140页。
② [匈]阿格尼丝·赫勒：《现代性理论》，李瑞华译，商务印书馆2005年版，第158页。
③ 伯林区分了消极自由和积极自由，前者强调自由的防御性，意在摆脱一切外在强制和束缚；后者强调自由是一种主动参与的活动，注重自我的实现。

等，形式平等更多地与自由主义相关联，实质平等更多地与民主相关联。大体上看，我们可以把资本主义民主分为两种类型：一种是以积极自由和实质平等为鹄的的实质民主，另一种是以消极自由和形式平等为鹄的的形式民主，在现实中第二种类型的民主占据着主流。现代性的钟摆将会在两种民主之间不停摆动，当自由主义较为强势时，公民参与和国家干预就处于弱势，这时市场自发调节社会生产，但随着社会不平等的加剧，国家会进行干预，钟摆便摆向相反的方向，进入下一个摇摆周期。

赫勒认为资本主义民主通过钟摆运动虽然可以在一定程度上减轻现代性的消极后果，但也会带来一个显而易见的缺陷。实质民主追求的是实质平等，它不仅会忽略个人权利和自由，还会在民众中引发强烈的憎恨感。这种憎恨内在于民主制度，是实质平等的本质侧面和民主最丑陋的一面。赫勒曾复述过一个故事：当问及美国工人为什么选一个他们看不起的总统时，工人们答道：我们看不起他，要好过他看不起我们。按照托克维尔对民主制度的考察，民主完全有可能蜕变成多数人的专制。卢梭区分了公意和众意，强调公意只考虑共同的利益，因而永远是正确的，但问题在于，如果对公意不加限制，绝对的权力就会披上神圣的道德外衣，肆意践踏个人权利乃至个体生命，这在人类历史上是有惨痛教训的。

钟摆指向另一端也会遇到无法解决的难题。在自由主义的民主制国家中，形式民主占据统治地位，这是一种政治领域的民主，其基本原则在经济领域内尚未实现，意味着"国家与市民社会的相对分离。其民主特征由一份重要文件（多数情况下以宪法的形式）确立，该文件系统阐述了民主的市民自由（所谓的'人权'）、多元主义、契约制度、代议制原则"①。对于形式民主的危险性赫勒分析道："如果多数的自由主义权利都不允许有任何民主的解释，尤其是上面提到的两种，民主就变成了形式的；也就是说，它就只限于通过周期性的普

---

① Agnes Heller, "Past, Present, and Future of Democracy", *Social Research*, Vol. 45, No. 4, 1978, p. 867.

选来选举代表。比如说，在魏玛民主制度被挫败的时候情况就是如此。"① 众所周知，法西斯主义就是在魏玛民主制的背景下产生的。除了政治上的危险外，形式民主还是一种不充分、不彻底的民主，它必须上升为激进民主，以便让自由从政治领域扩大到包括经济领域在内的一切人类社会领域。由此出发，赫勒设想未来社会应该是激进民主制的社会，它废除了资本主义社会不平等的财产关系，但保留了市民社会的自由民主价值。② 在完成对自由与民主钟摆式运动的分析后，赫勒为诊治现代性开出了"药方"，那就是在现代自由主义民主制度中保持平衡，"现代自由主义民主制度是自由主义和民主的结合。……现代性生存的最佳条件是自由主义的方面与制度同民主的方面与制度之间的平衡的暂时恢复，这种暂时的平衡出现在并贯穿于现代性的动力之中"③。由于现代性的动力是质疑、批判和否定，只要现代国家不走极端，让钟摆不间断地摆动，现代性就能保持平衡和存续。

综上所述，现代性三种逻辑之间既相互支持、相互渗透，又相互限制、相互冲突。技术的逻辑主要处理"解决问题"的知识并与科学相关，而科学又分为常规科学和革命性科学。常规科学解决日常生活问题，不需要哲学价值选择，革命性科学具有创造性，需要哲学的协助并进行终极原则的选择。这就表明，技术的逻辑并不能完全支配现代性的发展。政治也可以分为日常政治和革命性政治，前者指官僚机构的日常运转，主要解决日常政治事务，后者指政治行动，需要实践理性的指导。赫勒反对现代性单一逻辑论（如海德格尔的"技术座架论"），她认为现代性是零散的、复杂的、冲突的、混乱的。诚然，赫勒关于现代性三种发展逻辑的分析有助于避免独断论，但问题

---

① [匈] 阿格尼丝·赫勒：《现代性理论》，李瑞华译，商务印书馆2005年版，第159页。

② 关于布达佩斯学派激进民主理论的详细探讨参见颜岩《"激进"与"民主"的联姻意味着什么?》，《马克思主义与现实》2011年第6期。

③ [匈] 阿格尼丝·赫勒：《现代性理论》，李瑞华译，商务印书馆2005年版，第158页。

在于，现代性的三种逻辑的地位是否相同？能否说其中一种逻辑更为"基本"？马克思是否只是强调了现代性的某一种逻辑？笔者认为，现代性具有整体性，包含政治、经济、文化等多个向度，每个领域都具有相对的独立性和自律性，都有自身的发展逻辑和运行规则，就此而论，赫勒强调现代性具有多重发展逻辑是正确的。但是，后现代主义的方法让赫勒最终否认了现代性的整体性，这就势必导致对现代性逻辑的均衡化分析，一旦认为三种逻辑地位完全相同，就会否认资本逻辑的支配地位。马克思现代性理论的特（优）点在于，一方面将资本主义视为现代社会的基本逻辑，坚持用资本的逻辑分析资本主义社会的总体结构特征；另一方面强调资本主义社会的领域分化，坚持一种差异性的分析，揭示现代性逻辑的多重内涵。无论怎样，赫勒对现代性以及未来始终抱有积极乐观的态度，她指出，"人们能够对许多美好的、高贵的和优雅的事物的消亡感到难过，但仍然可以对造成这些事物消亡的社会安排而感到满意。仆人到死都忠诚于主人可能会引起我们的羡慕和神往，但是我们并不希望重新回到基于主人—仆人关系占统治地位的现实世界中去"[①]。现代性可能并不美好，但对于每一个已经置身其中的现代人来说，让它变得更加令人神往是我们的历史责任和应尽的义务。

---

① ［匈］阿格妮丝·赫勒：《现代性能够幸存吗？》，王秀敏译，黑龙江大学出版社2012年版，"英文版导言"第11页。

第五章　政治哲学视域中的现代性批判

20世纪70年代以来，东欧新马克思主义逐渐从政治哲学和文化哲学的角度审视现代性。按照赫勒的说法："政治哲学在现代性中已经实现了它自己，或者换句话说，现代性正是政治哲学实现的时期。"[①] 在政治哲学中，赫勒最关注正义问题，不仅对正义概念进行了类型学梳理，区分了静态正义和动态正义、完备的正义和不完备的正义、政治的正义和伦理的正义，还阐明了马克思的正义理论，提出超越正义的构想。在西方自由主义理论中，波普尔的《开放社会及其敌人》以及哈耶克的《通往奴役之路》最具代表性，科拉科夫斯基和梅扎罗斯对此做了回应，阐明了自由主义的极权主义和非历史主义特征，捍卫了马克思主义。法西斯主义作为20世纪独特的政治现象，长期以来一直是学界探讨的热点，瓦伊达站在马克思主义阶级理论的立场上，对法西斯主义兴起的原因和实质进行了解读，这对防止法西斯主义死灰复燃，避免人类灾难的再次降临具有重要启发。官僚制批判在东欧新马克思主义现代性理论中占有重要地位，该问题关乎社会主义事业的前途和命运，沙夫从政治异化的角度对官僚制现象进行了剖析，有助于我们正确理解这一社会现象。

---

① [匈] 阿格妮丝·赫勒：《现代性能够幸存吗？》，王秀敏译，黑龙江大学出版社2012年版，第141页。

第一节 现代性条件下的"正义"论辩

近年学界关于正义问题的探讨十分热烈,学者们就正义的概念、分配正义、正义(平等)与自由的关系等问题展开争论,但并未形成一致意见。马克思虽然没有为我们留下关于正义问题的专著,但在《哥达纲领批判》中却表达了自己的基本立场和观点。赫勒对《哥达纲领批判》进行了逐字逐句的解读,就资本主义社会是否存在分配正义、共产主义两大发展阶段是否超越正义、按劳分配原则的缺陷、按需分配原则的内在矛盾等问题做了新的阐释。赫勒正义理论的两大基石是个性伦理学和自由价值理念,从不完备的伦理政治正义概念出发,她反对前现代社会的静态正义,拥抱现代社会的动态正义,坚信正义只能作为一种悖论而存在,即一方面在价值旨趣上指向对正义的超越,另一方面在事实上又必须以正义为先决条件。

一 分配正义与按劳分配

赫勒认为分析正义概念必须回答两个问题:一是正义的社会究竟是理性的想象还是乌托邦幻想?二是能否理性地想象一个超越正义的社会?回答是:一种正义的社会可以想象并且能够存在,但却不值得期待;超越正义的社会不可能实现,未来社会将是动态正义的社会,多元化的生活方式和自由的价值观将成为正义的前提和基础。赫勒区分了三种正义类型:形式的正义[①]、伦理的正义和政治的正义。形式的正义意指若干规范和规则平等地应用于相同社会群体的每一个成员,它具有严格的一致性,规范和规则必须无条件地适用于群体中的所有人,若有例外就是不正义。伦理的正义把美德引入正义评价体系,强调拥有美德的人是正义的,如果一个社会好人幸福而坏人不幸

[①] 赫勒的形式正义与韦伯的形式正义不同,后者是现代性的产物,代表一种理性化和形式化的倾向,伴有降低人为因素和公正高效的特征;前者是正义的一种类型,它是比"形式正义"层次更高、更抽象的一个概念,意指某种规范和规则适用于群体中的每一个成员。

福,这个社会就是正义的。政治的正义是前两种正义的综合,强调社会政治结构符合某种正义的标准,如果人们承认这个标准,社会就是正义的,反之则是不正义的。

赫勒对马克思正义理论的探讨主要集中在对《哥达纲领批判》的分析上。按照唯物史观生产方式决定分配方式的基本原理,资本主义生产方式的不正义性可以推出分配方式的不正义性。在马克思看来,即便资本主义社会能够平等地分配工资,甚至提高工人的收入,它仍然是一个分配不正义的社会,因为生产方式是不公平、不正义的。马克思并不是在狭隘的意义上强调生产决定分配,而是站在更高的层面强调社会经济结构(生产关系)决定法权关系(分配关系),认为"权利决不能超出社会的经济结构以及由经济结构制约的社会的文化发展"[①]。因此,在资本主义生产方式下谈论分配正义具有误导性,任何关于收入和工资平等的言论都是资产阶级的意识形态。在这里,马克思并不是要强调资产阶级的虚假意识掩盖了事实和真相,而是要告诉人们资本主义生产方式的非正义性决定了分配正义的不可能性。

从形式的正义出发,赫勒认为既然资本主义社会商品经济的规则适用于每一个人,那就表明资本主义社会实现了分配正义。事实上,马克思并不否认资本主义社会具有赫勒这种意义上的"形式的正义",他要质疑的是市场规则由于受到不公平生产方式的影响而必然倾向于不正义。马克思承认市场规则这只"看不见的手"对每一个社会成员具有同等效力,但他并不认为市场规则是自然而然永恒不变的,更不相信仅凭市场规则便能实现社会公平和人民富足。马克思的基本立场是,资本主义生产方式的非正义性必然导致贫富分化和分配不公,资本主义社会的分配正义仅具有形式外观而缺乏实质性内容。由于资本主义社会的正义规范和规则本身并不公正,因此尽管它们适用于每一个社会成员,也符合形式的正义概念,但却不值得期待。更进一步,马克思认为在资本主义生产方式下,即便是形式上的分配正义也不可能存在,譬如,就劳动力商品的买卖而言,工人获得的工资

---

① 《马克思恩格斯文集》第 3 卷,人民出版社 2009 年版,第 435 页。

远不及他们在劳动中创造的价值，只要资本家仍然有利可图，市场规则就不可能是平等的，正义的背后一定是不正义。赫勒与马克思的分歧在于资本主义社会是否存在分配正义，从形式的正义出发，赫勒认为资本主义社会存在分配正义，从经济结构决定法权观念出发，马克思否认资本主义社会存在分配正义。问题的关键是，一种符合形式正义的社会能否配享"分配正义"的名号呢？其实，赫勒对分配正义的探讨与马克思的正义理论并非完全不兼容，一方面，赫勒不否认生产决定分配，她只是认为分配只要符合形式的正义概念，就是正义的；另一方面，马克思并不否认资本主义的分配符合形式的正义概念，他只是认为这种正义徒有其表，本质上仍然是不正义的。

赫勒强调的形式正义概念主要是针对苏联正统马克思主义的经济决定论，在她看来，分配受社会主导价值观念以及规范和规则的影响，并不是由生产单方面决定的，在某种情况下，"准则可以提供一个与生产规则，尤其是与商品生产规则截然不同的标准"①。赫勒认为马克思主义的正义理论缺乏伦理学的基础，这突出地表现为"社会政治已日益丧失其伦理基础，社会政治的探究主要成了经济科学，在其中，'看不见的手'居于最高统治地位"②。由于用生产力代替了伦理道德，"马克思设计他的'地上之城'，而没有参考'灵魂之城'，在他的理论中，没有为后者提供空间"③。这个判断是错误的，因为它误将马克思主义视为狭隘的经济决定论。马克思的政治经济学不是斯密和李嘉图的国民经济学，而是一种政治经济学批判，马克思虽然承认"看不见的手"在整个资本主义社会中发挥着重要作用，甚至"居于最高的统治地位"，但他强调"看不见的手"不过是人类社会特定历史阶段的产物，而未来共产主义社会一旦消除了凌驾于人之上

---

① ［匈］阿格妮丝·赫勒：《论马克思的正义思想》，文长春译，《学术交流》2019年第3期。
② ［匈］阿格妮丝·赫勒：《超越正义》，文长春译，黑龙江大学出版社2011年版，第111页。
③ ［匈］阿格妮丝·赫勒：《超越正义》，文长春译，黑龙江大学出版社2011年版，第115页。

的异己力量的统治,"看不见的手"将转变成"看得见的手"。马克思从未否认伦理价值观念对政治经济的反作用,他之所以将经济的决定性作用置于首位,限制伦理价值观念的作用,是因为伦理价值观念的基础是物质生活的生产以及在生产中形成的人与人的关系。赫勒对伦理道德观念的倚重一旦在现实中遭遇资本,必定会一败涂地,这一点已被诸多历史经验所证实。

马克思在《哥达纲领批判》中将共产主义社会分为两个阶段,第一阶段实行按劳分配,第二阶段实行按需分配。按劳分配意指进行必要的社会扣除后劳动者按照劳动的多寡获得相应报酬,这就意味着,"每一个生产者,在作了各项扣除以后,从社会领回的,正好是他给予社会的。他给予社会的,就是他个人的劳动量"①。马克思认为问题不在于共产主义社会是否应该劳动,而在于是否仍将劳动视为衡量价值的唯一尺度。按照他的说法,在共产主义社会的第一阶段,"通行的是商品等价物的交换中通行的同一原则,即一种形式的一定量劳动同另一种形式的同量劳动相交换"②,这种貌似平等的权利仍然是资产阶级的权利,等价物的交换只是平均来说才存在,不是存在于每个个别场合。由于平等的权利仍然被限制在资产阶级的框架里,这种类型的共产主义仍然带着它脱胎出来的资本主义旧社会的痕迹,平等的权利不过是不平等的权利,因为它"不承认任何阶级差别,因为每个人都像其他人一样只是劳动者;但是它默认,劳动者的不同等的个人天赋,从而不同等的工作能力,是天然特权"③。总之,马克思认为按劳分配并不是最合理的分配方式,但它又是共产主义第一阶段必须采取的分配方式。赫勒赞同上述分析,但又补充了一点,即如果必要的社会扣除是不可避免的,那么就会存在由谁主导(决定)的问题,扣除一旦带有强制性,便会出现不公平的情形。正是在这个意义上,赫勒认为伦理的正义非常重要,如果把扣除视为每一个人的平等

---

① 《马克思恩格斯文集》第 3 卷,人民出版社 2009 年版,第 434 页。
② 《马克思恩格斯文集》第 3 卷,人民出版社 2009 年版,第 434 页。
③ 《马克思恩格斯文集》第 3 卷,人民出版社 2009 年版,第 435 页。

义务和必须遵守的责任,就可以避免强制性扣除带来的不公正和不正义。无论怎样,按劳分配提出了一种分配正义的标准,这就表明它并没有超越正义。

马克思之所以认为平等的权利即不平等的权利,正义即不正义,主要是鉴于人类个体存在差异。在他看来,对特定群体的每一个成员诉诸相同的规范和规则是不正义的,共产主义社会不是要让每一个人穿同样花色和款式的衣服、说同样的话、做同样的事,这种简化的平等恰恰是不平等。马克思的目标是充分实现每一个人的个性自由,全面发展人的禀赋和潜能,这就必须实行按需分配。在赫勒看来,如果说按劳分配没有摆脱形式的正义,按需分配则意味着超越正义,因为它将根据每一个人的独特性分配产品,任何人都无权妨碍他人需要的满足。因此,在按需分配的社会里,正义的原则将不再适用,一是不存在特定的正义规范和规则,二是不存在判断、比较和排序的必要。质言之,任何人无权干涉他人需要的满足是对正义原则的否定,意味着超越正义。

马克思多次批评平等主义的正义观,赫勒认为马克思对平等原则的拒斥太过激进,在她看来,共产主义的第一阶段(按劳分配)不应忽视平等原则的合理价值。从逻辑上看,正义和平等紧密相连,如果说按劳分配离不开正义原则,那么它也离不开平等原则。平等在两个方面可以构成正义的标准:一是基于形式的正义,强调相同的规范和规则适用于同一群体的每一个成员;二是基于政治的正义,强调平等的价值直接构成正义的规范和规则。赫勒认为马克思拒斥了上述两种平等,拒斥第二种平等是因为他反对平等主义的正义观,平等主义是一种广义上的忌妒,只是对私有财产的消极否定,而不是在共产主义全部意义上的积极扬弃。赫勒赞同马克思对平等主义正义观的批判,但认为应该保留第一种平等,她甚至认为马克思在事实判断和价值判断上陷入了矛盾,即"承认了市场规则中固有的正义事实,但拒绝将平等原则视为潜在的价值"[①]。赫勒不排斥马克思的生产范式,

---

① [匈]阿格妮丝·赫勒:《论马克思的正义思想》,文长春译,《学术交流》2019年第3期。

但认为生产必须有一个伦理基础，她不认为正义是一个终极概念，主张将正义建立在自由观念基础之上。自由才是现代社会（性）最基本的价值观念和根基，一个社会最重要的不是正义（平等），而是自由。

二 超越正义与按需分配

按照马克思的观点，按需分配是共产主义第二阶段应该遵循的分配原则。如果按劳分配没有超越正义，按需分配则超越了正义。赫勒完全赞同按需分配原则，认为这是一种合理的假设，具有重要的意义和价值，但她认为这个原则不充分并且充满矛盾。第一个矛盾是无限需要与有限生命的矛盾。按字面意思理解，按需分配指的是满足一切人的所有需要，但需要具有社会性，会随着生产的发展不断扩大，新需要的产生是人类历史的基本事实。需要的结构不仅受生产力发展水平的制约，还受到特定价值观念的影响，昔日的奢侈品现在有可能成为生活的必需品，这一方面是生产发展所致，另一方面是文化变迁的结果。赫勒特别注重道德价值观念对需要的影响，她举例说，修道院的修女每天只需要一块面包和一杯水，这就表明文化对需要的结构可以产生巨大影响。毋庸置疑，共产主义社会是一个生产力高度发达的自由社会，与以往的社会相比，需要的质和量均达到了最丰裕的程度。如果把自由理解为绝对的，需要就不可能全部满足，因为无限的需要和有限的人类生命之间存在矛盾，将按需分配理解为满足每个人的所有需要是不切合实际的。当一种需要的满足阻碍另一种需要的满足时，需要的满足便存在一个优先顺序，但在现实中人们很难确定选择的根据，一方面每个人都可能因品位和爱好不同而进行选择，另一方面需要具有社会性，受到特定价值观念的影响。赫勒强调需要的社会性是为了避免相对主义，个人偏好尽管多种多样、性质各异，但偏好总是相对稳定的，内嵌于世界观和社会制度中。赫勒认为分析需要不能从孤立的"原子人"出发，而要从多元化的伦理共同体出发，每个共同体都拥有不同的价值观念和特定的需要结构，人们可以自由选择不同的共同体过自己向往的生活，随时更改需要的结构和生活方式。但这会导致一个问题，如果需要的结构由特定的价值观念塑造和决定，后者又适用于社会中的每一个成员，也就是契合形式的正义原则，那么就根本不会有对正义的超越。也就是说，按需分配如果允许个体进行自由选择，就必须遵循特定的规范和规则，这就意味着形式正义仍然适用和发挥着作用，正义并没有被超越。

按需分配的第二个矛盾是暗示了共产主义社会将为需要的满足提供担保，这便将满足需要的手段与满足需要本身混为一谈了。赫勒认为共产主义社会可以为全体成员需要的满足提供必要的手段，但这并不意味着需要得到满足。譬如，一个人要求满足发展音乐天赋的需要，社会可以提供各种乐器，但音乐天赋是否能够充分发展起来却是另一回事。一般化的表述是：A 需要某种类型的知识 X，社会可以提供满足 X 所需要的手段，但无法满足 A 的这种需要本身，因为"需要的满足，与需要的偏好相比，具有不可分割的个人性和偶然性"[①]。悖论在于，社会提供满足需要的手段离不开正义原则，而需要的满足意味着超越正义。赫勒主张未来社会应该超越正义，但如果按需分配指的是社会提供满足需要的手段，这就表明社会正义的原则仍然适用，正义并未被超越。不难看出，从需要的满足和多元化的生活方式出发，赫勒赞同超越正义，但她又认为按需分配原则自身的矛盾决定了共产主义社会无法摆脱形式的正义，也就是说共产主义社会仍然没有超越正义。

赫勒试图从康德的建构性原则和调节性原则的区分出发理解按需分配。康德区分这两种原则的目的是限制理性的作用，防止纯粹理性的知性原则僭越界限，在他看来，一旦观念从调节性原则转为建构性原则，就会在理论上陷入二律背反，在现实中带来灾难。长期以来，人们对共产主义观念的调节性功能没有任何异议，但对于该观念是否具有建构的属性则持不同看法。赫勒认为共产主义理念只能发挥调节性的作用，不能成为建构性的原则。如果把按需分配视为建构性的原则，就意味着每个社会成员的需要都要得到满足，这在现实中不可能

[①] ［匈］阿格妮丝·赫勒：《论马克思的正义思想》，文长春译，《学术交流》2019 年第 3 期。

实现，而如果把按需分配视为调节性的原则，就不必在意需要是否实现，而只需确认需要的合理性，强调需要应该得到满足就可以了。由此出发，赫勒认为社会主义社会应该接受一种调节性的正义概念。如果认定按需分配仅仅关乎需要的满足，它就与正义无关并且超越了正义，因为这里既没有规范和规则，也不存在排序和比较。如果认定按需分配是调节性的原则，强调所有需要不一定全部实现但却应当被同等看待，那么当社会无法同时提供满足需要的手段时，社会成员将不得不对优先性做出选择和排序，这就意味着重新建立一套规范和规则，确立新的政治的正义和形式的正义。总之，赫勒认为按需分配不能从建构的意义上理解，因为富足是相对的，但作为调节性原则，按需分配涉及对人的需要的承认，因此是重要的。一旦否认了需要的合法性，也就否认了人格、尊严和激进民主，这样的社会就不再是社会主义社会。不难看出，赫勒并没有否认按需分配原则，个性自由和人的全面发展离不开这个原则，但她强调作为一种价值理想，按需分配在现实中不可能实现，只能作为调节性原则发挥作用。赫勒对正义的理解是辩证的，一方面她认为共产主义社会应该超越正义，以个性自由和良善生活为鹄的，另一方面她又认为正义在一定时期内仍然存在，必将作为调节性原则发挥重要作用。

  赫勒还分析了按需分配的前提——各尽所能，她认为这个概念有三层含义：一是某人尽可能多地工作；二是某人尽可能好地工作；三是某人尽可能完成他最需要做也最擅长做的工作。赫勒倾向于第三种理解，她强调各尽所能中的"能"不是"能力"，而是有待满足的需要的数量。在她看来，马克思强调"劳动是人的第一需要"并不是要告诉人们劳动可以维系人的生存，这种意义上的劳动在任何时代都存在，他要表明的是满足他人需要的劳动将成为人的第一需要，"问题的关键不是'劳动的需要'，而是人们从完成所分配的某种劳动而获得的满足感"[①]。可见，问题不在于某种具体的劳动成为生活的第

[①] ［匈］阿格妮丝·赫勒：《论马克思的正义思想》，文长春译，《学术交流》2019年第3期。

一需要，而是为他人劳动成为第一需要，各尽所能的真实意涵只能是每一个人可以自由选择并从事最符合自己潜能和兴趣的工作。然而，在现实生活中人们不得不承担一定的社会责任，做一些自己不感兴趣的工作，这就意味着各尽所能并不能完全超越正义，如果存在一种可以被称作社会责任的东西，就必然要将某个相同的原则施加在社会每一个成员身上，责任面前人人平等。但是，各尽所能又意味着人们可以在不同生活方式和价值观念下自由地选择责任，就像他们可以自由地选择特定的需要结构一样，这又指向了对正义的超越。

三 自由与正义

赫勒认为马克思反复声称"正义即不正义"并不是反对正义，也不是一般地强调 X 社会是正义的，但从更高的正义标准观之，X 社会是不正义的，因为后一种观点预设了一种绝对的、超验的正义概念。马克思要对一切行动准则及标准的存在和意义提出挑战，由于所有人都是独特的、不可比较的，因此正义只能成为一种限制和不自由。赫勒认为马克思必须解决平等与自由的冲突问题，如果说平等代表共产主义社会的第一阶段，自由则代表共产主义社会的第二阶段，自由越是得到发展，社会就越是不平等。依此逻辑，假设未来社会能够实现绝对自由，那么将意味着平等的消亡，相同准则适用于不同个体的正义现象将不复存在。这就从反面表明，在一个相对自由的社会里正义和平等将长期共存。在自由和正义的关系上，赫勒一方面强调自由和正义相互依存，谁也离不开谁，另一方面又偏向自由的一端，强调正义不能为自由提供标准，但自由可以为正义提供价值引导。因此，不是正义高于自由，而是自由高于正义，将自由置于正义之上并不是要否定正义，而是要引导正义。按照赫勒的设想，在一个没有统治和压迫的社会里，社会成员拥有积极的自由，可以通过理性辩论就某一规范和规则达成一致意见。现代社会是一个动态社会，社会规范和规则不断变化，但问题在于，没有规范和规则社会无法存在，有了规范和规则就会产生正义和不正义的问题。赫勒承认日常生活中存在大量正义无法适用的情形，因为人们渴望一种可以自由选择的、多元化的生活方式，但她坚信没有什么社会可以完全超越正义，没有正义的自由社会是不可想象的。总之，人们能够理性地想象一种正义的自由社会，在这个社会里正义仍然存在，自由将为正义提供价值标准。

在赫勒看来，一个社会是否正义，一是看是否存在特定的规范和规则，二是看这些规范和规则是否被一致地运用于特定群体。从静态上看，任何符合上述条件的社会都是正义社会，即便社会规范和规则没有被经常地、一致地贯彻，仍然有可能是正义的，因为人们可以认为这是不正义的人失信的结果。如果按照严格的正义社会的标准，规范和规则通常不能被质疑或检验，从历史上看这类社会属于前现代社会，从特征上看属于静态正义的社会。赫勒认为前现代社会虽然是正义的，但却不是好社会，因为人们根本无法想象一种不同的生活方式，更不会去质疑特定的规范和规则，这样的社会既不可取，也不值得期待。资本主义社会是动态正义的社会，人们从来不把特定的社会规范和规则视为理所当然的，尽管它并未超越正义，但与前现代社会相比具有一定的历史进步性。

毫无疑问，正义的社会仍然是现代人的基本愿望。人们期待一个正义的社会，这意味着他们仍然想要一种正义观念能够继续适用的社会，但并不意味着想要一种规范和规则被视为理所当然的社会。也就是说，一方面正义原则应该被保留，另一方面正义原则应该受到质疑。赫勒认为西方自由民主社会是一个相对合理的动态正义的社会，她赞同罗尔斯关于正义的基本论断，即认为正义的规范和规则必须被社会全体成员接受，但她反对罗尔斯关于"原初状态"和"无知之幕"的理论预设，认为"原初状态"只是美好的幻想，所有人在"无知之幕"下遵守相同的正义原则只是乌托邦。罗尔斯的观点预设了现代人拥有相同的、不变的需要结构，这个结构被视为理所当然的、不能质疑的。从需要和生活方式的多元性出发，赫勒认为现代人不能代表整个人类，现代人的需要结构不能代表人类的需要结构，人们不应受制于相同的正义规范和规则，正义只能是历史的、多元的。

从基本倾向上看，赫勒赞同马克思的正义理论，认同"各尽所能，按需分配"的原则，但她坚信"一个人可以梦想一个自由的社会,但不能梦想一个正义的社会"①。当马克思将自由置于正义之上并认为正义就是不正义时,赫勒与马克思是同路人。赫勒不相信一个自由的社会可以彻底超越正义,主张人们在共产主义社会中可以自由选择适合自己的生活方式,不断质疑和检验正义的规范和规则。要质疑和检验正义的规范和规则,就必然会涉及自由的哲学价值讨论,商谈便成为正义程序的一个必要环节,而自由商谈所指向的正义程序也就是民主的正义(或激进民主)。问题在于,在一个以统领和依附关系为基础的社会中,哲学价值讨论不可能被普遍化,这种社会充斥着不对称的关系,虽然在阶级内部有可能形成平等的对称关系,但无法将其推广至整个社会。这就意味着,哲学价值讨论在以依附和统领为基础的社会中只能作为调节性的理念发挥作用,而不能成为建构性的原则。

赫勒认为积极进行哲学价值讨论的人虽然具有自己的特殊利益,但却愿意为整个人类谋福利,这种人(道德上的好人)在现代社会并不多见。赫勒乐观地认定好人在现代社会是存在的,他们在进行哲学价值讨论时,能够主动接受道德规范的引导,避免日常琐碎的事实性和实证主义。参加讨论的人将以人类为最高参照点,悬置自己的特殊利益,每个讨论者都承认他人价值的真实性,并把他人视为人类的代表。讨论最终会形成某种价值优先序列,这时个体必须暂时放弃自己的原有价值,遵守新确立的价值,但这并不意味着否定原有价值的真实性,只是认可新价值比原有价值更具优先性。总之,赫勒认为资本主义社会仍然是一个以依附和统领关系为基础的社会,哲学价值讨论无法实现普遍化,因此必须转向社会主义社会。在转变过程中,人们必须保持对哲学价值讨论的渴望,改变世界离不开哲学,哲学将给世界提供规范,哲学价值讨论是一种理想性的"应该",正是有了这个"应该",才有可能创建符合规范的世界。

---

① [匈]阿格妮丝·赫勒:《论马克思的正义思想》,文长春译,《学术交流》2019年第3期。

四 简短的评析

与西方主流正义理论研究者一样,赫勒认为诉诸某种历史必然性、先验的历史(革命)主体和资本主义社会的经济规律,均不能充分论证共产主义的合法性。诚如马尔库什所言:"对马克思而言共产主义不仅仅意味着资本主义阶段之后的、具备'历史必然性'的'高级'阶段——资本主义和共产主义这两种社会生活样式之间的关系不仅是因果上的和时间上的连续关系,也是历史哲学的和道德上的矛盾关系。"① 也就是说,必须说服人们相信未来的共产主义社会具有道德上的正当性,更符合人的本性。赫勒将正义概念划分为三种类型:形式的正义、伦理的正义和政治的正义,前现代社会形成了一种完备的伦理政治正义概念,正义的伦理方面和政治方面并没有严格分离,虽然二者存在矛盾和张力,但宗教(信仰)和哲学(理性)却将二者融为一体。随着现代性的到来,伦理政治的正义概念开始出现分裂,即日益被分割为伦理的正义概念和社会政治的正义概念,"社会政治的正义概念越来越不关心最佳的可能的道德世界。它倡导一个也许可以保护市民权利(自由)的法律政治秩序,但不是它们的善。"② 由于社会政治的正义概念只关注分配正义,所以只剩下袖珍道德。赫勒主张将伦理的正义概念和社会政治的正义概念重新结合在一起,但不是要回到前现代社会的完备的伦理政治正义概念,而是走向一种非完备的伦理政治正义概念。赫勒虽然不赞同罗尔斯等人的自由主义正义理论,但在对马克思正义理论的理解上却分享了后者的基本观点:一是认为马克思的社会政治理论缺乏伦理基础,正义和道德问题被经济科学取代;二是认为马克思的共产主义社会是绝对自由的社会,绝对自由则意味着超越正义;三是认为马克思对未来社会的设想预设了一种物质绝对丰裕的状况,从正义概念的必要性以及绝对自

---

① [匈]乔治·马尔库什:《马克思主义与人类学》,李斌玉、孙建茵译,黑龙江大学出版社2011年版,第3页。
② [匈]阿格妮丝·赫勒:《超越正义》,文长春译,黑龙江大学出版社2011年版,第97页。

由和绝对丰裕的不可能性出发，赫勒对马克思的正义理论提出了质疑。[①]

从理论立场上看，赫勒既不是自由主义者，也不是传统意义上的马克思主义者，她十分珍视自由理念，认为"所有关于正义的诉求都源于诸如'自由'与'生命'等其他价值的追求"[②]，与罗尔斯对正义的极度倚重不同，她期待着超越正义。赫勒认为《正义论》为人们提供了一个完备的伦理政治正义概念，这一点罗尔斯自己也承认，"在《正义论》中，普遍的道德正义学说没有与严格意义上的政治正义观念区别开来。在完备性的哲学学说、道德学说与限于政治领域的诸观念之间也未做任何对比"[③]。于是罗尔斯在《政治自由主义》中对正义理论的模型做了重要修正，将伦理道德的正义与社会政治的正义进行了区分，试图把完备性的自由主义正义理论改造成一种免除道德哲学影响的政治自由主义学说。[④] 赫勒认为罗尔斯的问题不在于强调正义，而在于将正义视为社会制度的首要价值，这便忽略了多元化的道德生活和价值观。因此，罗尔斯必然陷入悖论，无论他如何修正自己的正义理论，总是难以应答如下诘问：一是一旦认定政治自由主义是一种不含道德哲学的正义理论，就等于取消了善和乌托邦，人类社会将止于政治正义；二是即便保留了伦理的正义，且不说地位低于政治的正义，那就仍然没有摆脱《正义论》中完备的伦理政治正义概念。

赫勒和罗尔斯政治哲学的目标都是解决多元价值与社会整合的问

[①] 与西方绝大多数批评马克思的人一样，赫勒对马克思的思想存在误读，她没有区分马克思的思想和苏联的正统马克思主义，因此批判在很大程度上只反映了正统马克思主义的一些缺陷。赫勒对马克思正义理论的误读可参见颜岩《超越正义何以可能——阿格妮丝·赫勒对马克思正义理论的误读》，《学术月刊》2012年第6期。

[②] [匈] 阿格妮丝·赫勒：《超越正义》，文长春译，黑龙江大学出版社2011年版，"英文版序言"第1页。

[③] [美] 约翰·罗尔斯：《政治自由主义》，万俊人译，译林出版社2011年版，"导论"第3页。

[④] 赫勒对罗尔斯的批评主要集中在《超越正义》（1987）一书中，这时《政治自由主义》（1993）还未出版，但可以肯定，她决不会认可罗尔斯分离伦理的正义和政治的正义的做法。

题，但解决方案完全不同。罗尔斯试图将政治自由主义与特定的伦理道德学说分离，通过"重叠共识"形成公共理性，为正义理论建立普遍的规范性基础。赫勒反对分离正义的伦理成分和政治成分，主张通过不完备的伦理政治正义概念，为现代人多元化的生活方式建构共同的规范化基础。质言之，赫勒向往一种超越正义的良善生活，反对单一理想模式对个体的压制，无论这种理想模式是伦理的还是政治的。赫勒强调不完备的伦理政治正义概念的拥护者总是处于特定的历史—文化传统中，并且有一种特殊的生活体验和人生经历。就她个人而言，主要指中东欧特殊的历史—文化传统和大屠杀的经历，这种特殊经历的影响体现在三个方面：第一，东欧各国坎坷的历史命运使其长期处于他者地位，天然形成了以特殊性（多元性）对抗普遍性（同一性）的文化思维模式，在哲学上主要表现为反对理性形而上学和同一性逻辑的抽象统治。第二，民族资本主义的原始积累和帝国主义的侵略让赫勒看清了资本主义的本质，因而对人类共同体和社会主义的集体价值存有亲和感，能够较全面地兼顾个体自由和共同体利益的平衡。第三，大屠杀的特殊经历让赫勒看到了现代人类文明的阴暗面，尤其是虚无主义和道德盲视主义的危害，故而特别强调道德、良心和责任感的重要性。总之，赫勒反对现代性的宏大叙事和完备的伦理政治正义概念，在她看来，良善生活固然重要，但必须以普遍的正义程序为先决条件，因为正义是骨骼，良善生活是血肉。良善生活的主体是好人，个体可以通过哲学价值讨论确立道德规范和规则，选择不同的生活方式并成为具有个性的好人。赫勒不否认道德规范和规则的重要价值，但强调它们应该是多元的，不能凌驾于人之上成为康德式的绝对命令，而应随时供人们选择，并能够规范人们的行为，发挥拐杖的作用。

总之，良善生活超越了正义，但又规范化地建立于"动态正义的普遍准则之上，以及生命和自由的普遍价值之上"[①]。良善生活的实

---

① ［匈］阿格妮丝·赫勒：《超越正义》，文长春译，黑龙江大学出版社2011年版，第334页。

现一方面依赖于正义程序（哲学价值讨论），另一方面取决于个体伦理地选择做一个好人。正义只有在悖论中才能实现自身，这个悖论就是，正义的目标是超越正义（良善生活）。科恩（Jean Louise Cohen）对赫勒的正义理论总结得非常到位，在她看来，该理论严重依赖哈贝马斯的著述，尤其是商谈伦理学，"它关注的是社会—政治规范和规则可以合法地构建和修改的程序，而不是冒充为普遍一般的道德理论"①。问题在于如何达成价值共识以及由谁决定最高的价值，诚如沃尔泽（Michael Walzer）所言，"赫勒捍卫的是一个高度理想化版本的民主决策，在我们可以声称把它变成了现实之前，我们还有很长的路要走"②。可见，赫勒试图通过强调正义的动态性和不完备性，在现代性条件下重建伦理政治的正义概念，其超越正义的构想并不是要真的建立一个超越正义的社会，而是要让正义的规范和规则不断受到质疑，始终保持某种开放性和流动性，让人们自主选择适合自己的生活方式，过自己心目中最佳的道德（政治）生活。

赫勒对马克思的正义理论存在误读，首先，从形式的正义概念出发，她认为资本主义社会存在分配正义，并指责马克思对平等的批判过于严厉，对于这一点我们前面已经做过分析。其次，赫勒强调共产主义观念（按需分配原则）仅仅具有调节性功能，不具有建构性功能，这表明她未能将马克思哲学的经验性维度和超越性维度融合在一起，未能在连续性和非连续性统一的层面理解共产主义社会的两个发展阶段。再次，赫勒未能区分马克思的理论以及苏联正统马克思主义的理论，误将马克思的理论视为片面的生产主义和经济决定论。譬如，在理解生产和分配的关系时，未能看到马克思不仅强调生产对分配的决定性作用，同时也强调分配对生产的重要影响。最后，赫勒的正义理论建立在资产阶级自由主义观念之上，偏离了马克思主义的正确轨道，未能意识到社会主义模式的多元性以及中国特色社会主义在

---

① ［美］琼·科恩：《阿格妮丝·赫勒〈超越正义〉刍议》，文长春译，《学术交流》2017年第8期。

② ［美］迈克尔·沃尔泽：《不完备的美德——论阿格妮丝·赫勒的〈超越正义〉》，马艳玲译，《学术交流》2017年第8期。

处理正义、平等、自由等问题上的制度优越性。尽管如此，赫勒对动态正义的强调符合马克思关于现代社会动态发展特质的判断，超越正义的诉求也符合马克思关于共产主义社会人的全面自由发展的论述，她虽然不像罗尔斯等人那样发展出一套完整的正义理论，但却提出了值得人们深思的问题，那就是："在一个多元化的世界中，其中每一种文化都是通过彼此互惠的纽带与所有其他文化联结在一起是何以可能的？"① 赫勒虽然没能成功解决这个问题，但她的探索启发了我们，这便是其正义理论最重要的当代价值。

第二节 乌托邦主义和自由主义批判

波兰新马克思主义理论家科拉科夫斯基从文化保守主义的立场出发对宗教现代性展开批判，一方面立足于道德束缚对个性自由的负面效应提出批评，抵制资本主义社会个性的过度张狂，另一方面恪守传统权威，强调信仰虔诚，积极抵制道德相对主义和历史虚无主义。从政治哲学角度看，科拉科夫斯基对乌托邦主义和自由主义的批判对于反驳波普尔等人的自由主义、辩证理解乌托邦主义具有重要启发。此外，梅扎罗斯在《超越资本》中对哈耶克等自由主义者也进行了批判，尤其对资产阶级的"别无选择论""历史终结论"等意识形态陈词滥调提出了强烈质疑，对我们坚持中国特色社会主义道路具有重要的启示意义。

一 乌托邦主义批判

科拉科夫斯基是一个坚定的反乌托邦主义者，在他的乌托邦主义名单列表上，不仅有空想社会主义者和尼采主义者，还有黑格尔主义者和马克思主义者。在《再思乌托邦之死》一文中，科拉科夫斯基将乌托邦主义视为现代性的头号公敌，强调要避免现代性陷入绝境就

---

① ［匈］阿格妮丝·赫勒：《超越正义》，文长春译，黑龙江大学出版社2011年版，第233页。

第五章　政治哲学视域中的现代性批判

必须反对乌托邦主义。

科拉科夫斯基的乌托邦概念具有双重内涵：其一，乌托邦不是任何改进人类生活某个方面的观念，而只是这样一种信念：一个最后的和不可超越的状态是可以达到的，在这一状态中没有什么再需要改正。其二，乌托邦代表这样一种计划，即通过人类的不懈努力应该实现，既排除来世天堂的想象，也排除通过纯粹神圣天命而建立一个尘世天堂启示录的希望。① 质言之，乌托邦主义有两个基本要素：一个是完美的理想未来，另一个是现世实现的可能性。科拉科夫斯基认为乌托邦有多种类型，如哲学认识论的乌托邦、政治的乌托邦和革命的乌托邦等。笛卡尔是哲学认识论的乌托邦的奠基人，因为他宣布"我思故我在"的原理为人类找到了绝对的、确定性的基点。科拉科夫斯基质疑道："完全的确定性根本上是可以达到的吗？如果是，它能够不通过诉诸绝对神圣的智慧而达到吗？"② 在他看来，形而上学的真理概念不过是心灵的一种畸变，显现的不过是虚幻的自主性罢了。基于这一判断，科拉科夫斯基将整个西方哲学划分为经验主义和超验主义，并自觉地站到超验主义的阵营中来，他不仅反对笛卡尔的理性主义独断论，也反对经验主义，因为后者放弃了确定性的观念，宣布真理已经死亡，而这将给人类带来深重的灾难。科拉科夫斯基的结论是：哲学永远不能发现和认识普遍真理，但哲学的文化功能却是造就真理的精神，这意味着，哲学必须永远追问那些貌似具有确定性的事物，"哲学家既不播种，也不收获，他们只是翻动土地。他们不发现真理；但要保持精神的活力，去面对回答我们的问题的各种可能性，就需要他们"③。

科拉科夫斯基指出，如果哲学家仅仅是把自己的理论视为规范性

---

① 参见［波兰］莱泽克·科拉科夫斯基《经受无穷拷问的现代性》，李志江译，黑龙江大学出版社2013年版，第142页。
② ［波兰］莱泽克·科拉科夫斯基：《经受无穷拷问的现代性》，李志江译，黑龙江大学出版社2013年版，第143页。
③ ［波兰］莱泽克·科拉科夫斯基：《经受无穷拷问的现代性》，李志江译，黑龙江大学出版社2013年版，第146页。

的观念,而不是构成性的观念,那么危险还不是特别严重。在他看来,哲学家当然可以设立一个价值目标,但决不能声称这个目标就是绝对真理,更不能声称这个目标在现实社会一定可以实现。科拉科夫斯基区分了两种乌托邦精神:"其中之一符合康德的纯粹理性的准则,并且存在于实际建造的最终基础中,或至少存在于一切前提的前提将要被发现的信念中;另一个是为任何一种我们相信已经阐明了的基础寻找一个基础,它相当于黑格尔所蔑称的'坏的无限性'。"① 科拉科夫斯基认为第一种乌托邦包含了将哲学神化的希望,强调的是有限的人可以像神一样掌握绝对,第二种乌托邦则承认人的有限性,主张不断扩展自己的潜能,他要批判的正是第一种意义上的乌托邦。

哲学认识论的乌托邦一旦落入社会现实的土壤就会变成社会的乌托邦,扎米亚京、赫胥黎和奥威尔在小说中描绘的乌托邦社会人们可能仍历历在目。科拉科夫斯基认为一切乌托邦都否认有限性并企图消灭多样性,"一个可行的乌托邦世界必须假设,人们失去了他们的创造性和自由,人类生活形式的多样性以及个人的生活被消灭了,以及所有人都达到了对其需要的完全满足,并接受一个永久的、死一般的停滞作为他们的正常状态"②。显而易见,这样的社会只能通过暴力和极权的方式来实现。应该看到,科拉科夫斯基描述的乌托邦只是特定类型的乌托邦,现实中还有其他类型的乌托邦,而且他描述和批判的乌托邦带有强烈的平均主义色彩,人们住同样的房子、穿相同的衣服,甚至连爱好都是一致的。在这样的社会里,个性和差异是极其危险的,因此也是被彻底根除的。笔者认为,上述画面并不是马克思主义要表达的,而仅是科拉科夫斯基一厢情愿强加给马克思主义的。科拉科夫斯基的逻辑是:首先认定恶的不可根除性和人的有限性,然后把马克思主义的共产主义刻画为绝对善的世界,最后指出理想和现实存在矛盾,马克思主义是坏的乌托邦。

---

① [波兰] 莱泽克·科拉科夫斯基:《经受无穷拷问的现代性》,李志江译,黑龙江大学出版社2013年版,第147—148页。
② [波兰] 莱泽克·科拉科夫斯基:《经受无穷拷问的现代性》,李志江译,黑龙江大学出版社2013年版,第147—149页。

第五章 政治哲学视域中的现代性批判

那么，究竟应该如何看待科拉科夫斯基的乌托邦主义批判呢？这里有两个问题需要澄清：一是何谓乌托邦以及乌托邦有哪些类型，二是科拉科夫斯基批评的乌托邦是否可以归在马克思主义的名下。如前所述，赫勒强调理性的乌托邦对于社会主义革命具有重要意义，同时她对完美社会这种乌托邦主义持反对态度，这里实际上出现了两种截然不同的乌托邦。第一种乌托邦是"好的"乌托邦，也即布洛赫在《乌托邦精神》中强调的那种伦理道德意义上的乌托邦。《乌托邦精神》主要针对的是第二国际的经济决定论，其对乌托邦的理解具有文化批判和人类解放的意味。在东欧新马克思主义看来，文化并不是保守的意识形态，而是具有批判和超越的功能，如哥鲁波维奇（Zagorka Golubović）指出，"文化是这样一种过程和结果，即通过人对一种更人道的生活的设计而转变为一个新的世界来实现人的人道化"①。如果这样来定义乌托邦，现实就不再是封闭的、恒定不变的，而是尚未实现且正在生成的过程，"乌托邦并不是一种存在于想象中的、难以定义的存在。它不是一种'科学杜撰'或脱离现实的虚幻奇想，而是一种可以通过新人的实践而实现的方案，一个提出新的思想和新的规范指令的世界、一个不断地迸发出勇气和想象的王国的部分，即某种尚未实现，但却是一种能动的现实之条件的东西"②。第二种乌托邦是"坏的"乌托邦，对应的是传统意义上带有空想色彩的价值理念，不仅在现实中无法实现，而且还会导致极权主义的政治灾难。这类乌托邦有一个共同的特点，就是梦想一种完美的未来理想社会，但这不过是非历史的幻想，因为没有任何现实可能性。科拉科夫斯基的问题在于将大量非马克思主义的论断强加给马克思，进而得出一系列难以置信的草率结论。譬如，马克思在《1844年经济学哲学手稿》中有一段经典表述："共产主义是对私有财产即人的自我异化的积极的扬弃，……它是人和自然界之间、人和人之间的矛盾的真

---

① [南斯拉夫]米哈伊洛·马尔科维奇、加约·彼得洛维奇编：《实践》，郑一明、曲跃厚译，黑龙江大学出版社2010年版，第162页。
② [南斯拉夫]米哈伊洛·马尔科维奇、加约·彼得洛维奇编：《实践》，郑一明、曲跃厚译，黑龙江大学出版社2010年版，第164页。

正解决,是存在和本质、对象化和自我确证、自由和必然、个体和类之间的斗争的真正解决。"① 科拉科夫斯基对这段话进行了曲解,认为"异化的消除意味着一切社会力量的最终和解","个体和类的对立将不复存在","历史的主体和客体的对立将被超越","除了作为整体的个体和类的统一外无物存在","个体和社会整体的同一将消除一切人类对抗的根源","所有个体的利益、需要和欲望将完全与社会相一致","一切个体和集体行动的结果将是可预知的,没有意料不到的事情发生"②。科拉科夫斯基的上述污蔑绝非个案,而是西方反马克思主义的"共同见解",其基本观点是:"马克思主义不过是乌托邦之梦。它将希望寄托于一个完美的社会,那里没有艰难,没有痛苦,没有暴力,也没有冲突。在共产主义的世界里,没有对抗、私利、占有、竞争或者不平等。"③ 这样一幅乌托邦主义的画面虽然令人神往,但却是马克思主义反对和抵制的一种虚假诱惑。反马克思主义者之所以展示这幅理想的社会图景无非是为了否定马克思主义,因为他们可以方便地从人性恶和日常经验出发,通过强调矛盾的不可根除性以及现实和理想的差距,拒斥这种虚幻的乌托邦主义。但实际上,这种论证方式搞错了目标,完全是对马克思主义的误解。正如曼德尔(Ernest Mandel)所言:"马克思主义并没有基督教的千年王国说或'世俗化宗教'的成分。马克思主义没有天真地梦想在人与自然、人与社会之间实现全面和解,没有预言各种社会冲突和社会矛盾将来会完全消失,也从未企图强迫让人接受乌托邦。"④

在笔者看来,科拉科夫斯基之所以将马克思主义视为"坏的"乌托邦,与他著名的马克思主义"三主旨说"有关。科拉科夫斯基认为马克思的思想由浪漫主义、浮士德—普罗米修斯精神、理性主义与

---

① 《马克思恩格斯文集》第1卷,人民出版社2009年版,第185页。
② Mihailo Markovic, "Leszek Kolakowski and So Called Alienation", *Philosophy & Social Criticism*, Vol. 5 (3–4): 1978, p. 235.
③ [英]特里·伊格尔顿:《马克思为什么是对的》,李杨、任文科、郑义译,新星出版社2011年版,第68页。
④ [比利时]厄内斯特·曼德尔:《权力与货币》,孟捷、李民骐译,中央编译出版社2002年版,第281页。

第五章　政治哲学视域中的现代性批判

决定论三个主旨构成，而正是浪漫主义的主旨令其陷入了乌托邦主义。众所周知，"浪漫派从保守观点出发，抨击工业社会，哀叹'有机'联系和忠诚的消失，哀叹人们的互相交往不是以个人的身份而是以非人力量和制度或金钱力量的代表身份来进行"①。浪漫主义向自由主义和社会契约论发起了挑战，尽管前者并不否认后者表述的是社会现实，但却从应然的角度出发，声明这种现实并不符合人的本性需要，因而是非法的、必须被超越的。科拉科夫斯基认为马克思继承了浪漫主义的思想传统，因此共产主义便意味着"个人与人类之间的一切调解将不复存在"，"个人将自愿地使自己与共同体相同一，强迫是不必要的，冲突的根源将消失"②。科拉科夫斯基的文本依据正是前面提到的《1844年经济学哲学手稿》中的那段论述。然而，真实的情况却如伊格尔顿所言，马克思关注的根本"不是对于理想未来的美好憧憬，而是解决那些会阻碍这种理想实现的现实矛盾"③。马克思从未说过共产主义社会没有冲突这类大话，他只是强调那时大规模的阶级对抗将不复存在，或者说对抗将不再以私有制为基础。但必须指出，共产主义虽然不是绝对完美的社会，但却是真正人类历史的开端，这就足以令人心向往之了。

限于篇幅，我们不打算继续批判科拉科夫斯基的错误观点，最后总结三点：第一，马克思主义并没有把理论重心放在对未来社会的美好憧憬上，它更关注资本主义社会的现实矛盾以及如何根除这些矛盾。第二，马克思主义并没有说未来社会要"消灭个性、毁灭家庭"，也不认为未来社会是一个整齐划一的同一性社会。第三，马克思主义从来没有过高估计人性，也没有认定共产主义将根除一切恶。马克思清醒地意识到，绝不可能让共产主义社会的每一个人都变成纯洁无瑕

---

① ［波兰］莱泽克·科拉科夫斯基：《马克思主义的主要流派》（第一卷），唐少杰等译，黑龙江大学出版社2015年版，第417页。
② ［波兰］莱泽克·科拉科夫斯基：《马克思主义的主要流派》（第一卷），唐少杰等译，黑龙江大学出版社2015年版，第418页。
③ ［英］特里·伊格尔顿：《马克思为什么是对的》，李杨、任文科、郑义译，新星出版社2011年版，第73页。

的天使，但他同样确信，在一个物质条件相对丰裕的社会，道德堕落的根源将会被逐步消除。总之，科拉科夫斯基对马克思主义的误读表明，他虽然反对自由主义，但在某些关键问题上却分享了自由主义的观点。

二 自由主义"开放社会"的自反性

如前所述，在反对乌托邦主义和极权主义的问题上，科拉科夫斯基分享了自由主义的观点，甚至可以说与波普尔是同路人。令人困惑的是，科拉科夫斯基在1979年发表了《开放社会的自我损害》一文，声称波普尔在攻击极权主义意识形态和运动时忽略了开放社会自我为敌的"自我翻转"现象，具体说来就是："不仅是民主制度在通过单独的民主手段有效地保护自己、对抗内部敌人方面固有的无能，而且更重要的是这样一个过程，即通过此过程，自由主义原则的扩展和持续的应用将这些原则转变成了它们的对立面。"① 也就是说，自由资本主义自身内含极权主义的要素，或者说它本身就是极权主义的另一副面孔，如果这个判断是正确的，我们就可以说极权主义不再是封闭社会的"专利"，而且也是开放社会自我毒害的结果。

波普尔的《开放社会及其敌人》出版于1945年，恰逢第二次世界大战结束，尽管战后资本主义社会进入了飞速发展时期，但人们在心理上仍处于法西斯主义极权统治的阴影之下。波普尔区分了"封闭社会"和"开放社会"，前者指依据传统神秘主义和历史决定论思想运行的社会，后者指突出个性自由和人类理性的社会。"历史决定论"主要指以柏拉图—黑格尔—马克思为主线的理性主义思想传统，其基本特征有两个："一方面，它强调历史的运行服从外在的铁的、不受个体行为和人的自由活动影响的必然性；另一方面，它把整体、集体、群体、国家等置于个体之上，因此属于一种反对西方自由主义文化精神的整体主义或者集体主义的思想传统。"② 有人认为波普尔

---

① ［波兰］莱泽克·科拉科夫斯基：《经受无穷拷问的现代性》，李志江译，黑龙江大学出版社2013年版，第175页。
② 衣俊卿：《东欧新马克思主义精神史研究》，黑龙江大学出版社2015年版，第409页。

之所以无视市场自由资本主义的缺陷是因为他生活的年代矛盾仍处于萌芽状态，让人难以有所觉察。这个理由不能成立，因为自由主义市场机制自我毁灭的历史趋势早已被某些思想家揭示出来。譬如，波兰尼在《巨变》中就详细阐发了资本主义自由市场机制潜在的风险，他强调纯粹的自律性市场是一个乌托邦，因此不可维系。波兰尼并不是马克思主义者，但他正确揭示了生产关系（经济制度）的决定性作用，在他看来，"经济制度仍是隐伏于一般的社会关系之下，市场只不过是前所未有地受到社会权威之控制与节制的一项制度装置的一个附属特征"①。与波兰尼一样，科拉科夫斯基对自由主义所吹嘘的"万能市场"也保持着警觉，在他看来，自由主义者必然陷入理论盲视，因为他们过于信奉一种乐观主义的哲学，盲目相信所有问题均可以在技术和理性的协助下得到完美解决。

科拉科夫斯基认为波普尔关于封闭社会和开放社会的分析完全是错误的。在波普尔看来，"封闭性"是部落共同体的基本特征，部落中起作用的是严格的魔术般的禁忌，部落共同体不仅拒斥一切变化，还反对理性的运用和批评性的争论，民主、个人主义、平等在这里统统不存在。与之相反，开放社会的特征是普遍的批判和反教条主义精神，它崇尚公开辩论和服从理性，反对非理性的禁忌并信仰科学。科拉科夫斯基认为波普尔高估了理性和科学的功能，低估了信仰和禁忌的作用，事实上，某些封闭社会要比开放社会运行得更好。科拉科夫斯基还发现，在现实中开放社会很少被描述成国家制度，而是更多地代表一种理性宽容的价值观，这种价值观无视传统，相信自己包含的一切价值观念（如民主、自由、平等）可以互相支持，不受限制。科拉科夫斯基认为这是天真的幻想，他提出三点不同意见："（1）在开放社会的重要的价值中，有一些价值由于经验而不一定由于逻辑的理由而互相冲突，并且只能通过相互限制才能实现；（2）因此，任何以完全一致的方式提倡这些价值的尝试都不可避免地要威胁开放社

---

① ［英］卡尔·波兰尼：《巨变》，黄树民译，社会科学文献出版社2013年版，第144页。

会的延续;(3)没有任何社会,甚至开放社会,能够缺乏对传统的一定程度的信赖而存在,或者——换个说法——一些作为封闭社会特征的'非理性的'价值对于开放社会是不可缺少的。"①

众所周知,西方理性文明具有三个核心构成要件:自由市场经济、民主政治制度和个人自由观念,这三个方面紧密交织在一起。波普尔认为三种基本理念在开放社会中并不冲突,能够相互支持,科拉科夫斯基则认为三者相互矛盾、难以协调。譬如,"市场意味着政治自由、理性的成长、技术进步、对传统的轻视,它也意味着私人利益的无情争斗、自我中心主义、对金钱的迷恋、对邻居的冷漠、宗教价值的衰落、贫穷和对工人的剥削,以及理性战胜了历史、权威和情感"②。一切选择都不是在纯净的制度中作出的,既不存在绝对的自由市场,也不存在彻底封闭的部落共同体,当我们选择普选、政治自由、社会保障、法治时,将不得不接受污染、饥饿、奴役、犯罪。波普尔把好的一面归于开放社会,坏的一面留给封闭社会,这完全是一种偏见和形而上学的幻想。

事实上,西方理性文明各个要素之间的矛盾随处可见。以自由市场为例,人们将不得不面临如下选择:"放任市场按照资本的逐利逻辑自律地、疯狂地发展,会威胁到人与人之间的有机纽带,导致对共同体的瓦解;而加强政府的干预,实施福利社会政策,在一定的情况下有可能导致对个人自由的压抑,出现极权主义倾向。"③ 在实践层面,自由主义者通常对国家(政府干预)抱有十分复杂的心态,他们承认国家存在的必要性,希望它能够保护脆弱的个人权利,但同时又惧怕国家,因为强制性的国家权力若无任何限制将对个人权利构成威胁。从总体上看,自由主义者认为构成社会的核心是市场,现代社

---

① [波兰]莱泽克·科拉科夫斯基:《经受无穷拷问的现代性》,李志江译,黑龙江大学出版社2013年版,第177页。
② [波兰]莱泽克·科拉科夫斯基:《经受无穷拷问的现代性》,李志江译,黑龙江大学出版社2013年版,第178页。
③ 衣俊卿:《东欧新马克思主义精神史研究》,黑龙江大学出版社2015年版,第476页。

会不能没有市场，消灭市场意味着古拉格社会。科拉科夫斯基承认上述危险的存在，但他强调，"在19世纪末，国家实际上根本没有任何权利干涉经济生活的自由主义信条已经只剩下寥寥几个支持者"①。以福利国家为例，不少自由主义者认为这项制度是挽救资本主义的"良方"，通过国家立法的强制力压制私人或公司的权力，所有人的自由都会得到保障。从理论上看似乎如此，但在实践层面，福利国家资本主义却遭遇到了发展瓶颈，国家干预的初衷是保护弱者的利益不受侵害，但结果却可能导致慵懒成风，人们甚至相信"发财的最好机会不是来自工作和投资，而是来自对事业成功者起诉；不是来自健康，而是来自偶然伤残；不是来自长期的和有成效的事业，而是来自及时的退休"②。国家福利政策还意味着政府将全面干预经济、政治和文化生活，这就有向社会主义转变的倾向。例如，哈耶克就把霍布豪斯（Leonard Hobhouse）论述福利国家的著作《自由主义》戏称为《社会主义》，按照哈耶克的说法，"虽然公开宣布的计划的目标是，人应当不再仅仅是一个工具，而事实上——由于在计划中不可能考虑到个人的好恶——个人之仅仅作为工具将比以往有过之而无不及，这是一种由当局用来为所谓'社会福利'、'社会利益'之类的抽象观念服务的工具"③。总之，哈耶克认为来自个人的不法行为固然可怕，但来自国家的强制更为危险，尤其当后者打着"福利国家""公共幸福""公平正义"等旗号为所欲为时，情况更是如此。笔者不赞同哈耶克对社会主义的恶毒攻击，但我们必须承认物极必反的道理，任何良善的国家干预一旦过头，的确有可能从真理转变成谬误。

科拉科夫斯基完全赞同国家干预可能带来潜在风险，他指出，若是彻底贯彻福利国家的基本原则，那么很可能会导致市场完全被废

---

① [波兰]莱泽克·科拉科夫斯基：《经受无穷拷问的现代性》，李志江译，黑龙江大学出版社2013年版，第181页。
② [美]乔治·吉尔德：《财富与贫困》，储玉坤等译，上海译文出版社1985年版，第165页。
③ [英]哈耶克：《通往奴役之路》，王明毅等译，中国社会科学出版社1997年版，第95页。

除，甚至导致一种国家的暴政。但与哈耶克等极端自由主义者无视自由主义与极权主义的内在关联不同，科拉科夫斯基认为极权主义本身就是结在自由主义之树上的果实。自由主义力图保持一致性，最后不得不转向自己的反面，"这并不是在玩弄抽象的观念游戏：所有的极权主义意识形态事实上的确依赖于同一个自由主义观念：通过国家法律为弱者提供保障和保护，他们以这一观念的名义反对竞争，而竞争意味着市场"①。

自由和平等的矛盾是自由主义无法克服的悖论。自由主义从不把平等视为努力实现的目标，极端的自由主义者甚至认为把平等置于所有人的幸福之上是愚蠢的行为，科拉科夫斯基认为自由主义拒斥平等不仅是为了反对乌托邦社会主义的平等原则，还因为它本身就内在地抵制平等。自从罗尔斯引入规范的正义概念以来，自由主义者便不再能够安然地无视平等观念，但他们仍然强调自由高于平等，并把平等仅仅限于机会平等。所谓机会平等，指的是在一个合乎正义的社会中，一切职位和地位在原则上必须是所有人都能获得的。科拉科夫斯基认为机会平等是根本无法实现的虚假平等，通过普及教育并不能实现机会平等，因为每个人的家庭环境不同，今天的任何不平等都将成为下一代不平等的源泉。要实现真正的机会平等，就需要所有生活条件完全平等，但这将意味着家庭的消灭和国家对所有儿童的集体强制教育，而这只有通过极权主义才能实现。可见，"如果我们严肃地对待生活起点的平等原则并希望始终保持对它的忠诚，我们的一只脚就踏到极权主义奴役制度的道路上了"②。具有反讽意味的是，自由主义的最终结局是它苦苦追求的事物的反面，这一点值得玩味。

必须指出，科拉科夫斯基并不是反对一切平等，他只是反对自由主义的机会平等，因为这种平等建立在物质利益平均分配的基础上，因此只会导致灾难。科拉科夫斯基引用了一则上帝和农民的对话：上

---

① ［波兰］莱泽克·科拉科夫斯基：《经受无穷拷问的现代性》，李志江译，黑龙江大学出版社2013年版，第182页。

② ［波兰］莱泽克·科拉科夫斯基：《经受无穷拷问的现代性》，李志江译，黑龙江大学出版社2013年版，第184页。

第五章 政治哲学视域中的现代性批判

帝承诺给予农民一切想要的东西，前提是他的邻居将得到两倍于此的东西，结果农民回答道：请摘掉我的一只眼睛。科拉科夫斯基认为这种机会均等不要也罢，他期望的是一种在尊严平等基础上的权利平等和责任平等，"当我们说人人平等时，我们是指他们在人的尊严上都是平等的；这一尊严是我们所有人都拥有的，任何人都没有侵犯它的权利"[①]。鉴于科拉科夫斯基对基督教神学的推崇，不难看出所谓人人平等以及享有平等的尊严只能在上帝的目光下实现，对此他坦言道："为了证明所有人都是平等的这一主张，人们肯定会求助于基督教的——但不仅仅是基督教的——宗教传统。当我们说所有人都是一个父亲的子女时，说所有人无论其地位或教育或阶级或出生的地域是什么，无论富裕和贫穷，都由上帝根据同一标准来判定时，我们所念念不忘的正是这一传统。"[②] 必须承认，若是除去宗教神秘主义的外衣，科拉科夫斯基对自由主义平等观的批判还是有几分道理的。

最后，科拉科夫斯基认为开放社会必定会陷入一种理智上的自我欺骗。开放社会对外宣称自己是自由精神的化身，表面上看，这种社会制度保障了人们在政治、言论和新闻上的自由，但就实质而言，这不过是一个让理性和宽容精神占据上风的社会，随之而来的则是非理性禁忌的消亡、传统文化和神圣性的遗弃，而蔑视一切权威的无政府主义是其必然结局。科拉科夫斯基不反对宽容，但他发现在现代社会中每一个人都有不宽容的潜在可能，人人都喜欢把自己的世界观强加给别人，在这个意义上，自由主义保护宽容的做法是可取的。但问题在于，超出一定度的真理会变成谬误，过分强调宽容将会导致道德虚无主义，这是我们要努力避免的。科拉科夫斯基强调，如果自由主义宣扬的是这样一种生活方式，"除了生活是玩玩以外，没有人信仰什么东西，没有什么东西与人们利害相关，那么我们迟早注定会使我们

[①] ［波兰］莱泽克·科拉科夫斯基：《自由、名誉、欺骗和背叛：日常生活札记》，唐少杰译，黑龙江大学出版社2011年版，第16页。

[②] ［波兰］莱泽克·科拉科夫斯基：《自由、名誉、欺骗和背叛：日常生活札记》，唐少杰译，黑龙江大学出版社2011年版，第15—16页。

沦落为某种意识形态专制的受害者"[①]。更进一步，科拉科夫斯基指出西方学者把从自由教育中获得的价值视为自然的、天生的、与人性标准一致的东西，这正是一种意识形态的表现。从恶的不可根除性以及人的有限性出发，他认为没有任何理由可以认为仁慈、无私、乐于助人等观念是自然而然的，从经验事实上看，似乎不幸、仇恨、妒忌、部落排外、种族主义和侵犯才是社会常态。因此，教育离开宗教以及传统权威的支持就不可能发挥功效，自由主义主张废除权威、传统和教义的普世教育只能导致道德虚无主义。总之，科拉科夫斯基认为绝对的自由就是绝对的奴役，正是从自由主义原则引申出来的无政府主义意识形态支撑着极权主义。科拉科夫斯基并不认为所有的开放社会一定会转向极权主义，但前提是人们必须清醒地意识到开放社会的这一固有顽疾。

三 告别"别无选择"

梅扎罗斯是著名马克思主义理论家卢卡奇的学生，美国学者奇尔科特（Ronald H. Chilcote）在《比较政治学理论》中将他与奥尔曼（Bertell Ollman）一道并称为黑格尔主义的马克思主义者。《超越资本》被誉为梅扎罗斯的代表作，整部著作以资本批判和自由主义批判为核心，下面围绕"历史的终结"和"别无选择"这两个观念展开分析。

在《超越资本》一书"导言"开篇处，梅扎罗斯从资本角度对现时代做了一个基本判断，他认为"我们生活在为资本的统治所牢牢控制的世界中，生活在一个无法履行诺言和极其令人失望的时代"[②]。而更加令人困惑和沮丧的是，大多数人认为当前的事态是不可改变的。马克思主义认为历史是人创造的，但这一信条如今已被许多人遗弃，"唯一应该被思考的历史成为既成的历史，而被认为留给我们的

---

① [波兰] 莱泽克·科拉科夫斯基：《自由、名誉、欺骗和背叛：日常生活札记》，唐少杰译，黑龙江大学出版社2011年版，第31页。
② [英] 梅扎罗斯：《超越资本》（上），郑一明等译，中国人民大学出版社2003年版，第1页。

第五章 政治哲学视域中的现代性批判

历史意味着时间的终结"①。与赫勒一样,梅扎罗斯虽然是黑格尔主义的马克思主义者,却对黑格尔的历史哲学持批判态度,他认为这种哲学陷入了"无批判的实证主义",其根本问题在于它"所实现的并不是有限的人类事业的结果,而是从一开始就预期的世界精神自我实现的旅程,在'普遍永恒资本'的最终秩序中,该旅程以人类最终努力的水平而告终"②。正是在"永恒资本神话"这个问题上,马克思同黑格尔分道扬镳,在黑格尔非历史地把现代性和国家视为人类社会的永恒状态时,马克思则立足于人类社会和社会的人类,将现代性视为非历史的、暂时的。

在梅扎罗斯看来,黑格尔之所以会陷入"历史终结论",其根本原因在于未能正确理解普遍性和特殊性的关系。黑格尔认为只有普遍性的事物才是应该追求的,"提高到普遍物,正是我们时代无限迫切的要求"③。资本要不断扩张就必须跨出国界成为全球资本,马克思不仅在客观上承认资本全球化的趋势,如他指出"资产阶级社会的真正任务是建成世界市场(至少是一个轮廓)和确立以这种市场为基础的生产"④,而且还强调世界历史和普遍交往的形成是共产主义事业的必要前提,因此其自由人联合体的构想是一种包含特殊性的普遍性。问题在于,资本主义现代性并未处理好普遍性和特殊性的关系,跨国资本与民族国家不可调和的矛盾表明,无论是康德的"永恒和平"、斯密的"看不见的手"还是黑格尔的"伦理国家",均未能真正扬弃普遍性和特殊性的二元对立。康德的"永久和平"无疑是一种主观主义的幻想,黑格尔的"伦理国家"虽然意识到并试图克服市民社会的矛盾,但还是认可了资本的统治地位,陷入了"无批判的实证主义"。这就不难理解黑格尔的伦理国家为何要支持现代国家战

---

① István Mészáros, *The Challenge and Burden of Historical Time*, New York: Monthly Review Press, 2008, p. 52.
② [英]梅扎罗斯:《超越资本》(上),郑一明等译,中国人民大学出版社2003年版,第24页。
③ [英]黑格尔:《法哲学原理》,范扬、张企泰译,商务印书馆1961年版,第221页。
④ 《马克思恩格斯文集》第10卷,人民出版社2009年版,第166页。

争，因为按照他的解释框架，战争不仅不可避免，而且具有积极意义。具体说来，黑格尔区分了两种"国家"：一种是作为地上神物的"伦理国家"，即绝对精神的体现；另一种是现实中的"具体国家"，即代表特殊性的民族国家。黑格尔强调普遍性和特殊性的统一，并通过"理性的狡计"来实现这种统一，这就相当于言明社会发展具有一种整体的和谐性，最终必然以"普遍永恒资本"的秩序而告终。

梅扎罗斯认为黑格尔"无批判的实证主义"源于斯密的"看不见的手"，其结果必然是"无法从资本制度的生产性进展中找出不可分离的破坏性一面"①。马克思曾批评黑格尔"只看到劳动的积极的方面，没有看到它的消极的方面"②，这是非常准确的。黑格尔由于混淆了理论矛盾与现实矛盾，认为伦理国家可以弥补市民社会非道德性的先天缺陷，于是忽视了现实社会资本引发的矛盾是不可调和的，结果让辩护的立场占了上风。黑格尔思想的根本要害在于，试图用理想性的伦理国家包容市民社会的矛盾，这就在永恒化市民社会的同时将资本制度也一道合法化了。正是在这个意义上，梅扎罗斯称"黑格尔所提倡的'辩证的运动'必然仍是一种概念的虚构"③。

那么，黑格尔是否因为强调了普遍性而忽略特殊性呢？差别性和个体性是无关紧要和微不足道的吗？事实上，黑格尔有时也偏袒特殊性，如他强调现实中的国家在本质上是个别国家和特殊国家，每个民族都有适合于自己的国家制度，独立自主是民族的基本自由和最高荣誉。黑格尔还强调，战争既不是绝对的恶，也不是纯粹偶然的，而是具有历史必然性，永久和平只会导致民族的堕落。黑格尔认为跨国资本（普遍性）最终能够与民族国家（特殊性）相安无事，但事实上二者的矛盾在资本制度内是无解的，资本不可能消除无限扩张的发展趋势，民族国家也必定会维护本民族的特殊利益。资本流通需要平等

---

① [英] 梅扎罗斯：《超越资本》（上），郑一明等译，中国人民大学出版社 2003 年版，第 214 页。
② 《马克思恩格斯文集》第 1 卷，人民出版社 2009 年版，第 205 页。
③ [英] 梅扎罗斯：《超越资本》（上），郑一明等译，中国人民大学出版社 2003 年版，第 38 页。

第五章 政治哲学视域中的现代性批判

和正义的社会环境，但资本维系统治又需要同劳动建立不平等的关系，对于资本全球化的趋势和实质，马克思和恩格斯在《共产党宣言》中早有揭示，那就是农村从属于城市，不发达国家从属于文明国家，东方从属于西方。

黑格尔自然意识到民族国家之间存在利益冲突和矛盾，这源于"特殊性本身是没有节制的，没有尺度的"①，但他又反对柏拉图的理想国，认为这种妄图排除特殊性的观念必然是徒劳的。黑格尔虽然正确揭示了康德的"国君联盟"和"永久和平"具有软弱性和虚妄性，但当他用辩证法处理普遍性和特殊性的关系时，却武断地认定伦理国家能够实现普遍性和特殊性的统一。这种统一显然是抽象的、虚假的，正如梅扎罗斯质疑的，"黑格尔经常反对让'应当'侵入哲学。实际上，尽管如此，与他本人使历史发展终结于限定为理性的偶像和实现的现代国家的方式相比，还有什么比这种幻想思维的'应当'更喧闹呢？"②梅扎罗斯进一步指出，同黑格尔的伦理国家一样，普遍性（资本）总是带有"不自量力"的特征，在现实中普遍性非但不能制服特殊性，反而处处受制于特殊性，因为特殊性恰恰是普遍性实现的条件。就资本而言，只要仍然存在不平等的关系，特殊性的矛盾就无法化解，结果只能是两选一：要么继续留在资本制度的范围内，普遍性与特殊性的矛盾依旧；要么超越资本，实现普遍性与特殊性的真正统一。如果上面的分析是正确的，那么"多国"和"跨国"就具有意识形态的色彩，因为它们"隐瞒了支配地方经济的真实问题，也隐瞒了全球资本体系内在的界限与对抗"③。梅扎罗斯认为资本的无限扩张不过是一种错觉，它源于对资本这一特定新陈代谢秩序的非历史性承认，历史真相则是"全球资本的物质再生产结构与其总

---

① ［德］黑格尔：《法哲学原理》，范扬、张企泰译，商务印书馆1961年版，第200页。
② ［英］梅扎罗斯：《超越资本》（上），郑一明等译，中国人民大学出版社2003年版，第30页。
③ ［英］梅扎罗斯：《超越资本》（上），郑一明等译，中国人民大学出版社2003年版，第210页。

体化的政治命令结构——具有难以超越的'个性'的形形色色的民族国家——之间结构性的失调,仅仅预示了对抗的日益尖锐和主要矛盾的必然性"①。可见,康德的"永久和平"和"民族联盟"不过是主观主义的空想,黑格尔的"理性的狡计"只是历史哲学的强制性逻辑。资本的本性决定了伦理国家不可能是万能的、积极的,一切试图解决国际争端的努力,只要不质疑资本制度及其不平等的统治原则,就不可能获得成功。诚如马克思所言,不是国家决定市民社会,而是市民社会决定国家,一旦资本扩张达到市民社会无法容纳的程度,国家就不再是资本的灵丹妙药,而是将与资本一道走向解体和消亡。

综上所述,黑格尔为我们表述了"别无选择"的意识形态,而梅扎罗斯却坚信"存在反抗'别无选择'的智慧以及个人参与这种反抗的必然性"②。在一次访谈中梅扎罗斯意味深长地说道:我们每一个马克思主义者都欠萨特一大笔债,正是萨特对"别无选择"的观点提出了严厉的挑战。尽管资本主义社会发生了巨大的变化,马克思的思想仍是我们活动的全部视界,只有马克思主义才能为我们提供一条摆脱资本危机的出路。

四 资本的绝对界限

梅扎罗斯不仅揭穿了自由资本主义的意识形态,还将批判矛头指向整个资本制度,通过阐明资本的四个绝对界限,证明超越资本的历史必然性。前面我们分析了第一个界限——跨国资本与民族国家的矛盾,现就其他三个界限做简要探讨。

资本的第二个绝对界限是社会新陈代谢再生产物质(自然)条件的破坏。马克思指出,"资本作为财富一般形式——货币——的代表,是力图超越自己界限的一种无止境的和无限制的欲望。任何一种界限

---

① [英]梅扎罗斯:《超越资本》(上),郑一明等译,中国人民大学出版社2003年版,第223页。
② [英]梅扎罗斯:《超越资本》(下),郑一明等译,中国人民大学出版社2003年版,第1148页。

都是而且必然是对资本的限制"①。这就表明,在资本主义社会,资本与自然之间只能是对立的关系,一方面资本总是力图创造更多的交换价值和利润,另一方面自然界却只能提供有限的物质资源。由于资本扩张是无休止的,这就必然导致自然的破坏,而自然界是人类的无机身体和资本增殖的基本条件,因此资本矛盾运动的结果只能是人类与资本同时灭亡。要避免这个悲惨的结局就只能超越资本,走社会主义的发展道路。说到保护自然人们会联想到"罗马俱乐部",这个国际学术团体主要从事有关全球性问题的宣传、预测和研究活动,其在1972年发表的研究报告《增长的极限》预言了经济增长的不可持续性,将"零增长"视为当前人类应对危机的唯一策略。从越多越好和规模经济到越少越好和规模不经济,资产阶级的意识形态总是有意掩盖矛盾,"把困难产生和危险增长的责任归咎于软弱无力的个人,从而对资本制度的原因基础和总体框架置之不理"②,这便造成了一种非个人的物化逻辑的普遍胜利。梅扎罗斯认为"罗马俱乐部"虚构了一种人口困境,试图通过限制人口增长和减缓生产发展维系人与自然的平衡。按照这一逻辑,资本制度便天然具有了限制自身欲望的能力,它能够让资本及时中止无序的扩张,让自己成为现时代不可超越之物。"罗马俱乐部"的解决思路是:人们必须学会适应界限,与资本和平相处,该观点被梅扎罗斯称为新马尔萨斯的人口论,由于未能认清资本的本性和发展趋势,"罗马俱乐部"最终陷入了悲观主义。马克思曾说过,"如果资本不再感到某种界限是限制,而是在这个界限内感到很自在,那么资本本身就会从交换价值降为使用价值,从财富的一般形式降为财富的某种实体存在"③。事实上,马克思是在说反话,他并不认为资本会主动让位于使用价值,或让物质实体代替财富的一般形式,但从他的分析可以看出,未来人类社会应该废除交换价值的统治地位,让使用价值回归社会生活的中心。

---

① 《马克思恩格斯全集》第46卷(上),人民出版社1979年版,第299页。
② [英]梅扎罗斯:《超越资本》(上),郑一明等译,中国人民大学出版社2003年版,第228页。
③ 《马克思恩格斯全集》第46卷(上),人民出版社1979年版,第299页。

依梅扎罗斯之见，资本具有不确定性，它既不是善的也不是恶的，当资本扩张保持在一定限度内时，它更多地呈现出进步的面相，而一旦超出特定的界限，它便暴露出退步的狰狞面孔。资本无限扩张的本性决定了它必然由善转向恶，无论谁（自然、国家、文化）设置障碍，资本都会消除它们，但在这个过程中对抗性的矛盾不可避免。梅扎罗斯认为资本注定是"不自量力"的，虽然它能够化解部分矛盾和危机，如通过规模经济转移矛盾，这个策略在初期的确有效，但随着劳动和资本矛盾的加深，目前已被证明是荒谬的，其最大的问题莫过于不可避免地对自然环境造成破坏。规模经济之所以不经济还在于它以浪费经济为基础，在资本制度下，使用价值总是服从交换价值，从利润角度看，其结果只能是"无论一种生产程序是多么荒谬地浪费，只要其产品能够投入市场获利，它必定被作为资本主义'经济'的正确和恰当的形式而受到欢迎"①。桑巴特（Werner Sombart）较早注意到奢侈与资本主义的联系，他强调"奢侈消费具有一种革命性的力量，它带来了资本主义的生产方式、商品方式和组织形态的形成"②。与之相反，韦伯认为勤俭是资本主义的核心精神，提倡人们过一种清教徒般的生活。在勤俭和奢侈的对峙中，前一个阵营还包括经济学家萨伊和李嘉图，后一个阵营还包括曼德维尔和马尔萨斯。梅扎罗斯认为双方各执一端，只是揭示了资本的某个侧面，而未能充分阐明资本的本质，双方拥有一个相同的理论预设，即资本市场的存在是合理的。虽然也有部分理论家意识到资本制度的矛盾并痛斥剥削现象，但他们却一致认为社会矛盾是偶然的、暂时的，剥削是实现人类解放和社会发展事业的必要代价。用曼德维尔的话说："每一部分都充满罪恶，然而，整体却是天堂"③，这个论断与斯密关于"看不见的手"能够自动实现社会富裕和人类全善的观点如出一辙。

---

① ［英］梅扎罗斯：《超越资本》（上），郑一明等译，中国人民大学出版社2003年版，第675页。

② 刘小枫：《现代性社会理论绪论》，上海三联书店1998年版，第76页。

③ 转引自［英］梅扎罗斯：《超越资本》（下），郑一明等译，中国人民大学出版社2003年版，第660页。

总之，所有这些理论家都认同资本制度的永恒性，跌入了"别无选择"的意识形态陷阱。

资本自我挣扎的第二种方式是利用科学技术提高劳动生产率。梅扎罗斯认为这种方法同样是无效的，即便科学技术能够在一定程度上阻止自然环境恶化，资本及其人格化的代表也决不会让它朝着这个方向发展，因为"科学技术的范围不得不严格地从属资本扩张与积累的绝对要求"①。与那些乐观看待科学技术的学者不同，梅扎罗斯认为科学技术扎根于资本制度，兼具生产性和破坏性，任何妄图保留生产性规避破坏性的做法均不可能实现，他提醒人们："科学技术并不是受过良好训练、精力充沛的候补队员，他们正坐在一边的凳子上，焦急地等待着开明社会主义小组的教练的召唤，以便扭转战局。"② 彼得洛维奇也有类似的观点，他曾调侃地指出，当人们为科学技术贴上社会主义的标签时，原子弹并不会开始生产食用蘑菇。

资本的第三个绝对界限是女性解放与实质平等的挑战。既然资本增殖离不开劳动者和生产资料的结合，那么人的生产就是资本面临的又一个绝对界限。资本不仅在宏观层面上再生产自身，还在微观层面上以家庭的形式再生产个体，一个明显的事实是，"如果个体要再生产出社会，他们就必须再生产出作为个体的自身"③。马克思和恩格斯把人的生产视为历史发展的第三种关系，恩格斯还专门论述了"两种生产"的理论，足见人的生产对于资本增殖的重要性。可以说，如果人的生产出现异化，社会便一定是异化的。毋庸讳言，女性在人的生产和家庭中居于不可或缺的地位，但正如恩格斯所言，"母权制被推翻，乃是女性的具有世界历史意义的失败"④。事实上，自人类步

---

① ［英］梅扎罗斯：《超越资本》（上），郑一明等译，中国人民大学出版社2003年版，第231页。
② ［英］梅扎罗斯：《超越资本》（上），郑一明等译，中国人民大学出版社2003年版，第240页。
③ ［英］阿格妮丝·赫勒：《日常生活》，衣俊卿译，黑龙江大学出版社2010年版，第3页。
④ 《马克思恩格斯文集》第4卷，人民出版社2009年版，第68页。

入文明时代起，妇女就处于被统治和被压迫的境地。梅扎罗斯认为探讨女性解放必须与实现实质平等相结合，二者共同指向对资本制度的整体性超越。在他看来，女性解放和实质平等是资本必须面对的绝对界限，并且可以肯定的是，这个界限已经被资本主义社会彻底激活。

梅扎罗斯认为康德和黑格尔错误选择了"别无选择"的保守主义立场，不可能为女性解放和实质平等提供有益的借鉴。在康德和黑格尔那里，妇女的社会地位相当低微，康德公开主张"家长制"，强调妇女必须被指派到从属位置上去，由于资本对劳动拥有绝对主导权，不平等关系反映在家庭中就必然是男性对女性的压迫。黑格尔对女性的偏见更为明显，他声称女性"天生不配研究较高深的科学、哲学和从事某些艺术创作"，"因为她们不是按普遍物的要求而是按偶然的偏好和意见行事"①。康德和黑格尔对女性存在偏见有时代的原因，他们对平等和正义的追求却是真心实意的，问题是当时资本的矛盾并未充分暴露出来，因此只能相信仁慈的市场力量。然而时过境迁，在哈耶克等极端自由主义者那里，我们看到了赤裸裸的犬儒主义伪善，如果说康德等人仍对资本的消极后果表示不满，哈耶克等人则直接宣布资本制度是最理想的社会制度。梅扎罗斯在《超越资本》中对哈耶克的市场自由主义做过详尽批判，他认为哈耶克理论的"奥秘"在于，"把资本主义交换关系回溯到人类历史的最早时期，以便能够使现存扩张性再生产的社会经济制度的特殊方式（建立在资本的统治的基础之上的）、连同'扩张的经济秩序'都永恒化"②。就其本质而言，这是一种拙劣的物质还原论。

在《〈黑格尔法哲学批判〉导言》中，马克思提出"德国人的解放就是人的解放"③，梅扎罗斯则进一步提出女性解放就是人的解放。二者之所以具有同质性就在于，"在既定的社会经济秩序的框架内，

---

① [德]黑格尔:《法哲学原理》，范扬、张企泰译，商务印书馆1961年版，第183页。
② [英]梅扎罗斯:《超越资本》（上），郑一明等译，中国人民大学出版社2003年版，第170页。
③ 《马克思恩格斯文集》第1卷，人民出版社2009年版，第18页。

第五章 政治哲学视域中的现代性批判

女性解放不可能有'特殊的空间'"①，女性解放的背后是实质平等，实质平等是资本制度无法实现的。这就意味着，女性解放只能以社会主义事业为基本指向，其目标只能是一种根本有别于资本制度的社会新陈代谢秩序。就资本和女性解放的关系而言，资本同样是"不自量力"的，这突出表现在：资本由于具有一种难以抑制的推动力，倾向于将越来越多的女性转变为劳动力，并同时保持一种不平等的权力关系，这就势必导致家庭的不稳定和社会功能的紊乱。也就是说，在资本制度下资本和女性解放陷入了恶性循环，资本制度越是不平等，女性解放就越是遥遥无期，女性越是被压迫和受剥削，资本维持自身特权的力量就越大。梅扎罗斯强调资本批判必须指向实质平等，但在资本制度下，资本和劳动不可调和的矛盾决定了实质平等根本无法实现。因此，只有彻底改变以资本为核心的新陈代谢生产机制，用联合生产者的社会取而代之，才能实现实质平等和女性解放，让人成为自己的主人。

资本的第四个绝对界限是长期失业与人口危机的宿命。马尔萨斯在《人口原理》中以杞人忧天的姿态宣称人口过剩的危机行将到来，他打着"自然规律"的幌子设计出一套解决方案，目的却是维系资本制度的存续，确证"别无选择"和"资本永恒"。马克思和恩格斯多次批评马尔萨斯的人口理论，强调它掩盖了社会矛盾的真正根源，无非是告诉人们一切苦难和不平等是人口增长过快的必然结果，而与资本完全无关。马尔萨斯认为要抑制人口过快增长就必须晚婚、节育、勤奋、节俭，他攻击社会救济，认为这样做会极大地降低工人工资，使原本窘迫的生活条件雪上加霜。这些言论用虚构出来的"人口危机"威胁工人，目的是让他们甘愿接受资本的统治。正如马克思批判的，马尔萨斯"把历史上不同的关系变成一种抽象的数字关系。这纯粹是凭空捏造，既没有自然规律作根据，也没有历史规律作根

---

① [英] 梅扎罗斯：《超越资本》（上），郑一明等译，中国人民大学出版社2003年版，第259页。

据"①。必须指出，梅扎罗斯批判马尔萨斯的人口理论并非是要否定人口因素对社会发展的重要意义，而是要揭示人口危机的真正根源在于资本逻辑，其基本结论是：要将人口控制在合理的范围内，就必须提出一种不同于资本制度的全新的社会新陈代谢秩序，并凭借一种微观社会结构的根本性变革来实现它。

在梅扎罗斯看来，人口过剩不过是当前资本主义社会人口危机的表象，实质上并非是人口绝对过剩。按照资产阶级意识形态的说法，剩余人口与生活资料有关，当人口增长超过生活资料的供给时，就会出现剩余人口。梅扎罗斯认为这种观点忽略了社会因素对剩余人口的决定作用，剩余人口并非一般意义上的人口过剩，而是劳动力的过剩，正是资本制造了剩余人口，因此在资本制度下不可能根除这一现象。对资本而言，剩余劳动力并非真的毫无用处，之所以宣布其是多余的，主要是为了维系资本对劳动的不平等关系。具体说来有两种情况：一是指那些被生产过程排斥在外的劳动力，这些人成为资本的"人力蓄水池"，不仅能够随时给资本补充新的劳动力，还能压低整体工人的工资水平。二是作为现实（潜在）消费者的那部分人，他们对资本利润的实现至关重要。通过宣传一套意识形态，资本及其人格化一方面声称失业是必然的，另一方面鼓励工人消费，无非是要在生产和消费两个环节实现资本对劳动的剥削，完成物对人的统治。诚如梅扎罗斯所言，在人口问题上资本遭遇到了绝对界限，尽管意识形态理论家声称"看不见的手"或自然规律可以成功做出调整，让人类免于灾难。但事实却是，大规模的失业已经严重危及资本制度的根基，"在这种情况下，长期失业这种形式的'人口爆炸'，就会作为资本的绝对界限而被激化"②。

马克思曾指出，"资本不可遏止地追求的普遍性，在资本本身的性质上遇到了限制，这些限制在资本发展到一定阶段时，会使人们认

---

① 《马克思恩格斯全集》第46卷（下），人民出版社1980年版，第106页。
② ［英］梅扎罗斯：《超越资本》（上），郑一明等译，中国人民大学出版社2003年版，第300页。

识到资本本身就是这种趋势的最大限制,因而驱使人们利用资本本身来消灭资本。"①梅扎罗斯对资本绝对界限的分析正是沿着马克思的思路展开的,他认为当代资本主义社会尽管不断地变革生产关系,但这种垂死挣扎不过是挖肉补疮,并不能无限延续下去,如果人类不想灭亡,建立一种新的社会主义类型的新陈代谢秩序就必须提上议事日程。我们知道,当代资本主义社会与马克思和恩格斯所处的时代已大不相同,但有一点可以确定,那就是资本作为不可控的社会新陈代谢生产方式仍然占据着统治地位,这就意味着资本不断扩张的本性必然要通过各种形式表现出来,而当它这样做时,势必会遭遇自身的绝对界限。既然资本在消亡前必将作困兽斗,释放出大量破坏性的能量,人们若不及时采取行动那么付出的代价就会非常大,甚至可能与资本同归于尽。

梅扎罗斯认为唯一的出路是彻底超越资本,按照他的说法,"资本是一种控制力量,你不可能仅仅随便摆弄它。不是它控制你,就是你消灭它,二者之间没有折中办法"②。梅扎罗斯的这个观点表明他没能理解马克思"利用资本本身来消灭资本"这句话的真谛,事实上,马克思批判资本的真实意图"并不是完全否定资本,更不是纯粹道德化地反对资本,而是客观分析、揭示资本主义生产方式运行的内在规律,从而扬弃和超越资本主义生产关系"③。也就是说,我们应该超越的不是资本一般(资本的自然属性),而是资本特殊(资本的社会属性)。对于共产主义这一人类最高的理想社会而言,一定是与资本彻底绝缘的,马克思非常清楚共产主义实现的曲折性和复杂性,因此才在《哥达纲领批判》中区分出共产主义的第一阶段——社会主义,由于这个阶段是"刚刚从资本主义社会中产生出来的,因此它在各方面,在经济、道德和精神方面都还带着它脱胎出来的那个旧社会

---

① 《马克思恩格斯文集》第 8 卷,人民出版社 2009 年版,第 91 页。
② [英]梅扎罗斯:《超越资本》(下),郑一明等译,中国人民大学出版社 2003 年版,第 1151 页。
③ 周丹:《社会主义市场经济条件下的资本价值》,《中国社会科学》2021 年第 4 期。

的痕迹"①。这里的"旧社会的痕迹"既指按劳分配，也指商品（市场）经济和资本的影响。梅扎罗斯对待资本的态度完全是否定的，他没有看到社会主义市场经济能够一方面激活"资本的文明面"，另一方面克服"资本的消极面"。总之，中国现代性和中国现代化发展必须利用资本、发展资本、改造资本，虽然在这方面我们具有明显的制度优势，但也应看到，资本的本性并不会因为社会主义制度而发生根本改变，因此同它打交道时，必须充分意识到困难，正是在这个意义上，梅扎罗斯对资本绝对界限的分析至今仍具启示意义。

第三节　法西斯主义批判

　　法西斯主义批判是20世纪西方学术界的重要论题，早在法西斯主义成型之际，弗洛伊德主义的马克思主义者赖希就从群众心理学角度研究了这一特殊的历史现象。《法西斯主义群众心理学》德文版1933年出版后，立即遭到各方力量的全面围剿，不仅德国法西斯将它列为禁书，各国共产党也将之视为反革命的洪水猛兽。赖希提出了一个重要观点，即认为法西斯主义是一场群众运动，正是群众帮助政治上极端反动的法西斯主义者掌握了政权，该观点显然与正统马克思主义的解释大相径庭。布达佩斯学派理论家瓦伊达在《作为群众运动的法西斯主义》一书中从马克思主义的阶级理论和历史理论出发，将法西斯主义视为附着在现代性躯体上的一颗毒瘤，全方位分析和揭示了法西斯主义的社会成因、政治特征、意识形态和阶级基础，对我们理解资本主义现代性的矛盾，正确评价法西斯主义具有重要的理论参考价值。

一　法西斯主义的意识形态基础和阶级基础

　　大体上看，20世纪的人类文化发展是围绕社会主义、自由主义

---

① 《马克思恩格斯文集》第3卷，人民出版社2009年版，第434页。

和法西斯主义的争斗展开的,这意味着当社会出现严重危机时人们有三条道路可以选择。最终,俄国选择了社会主义,德国选择了法西斯主义,美国选择了自由主义。问题在于,德国为什么不选择社会主义或自由主义呢?教条主义的马克思主义者无法回答这个问题,在他们看来,法西斯主义是作为统治阶级的资产阶级为了维护自身利益和摆脱经济危机,自上而下主动变革社会政治体制的结果。法西斯主义的发展道路与垄断资本主义时期帝国主义的矛盾是一致的,就像后者是资本主义的最后阶段一样,法西斯主义也代表着资产阶级走上了穷途末路,它必然引发大规模的阶级斗争和革命运动。但事实上,无产阶级革命的高潮不仅没有到来,处于绝境中的广大群众反而集体向右转,成为支持法西斯主义的民族主义者。笔者认为,简单地将法西斯上台视为纳粹的意识形态欺骗或者某种神秘化的非理性冲动是片面的、不负责任的,就此认定马克思主义已经过时和完全错误更是无稽之谈。瓦伊达的法西斯主义研究完全是沿着马克思主义的基本立场和方法进行的,与赖希一样,他也反对教条主义的马克思主义,尤其是反对片面的经济决定论。瓦伊达要回答的问题是:法西斯主义的意识形态基础和阶级基础是什么?法西斯主义与资产阶级的关系是怎样的?法西斯主义如何对待资产阶级社会的遗产?此外,瓦伊达还分析了德国法西斯和意大利法西斯的区别,比较了法西斯主义与波拿巴主义的历史相关性,这些都是以往法西斯主义研究中忽略的方面。

瓦伊达虽然是卢卡奇的学生,但却奉行"吾爱吾师,但更爱真理"的原则。在他看来,卢卡奇在《历史与阶级意识》中对资本主义社会阶级构成和阶级意识的分析过于简单,难以站得住脚。马克思和恩格斯曾预言:"整个社会日益分裂为两大敌对的阵营,分裂为两大相互直接对立的阶级:资产阶级和无产阶级。"[1] 瓦伊达认为这只是就资本主义社会的整体发展趋势所做的大致判断,并不意味着任何时间和一切国家都一定会出现。马克思在《路易·波拿巴的雾月十八日》等历史性著作中细致分析了各种中间阶层对革命的影响,指出小

---

[1] 《马克思恩格斯文集》第 2 卷,人民出版社 2009 年版,第 32 页。

资产阶级一方面有可能被抛入无产阶级的队伍中来,另一方面也可能对无产阶级施加影响,让后者沾染上固有的不良习气。可见,马克思和恩格斯对阶级的分析非常全面,并不仅限于资产阶级和无产阶级这两个社会阶级。但是,卢卡奇并没有充分理解马克思对阶级的具体分析,一方面,他坚持无产阶级和资产阶级的简单二分,认为只有这两个阶级才是纯粹的阶级,其他阶级(如小资产阶级)和阶层对于分析社会结构和革命来说无足轻重,如他指出,"对于这些阶级而言(如果从严格的马克思主义的意义上,它们可以被称作是阶级的话),根本就谈不上什么阶级意识:对它们的状况的充分意识应该向它们揭示,面对发展的必然性,它们的特殊追求是毫无希望的"[1]。另一方面,卢卡奇的"被赋予的意识"与无产阶级的现实经验意识之间存在矛盾,瓦伊达认为阶级意识应该由不同阶级的具体生存状况(如生活标准、历史需要、传统等因素)而不是仅由经济地位或财产关系决定,在这个意义上,阶级意识只能是多元的,"如果我们从根本上能够言说一种阶级意识,那么它只能是工人阶级内部不同群体的意识的平均数或总和"[2]。就分析法西斯主义而言,瓦伊达认为既不能从资产阶级也不能从无产阶级的角度进行分析,因为法西斯主义的群众基础是小资产阶级。

瓦伊达认为教条主义的马克思主义最大的问题是没有把意识形态当作一种社会力量,未能考察历史发展的主观方面。诚如赖希批评的:"庸俗马克思主义,根据它的一个公式,完全把经济存在同整个社会存在割裂开来,认为人的'意识形态'和'意识'唯一直接由人的经济存在来决定。因此,它造成了经济与意识形态之间、'结构'与'上层建筑'之间的机械对立;它使意识形态刻板地、片面地依赖于经济,看不到经济发展对于意识形态发展的依赖性。"[3] 瓦

---

[1] [匈]卢卡奇:《历史与阶级意识》,杜章智、任立、燕宏远译,商务印书馆1992年版,第133页。
[2] Mihaly Vajda, *The State and Socialism*, London: Allison & Busby, 1981, p. 30.
[3] [奥]威尔海姆·赖希:《法西斯主义群众心理学》,张峰译,重庆出版社1990年版,第11页。

伊达完全认同意识形态对经济的反作用,从总体性和特殊性的关系入手,他强调"法西斯主义的意识形态意味着对特殊性彻底的否定,意味着每一种特殊性都要从属于'总体的'、'天然有机的'整体——'国家'"①。

卢卡奇曾把总体性原则视为马克思主义的核心,并将具体的总体看成是真正的现实范畴,强调必须凭借总体性的方法才能认识资本主义社会现实。无论是强调方法的总体性还是社会现实的总体性,卢卡奇主要是反对庸俗马克思主义以及资产阶级的实证主义,恢复马克思主义的批判性和革命性,这是具有积极意义的。但是,瓦伊达理解的总体性原则主要指一种非理性主义,其反面是自由主义和理性主义。无论是卢卡奇还是马尔库塞,都试图揭示自由主义和理性主义的危机,并把法西斯主义视为非理性主义,强调这种特殊的独裁主义国家在本质上同垄断资本主义的发展相契合,这便暗示法西斯主义的统治必然会加剧危机,促进革命形势的到来。瓦伊达认为这种观点是错误的,在他看来,法西斯主义非理性主义的总体观要求反对一切特殊性,因此其政权不可能被任何一个有着特殊利益的阶级(层)完全控制(如资产阶级),要获得广泛的群众基础,政权就不可能是尼采式的带有贵族气质的非理性主义,而只能是具有极强包容性的社会主义。②法西斯主义的总体性意识形态旨在排除一切阶级和个人的特殊利益,它必须全面出击、四处树敌,"决然对立于所有那些对某一个或另一个阶级有特殊诉求的社会政党的运动,也就是说,既对立于'资本主义',也对立于'马克思主义'"③。

法西斯主义的总体性意识形态必然会遇到自己的界限,正如马尔库塞分析的:"它所提出的整体不是在阶级社会格局内由一个阶级的

---

① [匈]米哈伊·瓦伊达:《作为群众运动的法西斯主义》,孙建茵译,黑龙江大学出版社2015年版,第8页。
② 对于法西斯主义究竟是资本主义还是社会主义学界有不同声音,即便我们将法西斯主义视为一种社会主义,其本质也是国家社会主义,与马克思主义的社会主义完全无关。
③ [匈]米哈伊·瓦伊达:《作为群众运动的法西斯主义》,孙建茵译,黑龙江大学出版社2015年版,第11页。

统治而实现的统一,更确切地说是联合了所有阶级的一个统一体,这个统一体设想能够克服阶级斗争的现实,由此也克服阶级本身的现实……换句话说,目标就是一个无阶级的社会,但是这个无阶级的社会是以现存阶级社会为基础并身处其格局之中的。"[1] 法西斯主义妄图在不否认资本主义私有制的前提下超越一切阶级,进入无阶级的社会主义社会,这无异于揪起自己的头发离开地球。瓦伊达最后得出结论,法西斯主义的总体性意识形态只能在丧失了社会地位的小资产阶级身上生根发芽,这些人非常特殊,他们不具有集体意识,相互猜疑和敌对,体制内的生存受到威胁,在既定体制内没有前途和生存基础,在行将到来的社会变革和革命中也不会失去任何东西。因此,小资产阶级一定会把维护作为"总体性"的本民族国家利益放在第一位,不同于无产阶级,他们期待变革不是为了社会主义,而是为了获得自己的传统地位和利益,这就是法西斯主义选择小资产阶级作为阶级基础以及小资产阶级支持法西斯主义的根本原因。

恩格斯曾这样评价小资产阶级,"小资产阶级,这个过去最稳定的阶级,现在成了最不稳定的阶级;他们是旧时代的少数残余和一些渴望发财的人,十足的实业投机家和投机商,其中或许有一个人可以致富,但同时会有99个人破产,而这99个人中一多半只是靠破产生存。"[2] 由此可以推出两点:一是小资产阶级必然走向灭亡,绝大部分将成为无产阶级;二是小资产阶级具有保守、自私自利的特点,总是希望在私有制框架内实现发财梦。马克思也认为小资产阶级总是摇摆于无产阶级和资产阶级之间,他们"擅长吹牛,在行动上却十分无能,而且不敢作任何冒险"[3],终将被竞争抛到无产阶级队伍里去。马克思和恩格斯虽然对小资产阶级总体评价不高,但却从来没有忽视其对革命的影响,这不仅意味着无产阶级要团结小资产阶级才能取得革命的胜利,还意味着一定要提防小资产阶级对无产阶级阶级意识的

---

[1] 转引自[匈]米哈伊·瓦伊达《作为群众运动的法西斯主义》,孙建茵译,黑龙江大学出版社2015年版,第11—12页。
[2] 《马克思恩格斯文集》第1卷,人民出版社2009年版,第407页。
[3] 《马克思恩格斯文集》第2卷,人民出版社2009年版,第451页。

侵蚀，因为"民主派（主要成员为小资产阶级，笔者注）不但没有从无产阶级中汲取力量，反而把自己的懦弱传染给无产阶级"①。瓦伊达是在广义上探讨小资产阶级的，他把一切具有小资产阶级特质的人称为小资产阶级，包括中产阶级、农民、流浪汉等各类人群，他发现法西斯主义的中流砥柱恰恰是"新近的"失业者，也就是那些在不久前刚刚被无产阶级化的小资产阶级。这些人不同于传统意义上的小资产阶级，因为他们已经丧失了生产资料，但也不同于无产阶级，因为他们曾经拥有过生产资料，这种特殊的地位决定了这些人极有可能成为支持法西斯主义的力量。

瓦伊达通过梳理社会各阶级的地位和处境来论证自己的观点，在他看来，"资产者没有从这种发展中受苦，恰恰相反却享受着这种发展的结果，因此他就丝毫没有兴趣看到其矛盾的消除。另一方面，拥有阶级意识的无产阶级，作为一个'自为存在'的阶级，竭力通过终结资产阶级社会来消除其矛盾。小资产阶级意识形态以及依赖它们的运动最典型的特性就是试图在资本主义社会之内解决其最基本的矛盾"②。这就意味着，一方面小资产阶级最适合充当法西斯主义的阶级基础，另一方面小资产阶级和法西斯主义注定走向破灭。

二 法西斯主义的性格特征与组织形式

法西斯主义的性格特征也就是小资产阶级的性格特征，瓦伊达为我们概括了五个方面。

第一，对特性的关注以及对自我的非批判关系。瓦伊达借用了赫勒《日常生活》中关于特性和个体的界定，特性具有排他主义性和自我中心性，是处于异化状态的个人，而对自我的非批判态度指个人对自己的本质力量以及信奉的价值观念从不进行反思，或者认定一切都是既定的、无法改变的。特性的人从不期待改变，总是倾向于因循

---

① 《马克思恩格斯文集》第2卷，人民出版社2009年版，第503页。
② ［匈］米哈伊·瓦伊达：《作为群众运动的法西斯主义》，孙建茵译，黑龙江大学出版社2015年版，第17页。

守旧，对自我的非批判关系则直接导致其他四种性格特征的出现。

第二，对偶然给定的特殊群体的非批判关系。偶然给定的特殊群体指个人在偶然情况下加入或依附的群体和团体。一般情况下，批判的个人会由于认同某个群体的价值观念而加入该群体，而一旦情况发生变化，将会随时做出调整。但如果是一种非批判的态度，则意味着个人自始至终都不会去衡量和甄别群体价值观念的合理性，要么永远忠实于群体，要么同群体彻底决裂，摇摆于绝对肯定和绝对否定之间。

第三，严格地将社会划分为内群体和外群体。在通常情况下，个人会认同内群体而反对外群体。尤其是在自身利益受到侵害或目标实现受阻时，个人会优先站在内群体的一边，把责任推给外群体并竭力反对。譬如，在家庭—亲属—村庄—社区（共同体）—国家—种族这个关系链中，如果家庭情况恶化，亲属便会遭到责难，而如果国家遭遇不幸，周围的国家就会因挤占了本国的生存空间而受到攻击。

第四，以过去为定向的保守主义倾向。这种性格指个人倾向于将过去的生活状况理想化，并安然地、毫不保留地接受这种生活方式。具有这种性格的人总是为了最初的地位而战，对最初的状态持非批判的态度，因此不可能是革命的。在瓦伊达看来，这完全是浪漫主义的幻想，实际存在的家庭、国家和种族绝不可能是完美无瑕的状态。正如马克思指出的，"留恋那种原始的丰富，是可笑的，相信必须停留在那种完全的空虚化之中，也是可笑的。资产阶级的观点从来没有超出同这种浪漫主义观点的对立，因此这种浪漫主义观点将作为合理的对立面伴随资产阶级观点一同升入天堂"[①]。

第五，权威主义的态度。权威主义的人格具有两个层面：一是完全服从权力强势的一方，把自己的生活和行动的所有责任转移给它；二是把自己视为绝对的权威，要求权力弱势的一方无条件服从和履行命令。瓦伊达认为权威主义人格只能在小资产阶级中流行开来，统治阶级身居高位，一般会认为没有权威凌驾于他们之上，由于对自己的

[①] 《马克思恩格斯文集》第8卷，人民出版社2009年版，第56—57页。

权力和能力充满自信，他们不需要将责任转移到权威之上。同时，统治阶级也毫无必要向低于他们的阶级证明自己的权力优势，因为这是不言而喻的事实。而无产阶级也没有必要成为权威主义的忠实信徒，因为他们已经没有什么可以失去，通过工会斗争的经验，他们非常清楚只有团结起来反对整个资产阶级，才是唯一的出路。保守主义和权威主义对于小资产阶级或中产阶级而言是最恰当的，他们保守是因为前途未卜，向上流动的希望渺茫，他们相信权威是因为一方面有着任由人摆布的命运，另一方面要弥补自己的无助，防止垮台。

  瓦伊达在分析法西斯主义的人格特征时尤其强调经济地位和家庭的影响，在他看来，资产阶级人数不多，对社会变革不敏感，只要自身经济利益不受损就不会关心谁上台掌握政权。无产阶级虽然人数众多，但因为有工会等组织协助，加上资产阶级被迫做出的让步，在生活上并没有陷入绝境。恰恰是小资产阶级在社会出现危机时受到的冲击最大，要想保住昔日的地位和财产，他们就必须反对一切破坏和影响自己利益的群体，这就既包括资产阶级也包括无产阶级。就家庭而言，瓦伊达认为当前资产阶级的家庭结构是压迫的、权威主义的和剥削的，其基本功能是确保个体在成长过程中形成一种迎合资产阶级社会的性格机制。即使在一个妇女享有平等权利、家庭民主气氛浓厚的家庭中，这一点也不会有任何改观，因为孩子仍然和父母生活在一起，一切事务仍然受到父母的干涉。在现代家庭中，年龄的大小通常会形成一个自然等级序列，年长的孩子相对于年幼的孩子拥有特权，压迫由此滋生出来，在这样一种等级森严的家庭环境中成长起来的孩子，成年后必然会具有一种权力欲和压迫欲。另外，资产阶级家庭是以财产私有制为基础的，在这样的家庭中成长起来的孩子，必然会产生一种自私的自我保护本能，为争夺物质财产而产生矛盾，这种斗争还会蔓延到家庭与家庭以及家庭与社会之间。瓦伊达认为即使在一个有意拒斥私有制观念的家庭里，境况也不会出现根本性的逆转，因为无论父母心胸多么宽广，也不会允许自己的孩子把所有玩具拱手送人，而是一定会强调这些玩具是"你的"，不是"别人的"。

  法西斯主义之所以在 20 世纪不断蔓延开来，除了具有一定的意识形态和阶级基础外，还与特定的组织形式密不可分。正如阿伦特所言，"极权主义组织的形式与它们的意识形态内容和宣传口号不同，组织形式完全是新的"①。这种全新的组织形式并不是政党，在某种意义上它们在历史上是独一无二的，通常被称为作战部队（如冲锋队、突击队、先锋队等形式）。瓦伊达指出，整个法西斯主义运动的性质并不是由法西斯主义政党决定的，而是由小资产阶级组成的武装组织形式决定，政党的唯一作用是在夺取政权时可以有效利用议会在群众中拉选票。葛兰西较早地指认出法西斯主义的小资产阶级群众运动本质，并强调其与作战部队有密切关联："法西斯主义的特征表现在它成功地建立了一个小资产阶级的群众组织，这是历史上第一次发生的现象。法西斯主义的独创性在于它为一个社会阶级找到了合适的组织形式，而这个阶级向来没有任何结合的能力或统一的思想。这种组织形式就是战场上的军队。党卫队于是成了国家法西斯党的支柱：人们如果不能取消整个党，就不能取消党卫队。"②

  与从心理学角度进行分析不同，瓦伊达主张从资本主义的结构变化出发看待法西斯主义现象。如前所述，支持法西斯主义的阶级既不是统治阶级，也不是工人阶级，统治阶级已经拥有国家机器，不需要通过作战部队这种方式实现自己的目的，工人阶级虽然在社会中处于劣势，但却可以通过合法的形式（工会）维护自身权益。相比之下，小资产阶级的命运最为悲惨（主要是相对于昔日的"辉煌"而言），在他们眼里，一切人（包括其他小资产阶级）都是他者和敌人。资产阶级直接把财富掳走，而无产阶级通过工会和罢工也迫使社会财富流向自己一方，这就让小资产阶级心生怨恨，因为他们原本指望这部分财富可以流入自己的腰包，即便不是直接流入，也可以通过增加社会福利的方式让他们过上体面的生活。作战部队奉行全面出击和破坏一切的原则，这正好契合了小资产阶级的需要。在实践中，法西斯主

---

  ① ［美］汉娜·阿伦特：《极权主义的起源》，林骧华译，生活·读书·新知三联书店2008年版，第466—467页。
  ② ［意］葛兰西：《葛兰西文选》（1916—1935），中央编译局国际共运史研究所编译，人民出版社1992年版，第210—211页。

义先是同资产阶级妥协，承诺帮助他们攻击工人阶级，而一旦掌握政权，工人运动陷入低潮，法西斯主义政权便把矛头转向资产阶级。法西斯主义者在一定程度上保障了资产阶级的经济利益，但他们并不满足，而是试图成功说服资产阶级将政治权力也交到自己手中。正如阿伦特分析的，支持法西斯主义的群众"并非由于一种共同利益的意识才聚合，他们缺乏一种具体的、明确表现的和有限的实际目标的阶级组合"①。这一切都表明，再也没有哪种像作战部队这样的组织形式更适合小资产阶级的口味了。瓦伊达分析道：工人阶级手里有一件百试不爽的法宝——罢工，一旦工人罢工，生产就陷入瘫痪，这是任何人都不愿看到的，因此资产阶级一定会妥协。工人阶级还可以通过进入议会部分实现自己的目的，而上述有利因素小资产阶级都不具备。因此，小资产阶级的保守性和相互敌对性决定了他们不可能组建本阶级的政党，也不可能形成统一的行动纲领。小资产阶级唯一的目的就是保住自己的地位，但在资本主义现代性条件下这是不可能的。

我们还可以从内群体和外群体的角度分析法西斯主义的组织形式。小资产阶级总是把外群体视为最大的威胁，当他们发现自身地位不稳和不保时，便会把矛头指向外群体，譬如当感到自己的国家正受到威胁时，他们就认为必须向其他国家、民族、种族发难。正如瓦伊达指出的："当遇到'身体上'受到威胁的危险时，作战部队很明显是最合适的组织形式。同时，加入这些组织的个体立刻就感受到有一种权威可以依靠，并且他们可以不用再承担个人责任。这种组织形式自然带给他们一种安全感、稳定感并且使他们可以在不用承担任何个人责任的情况下转向攻击所有那些他们感到威胁其生存的人。"② 但是，瓦伊达认为法西斯主义的组织形式只是暂时性的，因为一旦社会危机结束，小资产阶级重新回到狼对狼的竞争状态，作战部队这种特殊的组织形式便会寿终正寝。不难看出，瓦伊达对法西斯主义的分析

---

① ［美］汉娜·阿伦特：《极权主义的起源》，林骧华译，生活·读书·新知三联书店2008年版，第406—407页。
② ［匈］米哈伊·瓦伊达：《作为群众运动的法西斯主义》，孙建茵译，黑龙江大学出版社2015年版，第42页。

采取了综合性的视角，他不仅考察了社会经济状况和阶级因素，还分析了意识形态和政治倾向，这是值得充分肯定的。

三 法西斯主义成因的历史—社会学分析

瓦伊达法西斯主义研究的另一个特色是详尽的历史—社会学分析。学界对法西斯主义的成因有很多探讨，这里仅分析瓦伊达对三种主流观点的批判。

第一种观点认为法西斯主义根源于理性和民主的危机。赫尔曼·赫勒（Hermann Heller）指出，随着理性主义和科学主义成为现代社会的主导原则，传统的价值共同体开始解体，价值、意义、道德和形而上学轰然坍塌，欧洲政治和民主陷入空前危机，而资产阶级在危机中一定会走向毁灭，由于缺少价值理性，民主势必也会深陷危机，这些将为法西斯主义提供重要的精神支持。瓦伊达认为这种观点是一种文化先验论，它预设了民主是决定一切的。诚然，法西斯主义反动势力上台前德国和意大利的民主统治的确陷入了危机，但这并不是法西斯主义上台的充分理由，因为资本主义社会并非第一次陷入民主危机。赫尔曼·赫勒还过高估计了价值共同体的作用，似乎其存在和消亡可以决定人类社会发展的基本走向。如果确是如此，法西斯主义的问题就变成了"内在精神的动态过程在政治组织层面上的投射，'政治意愿形成'层面的投射"[①]。然而，赫尔曼·赫勒不得不承认，资产阶级社会自诞生之日起便存在以物质利益消解传统价值共同体的倾向，这让他陷入了悖论，无法解释法西斯主义缘何没能在资产阶级社会诞生之初或早期发展阶段便爆发出来。

第二种代表性的观点认为，法西斯主义是资本主义社会内在矛盾不断加剧，资产阶级无力恢复制度正常运行被迫发起的"脱困"表现，共产国际中的部分马克思主义者就持这种观点。按照这种解释，法西斯主义政党之所以能够顺利夺取政权，基本背景是革命形势的持

---

① [匈]米哈伊·瓦伊达：《作为群众运动的法西斯主义》，孙建茵译，黑龙江大学出版社2015年版，第50页。

续高涨。瓦伊达认为这种观点将资本主义社会发展的形式静态化了，结果必然与事实相违背，"因为不管严重的制度危机实际上意味着什么，从来没有一个先例即法西斯主义由于具有威胁性的革命形势而直接夺取了政权"①。

第三种代表性观点认为，法西斯主义是唯一适合资本主义发展新阶段的政治形式，与前一种观点强调法西斯主义是资本主义危机的症候不同，这种观点认为法西斯主义虽然不能阻止资本主义灭亡，却可以减缓社会危机，甚至可以在一定程度上发展资本主义，西方马克思主义理论家科尔施就持这种观点。瓦伊达指出，科尔施在提出这种观点时美国罗斯福新政的成效仍然受到质疑，而在法西斯主义统治下的德国，1937年达到了充分就业（美国有15%的失业率）。但科尔施的错误是致命的，由于他把法西斯主义视为资本主义的唯一出路，这势必会低估反法西斯主义阵线和无产阶级革命运动的重要性。

必须指出，瓦伊达并没有完全否定上述三种观点，而是承认它们在一定范围内是正确的。在他看来，法西斯主义与资本主义的关系十分复杂，决不能静态地理解资本主义的发展形式，无论是将法西斯主义视为危机的症候，或是看作解决危机的利器，都是片面的，"只有密切联系那些在20世纪的（基本上是第一次世界大战爆发到第二次世界大战结束之间）资本主义制度结构中普遍发生的基本变化，法西斯主义才能获得理解"②。那么，在两次世界大战期间资本主义社会发生了哪些变化呢？考茨基和列宁认为资本主义从自由竞争走向了垄断，但他们却给出了不同的阐释。考茨基认为不断发展的垄断趋势将会自动导致资本主义制度的崩溃，列宁则认为垄断资本主义造成的危机只是为无产阶级革命提供了客观可能性，革命的实际发生仍然需要主动精神。瓦伊达认为考茨基和列宁看到了资本主义社会的新变化，但却没能发现资产阶级国家能够在实际上调控经济，也就是说，马克

---

① ［匈］米哈伊·瓦伊达：《作为群众运动的法西斯主义》，孙建茵译，黑龙江大学出版社2015年版，第52页。

② ［匈］米哈伊·瓦伊达：《作为群众运动的法西斯主义》，孙建茵译，黑龙江大学出版社2015年版，第55页。

思主义者低估了资本主义通过调整生产关系不断存续下去的能力。瓦伊达承认资本主义出现了危机，但他认为这只是证明单纯的自由主义模式不再可行，国家调控的资本主义将成为新的发展模式。众所周知，后者主要有两种形式：一种是美国的罗斯福新政，另一种是法西斯主义的国家社会主义。

德国和意大利为什么不选择美国道路呢？瓦伊达试图通过具体的、历史的分析给出答案。从总体上看，意大利和德国的法西斯主义有很多相似之处，但它们之间也存在重大差异。与德国拥有较发达的资本主义经济不同，意大利是一个较不发达的资本主义国家。如果说两国的资产阶级在政治上都是保守的、虚弱的，那么意大利的资产阶级甚至在经济上同样虚弱，因此它既不能保证政治上的统治，也无法为资本主义的发展创造条件。具体说来，意大利虽然在19世纪60年代建立了议会制度，但经济发展仍然由庞大的封建集团控制，政治权力主要由保守的地主阶级把持。资产阶级要想彻底摆脱封建势力的限制，就必须创造新的政治条件。起初，资产阶级曾经帮助过工人阶级，希望他们能够协助自己取得政权，但当工人阶级逐渐强大起来后，政治上的改良主义运动便严重威胁到了资产阶级的利益。资产阶级之所以没有立刻同工人翻脸，主要是不想回到被封建势力任意宰割的境地，然而这种向工会的不断妥协不仅严重阻碍了资本主义的积累过程，更是直接将小资产阶级推向破产的窘境。葛兰西较早洞察到这一变化，他分析说："这个危机在经济方面的表现是中小商号的倒闭，破产数字在最近两年猛增。信贷垄断，财政制度和租金立法摧毁了小工商企业，财富从中小资产阶级手中真正转移到大资产阶级手中，生产设备则没有任何增加。"① 不难看出，意大利小资产阶级的特殊生活境遇决定了它必然成为支持法西斯主义的帮凶。

正是因为资产阶级的妥协，工人阶级通过工会不断获得经济权益，才导致后者没有意识到夺取政权的重要性，葛兰西警告说："一

---

① ［意］葛兰西：《葛兰西文选》（1916—1935），中央编译局国际共运史研究所编译，人民出版社1992年版，第206页。

第五章 政治哲学视域中的现代性批判

旦工人阶级在 1920 年未能用自己的手段实现建立一个能满足意大利社会整个民族需要的国家的任务，除了采取法西斯主义的解决方案以外就别无他法了。"① 事实也正如葛兰西分析的，小资产阶级很快加入了法西斯主义的行动部队，开始围攻工人阶级，资产阶级则隔山观虎斗，暗地给墨索里尼政府提供资金，助其消灭劳工组织。然而资产阶级还是打错了如意算盘，法西斯主义的势力很快超过了工人阶级，资产阶级手里的政权也岌岌可危。这时资产阶级有两种选择：一是同封建地主结盟，与他们分享政权；二是与墨索里尼结盟，放弃手中的政治权力。资产阶级最终选择了法西斯主义，因为他们知道，封建地主阶级是不会发展资本主义经济的，而法西斯主义则会帮他们打开一条资本积累之路。事实证明，法西斯主义在一定程度上的确促进了资本主义经济的发展，不仅让落后的意大利迅速完成资本积累，还为集约型资本主义的发展铺平了道路。

德国法西斯主义上台的原因与意大利的情况完全不同。德国是较发达的资本主义社会，粗放型的资本主义发展和资本积累早已完成，资产阶级在经济上完全可以自立门户，不用担心土地贵族的干扰。那么，资产阶级为什么不选择走美国式的民主资本主义发展道路呢？瓦伊达认为最重要的原因是魏玛民主的失败。魏玛共和国是德国历史上第一次走向共和的尝试，它建立了独特的民主制度。但从本质上看，共和国不过是一个松散的政治联盟，其使命是维护德国的旧制度，恢复原有的"秩序"和防止"极左派的威胁"。同美国一样，德国当时也面临着自由资本主义的危机，也要实现资本主义的转型，谋求新的出路。但德国是一个缺乏民主传统的国家，普遍渴望"铁腕"统治的出现，德国资产阶级认为，"如果不把魏玛共和国推翻，他们自己就不能建立可以指导和控制经济的稳定政治权力，即资产阶级民主体制"②。魏玛民主虽然看上去很美，却不适合德国的国情。德国需要的是"铁

---

① [意] 葛兰西：《葛兰西文选》（1916—1935），中央编译局国际共运史研究所编译，人民出版社 1992 年版，第 206 页。
② [匈] 米哈伊·瓦伊达：《作为群众运动的法西斯主义》，孙建茵译，黑龙江大学出版社 2015 年版，第 82 页。

腕",而魏玛民主只能提供软弱无力的政治。以具体的执政为例,在英国和美国,在大选之前可能会存在矛盾和冲突,但在选举后,获得权力的集团就可以相对自主地实行自己的政治路线。魏玛共和国则不同,"无论总理是谁,他的活动都会不断受到国会的阻碍,并且在很长一段时期只可能通过'总统内阁'(即没有获得国会信任的政府)进行统治。就政治而言,这意味着长期的危机状态"①。此外,德国是联邦制,政府在各州经济事务中根本无力贯彻自己的意志。总之,德国资本主义的发展在最需要国家干预的时候遭遇到了软弱的魏玛民主,如果继续停留在资本主义的制度框架内,就必须推翻魏玛共和国,把权力移交给拥有"铁腕"的纳粹分子。

可见,德国资产阶级选择支持法西斯主义并不是出于"自愿",而是不得已为之。一旦希特勒掌权,资产阶级就没有选择余地了。有一种观点认为,资产阶级在整个过程中始终掌控着局面,他们不仅支持法西斯主义夺取政权,而且在希特勒上台后仍然决定着一切。瓦伊达认为这种观点忽略了法西斯主义的小资产阶级本质,其实希特勒根本不是资产阶级利益的代表,尽管他的一系列举措在客观上有利于资本主义经济的发展。正如赖希分析的:"在法西斯主义向群众运动发展的最初阶段,从一开始它就反对上中层阶级,因此,单就它是一个群众运动而言,就不能轻易地把它'仅仅当作大金融的堡垒'。"② 瓦伊达强调,那种认为资产阶级强大到可以控制一切的观点忽略了一个基本事实,即如果他们真的无比强大,为什么自己不去推翻魏玛共和国,而是借助法西斯主义者之手呢? 这个分析是有道理的。

综上所述,瓦伊达对意大利和德国法西斯主义的分析采取了综合性的视角。从经济上看,两国的法西斯主义起因于资本主义经济发展的危机,但意大利要完成的是粗放型发展和资本原始积累,德国则是谋求经济向集约型方向转变;从政治上看,意大利资产阶级是因为不

---

① [匈]米哈伊·瓦伊达:《作为群众运动的法西斯主义》,孙建茵译,黑龙江大学出版社2015年版,第84页。
② [奥]威尔海姆·赖希:《法西斯主义群众心理学》,张峰译,重庆出版社1990年版,第6页。

愿同封建贵族分享政权而被迫选择了墨索里尼，德国资产阶级则是为了反对魏玛共和国而被迫选择了希特勒。从总体上看，瓦伊达的分析是客观公允的，如他所言："每一个法西斯主义变成群众运动并夺取政权的具体情况只能由个别国家的社会处境的总体和包含经济、社会及政治迹象的全部复合体来进行解释。"① 这就表明，分析法西斯主义这类复杂的社会现象，决不能仅仅从某个单一维度出发进行审视，而是要采取多视角、跨学科的方法进行综合研判。

四 法西斯主义的反资产阶级政治特性

依照传统马克思主义的观点，法西斯主义是一个反社会主义（无产阶级）的独裁政权，但在瓦伊达看来，法西斯主义也反对资产阶级。事实上，如果我们赞同法西斯主义是小资产阶级主导下的群众运动，便不难得出法西斯主义反对资产阶级的结论。必须指出，反资产阶级并不仅仅指通常意义上的小资产阶级因经济利益纠纷反对资产阶级，而是指法西斯主义在政治和文化上全面拒斥资产阶级社会的文明成果（包括自由、民主、平等）。

我们先来看市民社会和国家的关系。马克思认为，市民社会（也即资产阶级社会）是由自私自利的原子式的个人组成的，个人和个人之间存在利益冲突，因此相互敌对。只要私有制存在，市民社会就无法解决矛盾，人的解放就不可能实现。这就意味着，市民社会的革命只能实现政治解放，而政治解放具有历史局限性，它没有超出作为市民社会的利己的个人，"即没有超出封闭于自身、封闭于自己的私人利益和自己的私人任意行为、脱离共同体的个体"②。马克思虽然认为人的解放高于政治解放，但他也肯定政治解放的积极意义，认为政治解放是人的解放的最后形式。瓦伊达认为法西斯主义作为一场小资产阶级主导的群众运动，完全放弃了市民社会的一切成就，即政治解

---

① ［匈］米哈伊·瓦伊达：《作为群众运动的法西斯主义》，孙建茵译，黑龙江大学出版社2015年版，第72页。

② 《马克思恩格斯文集》第1卷，人民出版社2009年版，第42页。

放带来的自由、民主、平等。诚然，资产阶级社会的自由、民主和平等仅仅是精神上的虚幻物，但法西斯主义竟然连这块最后的遮羞布都丢弃不要了，1789 年已经被法西斯主义从历史中彻底抹去。可见，"法西斯主义宣告放弃了已经朝向人的解放和人的本质的实现有所前进的资产阶级演进所取得的所有成就"①。

　　法西斯主义对平等观念的践踏集中体现在国家主义和种族主义上。国家主义和种族主义将国家和种族神化，从达尔文进化主义的"自然选择说"出发，把自己的国家和种族视为最高级、最神圣的，其他国家和种族则是低微的、劣等的。希特勒把整个人类区分为文明的奠基者、支持者和破坏者，雅利安人是血统最纯正、身份最高贵的种族，因此是文明的奠基者；日本人和中国人对雅利安文明进行了改造，因此是文明的支持者；犹太人是最劣等的种族，因此是文明的破坏者。赖希将种族理论视为法西斯主义的理论枢纽，认为该理论直接导致人们相信"'保持血统和种族的纯洁'是一个民族最崇高的任务"②，为了完成这项神圣的事业，人们应该不惜牺牲一切。法西斯主义对国家的崇拜也是显而易见的，希特勒把自己的政权性质称作国家社会主义，意在强调国家在社会生活中的核心地位。这种社会主义并不是马克思主义的社会主义，它不但不以国家的消亡为目标，反而要强化国家机器，建立一个独裁的极权主义社会。当法西斯主义为了满足自己国家的特殊利益而不惜损害其他国家的利益时，原先资产阶级创立的平等观念就被彻底否定掉了。正如瓦伊达所言："法西斯主义是一种取消资产阶级平等观念的资产阶级意识形态，甚至倒退得更远，倒退到对基督教宣扬的平等理念的否认。"③

　　一旦否认了民主和平等，资产阶级的自由就难以维系了。瓦伊达

---

① [匈] 米哈伊·瓦伊达：《作为群众运动的法西斯主义》，孙建茵译，黑龙江大学出版社 2015 年版，第 17 页。
② [奥] 威尔海姆·赖希：《法西斯主义群众心理学》，张峰译，重庆出版社 1990 年版，第 67 页。
③ [匈] 米哈伊·瓦伊达：《作为群众运动的法西斯主义》，孙建茵译，黑龙江大学出版社 2015 年版，第 19 页。

并不认为资产阶级社会真正实现了自由,但他更痛恨法西斯主义对虚假自由的废弃。从积极方面看,法西斯主义作为废除自由理念的资产阶级意识形态,宣告了资产阶级自由的虚假性,把社会真实的实践抬高到具有原则高度的位置。但从消极方面看,这意味着从资产阶级世界的成就中回撤,以及宣布放弃一个人类自由有可能实现的世界。

瓦伊达还依据马克思在《路易·波拿巴的雾月十八日》中的分析,探讨了波拿巴主义和法西斯主义的共同之处。马克思通过分析波拿巴主义的性质和作用得出结论:波拿巴主义是一种特殊的政权组织形式,政权的实际控制者并不是资产阶级,真相是后者为了保护自己的经济利益而把政权拱手让给了波拿巴。马克思认为这种现象是市民社会和国家二分导致的,资产阶级为了实现个人经济上的私利,不愿在政治上承担公共政治的角色,他们意识到,"为了保持他们的公共利益、他们本阶级的利益、他们的政治权力而进行的斗争,是有碍于他们私人的事情的,因而只是使他们感到痛苦和烦恼。"[1] 既然资产阶级有可能为了经济利益而放弃政治权力,波拿巴主义掌握政权也就具有了现实可能性。按照马克思的分析,"波拿巴是一个浪荡人,是一个骄横的流氓无产者,他比无耻的资产者有一个长处,这就是他能用下流手段进行斗争"[2]。波拿巴所代表的阶级主要处于社会的最底层,没有任何地位和权力,只能依靠获取政权保障自己的利益,"十二月十日会"便是其组织形式。马克思是这样描述该团体的,"它名义上是个慈善会,实际上是由巴黎流氓无产阶级组成的一些秘密宗派……在这个团体里,除了一些生计可疑和来历不明的破落放荡者,除了资产阶级中的败类和冒险分子,就是一些流氓、退伍的士兵……一句话,就是被法国人称做浪荡游民的那个完全不固定的、不得不只身四处漂泊的人群"[3]。可见,波拿巴主义绝不是资产阶级性质的政权。这就表明,经济和政治之间并不是线性决定的关系,在特定的社

---

[1] 《马克思恩格斯文集》第2卷,人民出版社2009年版,第548页。
[2] 《马克思恩格斯文集》第2卷,人民出版社2009年版,第531页。
[3] 《马克思恩格斯文集》第2卷,人民出版社2009年版,第522—523页。

会历史条件下，资本家完全可以借助资本实现自己的特殊需求，即不必成为政治上的统治阶级而保持经济上的主导地位。正如瓦伊达总结的："一旦资产阶级能够不受限制地发展自己的物质力量，政治活动对它来说马上就变成一种负担并且简直阻碍了它努力实现一直为之奋斗的机会。因此，资产阶级在有些时候做好了舍弃政治的准备，将其交给愿意行使它的阶级或阶层。"① 通过对波拿巴主义的分析瓦伊达得出结论：法西斯主义是波拿巴主义的变种，法西斯主义夺取政权意味着资产阶级不再直接进行政治统治，而是把权力移交给一个特殊的社会阶层，这个阶层有自己特殊的利益，如果有必要，它将会反对资产阶级本身。

综上所述，瓦伊达关于法西斯主义的分析为我们理解现代性提供了新的思路，尽管他基本上遵循了马克思主义的基本立场和方法，但还是与后者存在一些区别。笔者认为，瓦伊达对法西斯主义的分析是建立在弱化马克思主义的经济首要性原则基础上的，其背后的理论预设是政治与经济的二分以及政治的绝对独立性。由此出发，瓦伊达得出一系列错误的结论，如认为资产阶级已经不太在意政治上的统治地位，法西斯主义的上台并不是经济危机（矛盾）的结果，等等。这些都是表面化的理解，资产阶级的统治方式是多元的，有明显的暴力统治，也有隐晦的文化统治。历史经验证明，没有哪个经济上占统治地位的阶级不在政治上占据统治地位，也没有哪个阶级能够仅仅在政治上占据统治地位而不为自己的经济利益服务。只有坚持马克思主义的唯物史观和阶级分析法，才能真正理解法西斯主义现象，防止类似灾难的发生。

第四节　政治异化与官僚制批判

波兰新马克思主义者沙夫在《作为社会现象的异化》中详细分析了马克思主义的异化理论，区分了物化、异化、拜物教的不同用法，

---

① ［匈］米哈伊·瓦伊达：《作为群众运动的法西斯主义》，孙建茵译，黑龙江大学出版社 2015 年版，第 99 页。

界定了主体的异化与客体的异化。客体的异化主要涵盖如下情形：人创造特定的事物、观念、制度，目的是满足自身的需要，实现特定的目标，然而这些事物却违背人的意愿，成为一种自发的社会进程，它们排除人、支配人、奴役人，成为同人相对立的力量。具体说来，客体的异化在现代性条件下突出表现为经济的异化、社会政治的异化和意识形态产物的异化，其中官僚制是社会政治异化最突出的表现。

一般而论，马克思和恩格斯认为国家作为阶级统治的工具将在未来社会随着阶级的消亡而消亡。至于官僚制的问题，马克思在早期著作《黑格尔法哲学批判》中有大量的论述，虽然批判的是资产阶级的官僚制，但可以看出他坚定的反官僚制的立场。马克思主义与无政府主义在废除国家问题上的分歧是：马克思主义主张国家自主消亡，即在社会不再需要国家的时候令其自动退出历史舞台，但在这一刻到来之前，无论是无产阶级专政还是社会主义建设，都离不开国家。马克思主义还强调即便共产主义社会也有可能要保留国家，但它在功能上不再是阶级统治和暴力的工具，而是仅发挥管理社会的职能。正如恩格斯所言，"所有的社会主义者都认为，政治国家以及政治权威将由于未来的社会革命而消失，这就是说，公共职能将失去其政治性质，而变为维护真正社会利益的简单的管理职能"①。恩格斯后来将这个转变表述为从"对人的政治统治"到"对物的管理"，更加形象地凸显了国家功能的变化。沙夫完全赞同上述观点，他提醒人们，在实现共产主义的过程中，国家的阶级属性和管理人民的职能只能越来越弱，如果走相反的道路，将会出现严重的政治异化。

"官僚制"（也译为"科层制"）是一个多义词，多罗谢夫斯基（W. Doroszewski）在《波兰语词典》中列举了三种含义："1. 官员的统治，官场对国家事务的影响。2. 在解决行政事务中的呆板的例行公事。3. 在政府机构工作的官员整体。"② 第二种含义是人们对官僚

---

① 《马克思恩格斯文集》第3卷，人民出版社2009年版，第338页。
② 转引自［波兰］亚当·沙夫：《作为社会现象的异化》，衣俊卿等译，黑龙江大学出版社2015年版，第133页。

制的日常理解，带有明显的贬义色彩，让人联想到官僚主义的低效率和繁文缛节。沙夫提醒人们，官僚制并不一定总是低效率的，也存在高效率的官僚制，后者往往具有更强的迷惑性和危险性，因为人们对它毫无防备。沙夫在探讨作为政治异化形式的官僚制时，并不是要强调这种体制效率低下，而是要告诉人们这种体制不仅高效而且力量庞大，它已经凌驾于人之上并开始支配人和奴役人，成为一种同人相对立和相异化的力量。

沙夫对官僚制的理解深受韦伯的思想影响。韦伯强调官僚制可以通过成功运用技术来提高运行效率，他分析说："到处的经验都显示，纯粹官僚型的行政组织——即一元化的官僚制——由纯技术的观点来看，可能获得最高的效率。就此意义而言，它乃是对人类行使支配的已知方式中，最理性者。在明确性、稳定性、纪律的严格性及可依赖性诸方面，它都比其他形式的组织优越。"[①] 与韦伯的观点相反，托洛茨基认为官僚制的作用完全是消极的、反动的，它不仅导致资源浪费，还可能引发经济、社会、政治、意识形态等一系列危机，因此必须通过革命的方式将这块工人阶级身上的毒瘤清除掉。沙夫赞同托洛茨基的观点，也认为官僚制必须要受到批判，但他认为托洛茨基忽略了韦伯强调的官僚制的高效一面，正是这种高效的管理方式本身隐藏着异化。

韦伯认为消除官僚制是一项"不可能的任务"，他承认资本主义制度是滋养官僚制的核心力量，但废除私有制并不意味着就能消除官僚制，他悲观地说道："如果为官僚系统所控制的人们，企图逃避现存官僚组织的影响力，则一般而言，只有建立另外一个组织才有可能。然而这个组织也将同样地官僚化。"[②] 这就表明，社会主义社会也有可能面临官僚制的问题。彼得洛维奇区分了两种官僚制：一种是韦伯意义上的官僚制，指所有"机关办事人员"的总和；另一种是托洛茨基意义上的官僚制，指官僚阶级的统治。彼得洛维奇强调官僚

---

① ［德］韦伯：《经济·社会·宗教：马克斯·韦伯文选》，郑乐平编译，上海社会科学院出版社1997年版，第180页。
② ［德］韦伯：《经济·社会·宗教：马克斯·韦伯文选》，郑乐平编译，上海社会科学院出版社1997年版，第181页。

阶级不等于统治阶级，它只是统治阶级的工具。统治阶级挑选出官僚并委以重任，官僚则按照统治阶级的意志和法律章程执行任务。官僚统治也有别于官僚阶级，后者作为一个阶级可能是统治阶级，也可能不是统治阶级。官僚阶级至多在社会生活的特定领域拥有决定性的话语权，官僚统治则在一切领域具有最终意义上的决定权。由于官僚统治具有类似商品拜物教的特征，曼德尔形象地将之称为组织拜物教。官僚统治一旦形成就极难克服，它具有吞噬一切的强大力量，唯一的目的是维持自身的统治。在这种"恶无限"的机制下，无论谁成为官僚统治者都会自动地维持现状，采取保守主义的态度，以保全其特殊的社会地位、权力和利益。于是，我们发现情况往往是这样的，"一个人在职业的阶梯上爬得越高，他越是被舒服的环境包围着，他也就越难以失去这些环境，而一旦失去，他也就越痛苦"[①]。

沙夫赞同上述学者对官僚制的分析，但反对韦伯的悲观主义结论。与实践派一样，沙夫认为社会主义社会的唯一出路是以自治取代官僚制。自治的原意是指共同体成员自己管理事务，核心是共同管理，但它也有另一层含义，即指与中心权威（如国家）相区别的较大共同体的部分自治，根本要义是"相对于中心权威的自治"。后一种自治在当前社会普遍存在，如某个国家内部设立的自治区、自治州、自治市等。沙夫认为第二种自治并不能满足自治的基本需求，因为它不是真正独立的实体，"尽管对一些较高的行政管理机构来说可能是自主的，但这种'自治'职能仅仅在借助于一个相应的有时是巨大的官僚机器时才能发挥作用"[②]。即便是第一种自治也存在局限性，由于我们所处的社会不是原始社会，高度发达的工业社会意味着管理社会的人必须拥有复杂的专业技能，但自治却很难保证这一点。因此，任何人都不能寄希望于以严格意义上的自治取代官僚制，官僚制仍然具有一定的活力和历史必然性。

---

① ［比利时］厄内斯特·曼德尔：《权力与货币》，孟捷、李民骐译，中央编译出版社2002年版，第91页。

② ［波兰］亚当·沙夫：《作为社会现象的异化》，衣俊卿等译，黑龙江大学出版社2015年版，第147页。

沙夫认为官僚制作为严重的政治异化形式主要体现在三个方面：首先，官僚制具有一种异化的内在倾向，主要表现在"较大的官僚机构构成了一个具有严格限定结构的紧密的整体，它由包括执行任务的一个或多个官员的组织基础构成，并被体制结构所严格决定。官僚系统中的人因此永远只是大机器中的一个齿轮，被迫执行体制结构所分派的工作"[1]。可见，官僚制是一个严密的等级制度系统，任何人离开它就会丧失一切重要性并变得一文不值。官僚制系统还培养了其成员团结一致的感情和一种团结合作的精神氛围，这种氛围让个人更加依赖系统，而系统却对个人置若罔闻。官僚制的内在异化倾向有利于领导权的形成，一旦"向上"和"向下"的等级依赖关系最终确立，官僚制就有可能走向个人崇拜。其次，官僚制具有一种使自身庞大化的内在倾向，并日益呈现出社会癌症的本质。帕金森定律告诉我们，行政官僚机构的人员一定会不断膨胀，组织效率一定会越来越低。沙夫认为这条定律的客观基础和主观基础均可以在官僚制的异化结构中找到，从主观上看，官员们需要发号施令来满足自己的虚荣心，找到一种"领袖"的感觉。这里还有一个心理学的因素，即工作人员和职务的数量往往是官僚组织形象和声望的重要组成部分，因此为了脸面，管理者也会不断扩大人员规模。从客观上看，随着职务的专门化发展，职位越分越细，协调和控制的需要也随之增加，于是机构就变得越来越庞大和臃肿。最后，官僚制的消极方面还包括控制活动的困难，原因有三：一是官僚制具有封闭性；二是其成员团结一致；三是具有隐藏职能的倾向。

沙夫发现以往的研究总是关注一种坏的、无能的官僚制，而异化理论则要揭示高效能的官僚制更具潜在风险，并且问题不在于描述官僚制的种种异化，而在于提出扬弃异化的可行性方案。沙夫以社会主义国家为例探讨了三个方面：岗位轮换、社会控制和通过限制特权降低机构中工作的吸引力。强制轮岗源于美国的管理经验，优越性在于

---

[1] ［波兰］亚当·沙夫：《作为社会现象的异化》，衣俊卿等译，黑龙江大学出版社2015年版，第148页。

第五章 政治哲学视域中的现代性批判

通过限制任职期限，使得掌权者在任期内为自己的行为负责，抑制和减少腐败现象的发生。但这种方法可能会面临两种质疑：一是掌权者有可能在行使权力期间设法获得尽可能多的利益；二是由于政治路线缺乏连续性，可能会产生其他消极的后果。沙夫认为这些异议在现实中并非无法克服，一方面有效的社会控制完全可以惩罚各种对权力的滥用，另一方面政治路线中断的风险只适用于最高官员，并不会影响低等级的官员。

社会控制是克服官僚制政治异化的重要方式。社会控制的关键是防止权力垄断和腐败，沙夫提醒人们，由于在社会中打交道的不是天使和完美的人，而是带着所有缺点的普通人，因此社会控制在实践中很难真正奏效，"它的有效性的根本前提是所谓的民意的存在以及它影响普遍决策的可能性。换句话说，企图通过控制来限制官僚制权力的任何步骤的成功之前提是民主。"[1] 把民主视为社会主义的本质是东欧新马克思主义理论家的共同观点，这与东欧社会主义国家未能充分实现民主有关。但也应看到，片面强调民主的做法并不可取，因为它可能忽略专政的必要性和党的领导，如沙夫就声称"重要的不是无产阶级专政的名称，而是制度的民主内容"[2]。在民主问题上沙夫越走越远，甚至强调一切社会都应该实行多党制，如他说："多党制，即政治多元主义，是民主概念和政治自由的必不可少的一部分。"[3] 沙夫的观点是错误的，其根本问题在于片面理解一党制和多党制，进而将一党制等同于一党专政，将多党制视为民主的典范。事实表明，西方资本主义社会的多党制并没有真正实现民主，而在中国特色社会主义制度下，中国共产党领导的多党合作制和民主集中制，无论内容还是形式都远比西方国家做得更好。

---

[1] ［波兰］亚当·沙夫：《作为社会现象的异化》，衣俊卿等译，黑龙江大学出版社 2015 年版，第 152—153 页。
[2] ［波兰］亚当·沙夫：《作为社会现象的异化》，衣俊卿等译，黑龙江大学出版社 2015 年版，第 153 页。
[3] ［波兰］亚当·沙夫：《作为社会现象的异化》，衣俊卿等译，黑龙江大学出版社 2015 年版，第 153 页。

第三种抵制官僚制弊病的方式是降低物质特权的诱惑力，让官僚机构的工作不再具有强大的吸引力。列宁早在《国家与革命》中就提出应该剥夺一切特权，让官员和工人同工同酬。沙夫赞同这种做法，但认为要防止乌托邦的激进主义。无论怎样，对于某些复杂的行政管理工作，还是需要专业技能强、水平能力高的人胜任，如果一味强调所有人在工资上一律平等，将会打击部分人在工作上的积极性和能动性，甚至会让消极怠工、逃避责任的不良习气蔚然成风。沙夫的提醒对于我们建设中国特色社会主义具有重要启发意义，长期以来我国一向奉行"效率优先，兼顾公平"的原则，该原则非常贴合中国的国情，离开效率一味地讲公平只能是粗陋的社会主义或平均主义的社会主义，用马克思的话说，这不过是对整个文化和文明世界的抽象否定以及向贫穷的、需求不高的人的非自然的简单状态的倒退。沙夫给出的建议是，通过适当提高生活条件，使占居高位的人自觉防范腐败的诱惑。他指出，"当保障人类生活的物质方面不再构成一个问题，并且整个物质特权问题将因此而以某种自然方式消失时，人们将会注意到，官僚制体系，尤其是它的较高阶层，将不再喜欢这样一种拥有物质特权的位置，比如创建一个'封闭的共同体'，以有利于其产生各种形式的异化"①。沙夫的提议若用当前时尚的话来表述就是高薪养廉。人们对于高薪是否能够有效防止腐败问题仍存在较大的争议，但有一点可以肯定，那就是官僚制不等于腐败。但沙夫在这个问题上有些含混，他似乎认定官僚制一定会导致政治异化，因此无论如何都应该被消灭。这种看待官僚制的态度是形而上学的、宿命论的，其根本缺陷在于忽略了官僚制是第二性的、被决定的，一旦认定官僚制必然导致异化，就会将社会主义视为异化的社会，这并不符合所有社会主义国家的实际。

沙夫认为要消灭官僚制就必须考虑与它有密切关系的国家，当人们高呼"打碎国家机器"时面临着两种选择：一是打碎资产阶级的

---

① [波兰]亚当·沙夫：《作为社会现象的异化》，衣俊卿等译，黑龙江大学出版社2015年版，第154页。

国家机器，建立社会主义的国家机器；二是打碎一切国家机器，彻底废除国家。沙夫认为马克思和恩格斯主张走第二条道路，但苏东社会主义国家却选择了第一条道路。问题在于，新建立的国家机器为谁服务？新国家机器的运行模式是否同旧国家机器一样？韦伯断言废除私有制后官僚制不会立即消失，事实证明这个分析是正确的，我们必须防止旧官僚摇身一变成为新官僚，决不能让这种转变成为社会主义社会的宿命。沙夫发现在某些社会主义社会里，雇主由资本家变成了国家，官僚机构不仅没有萎缩反而在量（人员数量）和质（控制力）上增强了。他的结论是：只要人们无限地增强国家的重要性和作用，就必定会提升官僚机构的地位，废除国家和官僚制就始终是遥不可及的梦。必须指出，沙夫并没有主张立刻废除国家和官僚制，他只是强调社会主义社会应该不断削弱国家和官僚机构的权力，只有这样才能避免政治异化，走向共产主义。笔者认为，沙夫的官僚制批判对于我们防止腐败，反对形式主义和官僚主义有一定的启发，但这一理论却有一个致命的缺陷，那就是陷入了自治和官僚制、社会主义与资本主义的决然对立。与东欧其他新马克思主义理论家一样，沙夫将自治视为社会主义的唯一（最佳）治理模式，而将官僚制视为旧的、资本主义的社会治理模式。但正如韦伯所揭示的，官僚制一方面具有积极的意义和价值，另一方面消除官僚制是一个漫长的历史过程。沙夫官僚制批判的另一个缺陷是将官僚制等同于国家，这就意味着消除官僚制和消灭国家是同一个过程。只要我们对比一下南斯拉夫自治社会主义和中国特色社会主义，便不难看出沙夫理论的荒谬之处。南斯拉夫自治社会主义以失败告终，其根本原因不在于自治违背了社会主义的基本原则，而在于他们忽略了本国的实际条件，削弱了党的领导和国家在社会治理中的核心作用。中国特色社会主义之所以不断取得胜利和成功，关键就是在坚持党的领导的同时积极推进国家治理体系和治理能力现代化，坚决反对一切形式的官僚主义。官僚主义与官僚制是两个不同的概念，官僚主义是一个负面词汇，"背后是官本位思想，价值观走偏、权力观扭曲，盲目依赖个人经验和主观判断，严重脱离实际、脱离群众"①。反对官僚主义并不意味着反对官僚制的积极面，更不意味着废除国家。东欧新马克思主义在官僚制批判问题上陷入了无政府主义和乌托邦主义，这是我们应该特别留意的。

---

① 中共中央宣传部编：《习近平新时代中国特色社会主义思想学习回答》，学习出版社、人民出版社2021年版，第209页。

第六章　现代性的文化
——道德哲学审视

从较宽泛的意义上看，西方马克思主义和东欧新马克思主义都是一种文化批判理论。海德格尔曾说过，文化概念是标志现代时期的划时代的特征之一。卢卡奇更是将文化视为自己生命中"唯一的"思想。在东欧新马克思主义理论家看来，现代性的危机就是文化危机，其根源在于个体与类的分裂。本章我们以马尔库什、科拉科夫斯基和科西克为例，分析文化现代性的构成、宗教与现代性的关系以及现代性的文化危机。

第一节　文化悖论与文化现代性批判

马尔库什的现代性研究运用了文化哲学的方法，主要体现在论文集《文化、科学、社会：文化现代性的构成》中，与赫勒主要关注现代性的动力、社会格局、发展逻辑、政治条件和道德状况不同，马尔库什更关注文化现代性问题。这是一种分析现代性的独特视角，它将现代性的危机归为文化危机，主要关注上帝和一切神圣形象被罢黜后人类何去何从的问题，也即世俗化的功利主义引导个体走向虚无主义，生活意义丧失，人类变得无家可归的问题。就这个问题而言，启蒙主义和浪漫主义分别开出了自己的药方，但它们在理论和实践上却陷入了困境。那么，启蒙与现代性能够被拯救吗？人们如何走出现代性的文化困境？且看马尔库什是如何回答的。

一 文化概念与文化悖论

现代性与文化向来关系密切，甚至可以说"现代性本身就是文化的，它并不是独立于政治、经济等其他活动领域之外的对立的东西，而是政治、经济等社会活动和人的生存活动所有层面所内在包含的机理性的存在"[①]。可见，文化就是现代性，现代性就是文化，二者是同一个东西。只有在现代性条件下，人们的生活方式、行为方式和理解世界的方式才能被看成是一种非自然的、由人的实践活动创造的文化形式。同时，只有文化才能为现代性提供充足的动力，让现代性生生不息、不断发展。正因如此，一旦文化出了问题，现代性便会深深地陷入危机，现代性脱困的唯一途径只能在文化中寻找。

在分析文化悖论与现代性的危机之前，马尔库什先对文化概念进行了一番梳理，但这项任务执行起来却困难重重，因为"文化是英语中两三个最为复杂的单词之一"[②]。从词源学上看，文化源于自然概念，基本的意思是耕作，也就是对自然生长进行管理。马尔库什认为文化概念主要有四个维度：首先是个人的维度。西塞罗将文化界定为对心灵的培养，喻示着文化由一种物质过程反转为精神生活的过程。同时这还表明，文化主要是个人—教育的栽培，只关涉一种自我教育。17世纪初，培根把关于心灵培养的、研究道德教育原则方法的伦理学称为"心灵耕耘"，并将"心灵培养"这一古老暗喻转变为显白阐述。到了18世纪，文化概念由强调伦理和智力培养的积极过程向心智培养后的结果（状态）转变，文化便与高贵的身份、有教养的阶层联系在一起，以表征一种文雅之士的生活方式。其次是社会的维度。此时文化意指普遍条件下人类或民族在文明社会里的生活存在样式。作为稳定的生存方式的文化一旦生成，便会一方面制约文化中的个体，另一方面影响社会的经济、政治和其他领域的发展。在这个

[①] 衣俊卿：《现代性的维度》，黑龙江大学出版社、中央编译出版社2011年版，第19页。

[②] [英] 特瑞·伊格尔顿：《文化的观念》，方杰译，南京大学出版社2003年版，第1页。

第六章　现代性的文化—道德哲学审视

意义上说，文化批判就是对人的存在方式的反思以及社会的批判。诚如伊格尔顿所言："如果说文化是一种有效的批评，那么它就必须保持其社会维度，而不能简单地回归其早期的个人修养这种意义。"① 再次是对象化的维度。这是一种马克思主义式的觉解，意指文化起源于人的类本质实践活动，文化是实践的历史沉积和对象化。这一维度的积极意义在于将人们的注意力由主体引向客体，并指向人类活动创造出来的对象化结果——文化作品的总和，使文化获得一种超个人、客观化的意义。赫尔德认为文化是人区别于动物的根本方式，人之所以能够超出动物，主要不是因为人先天比动物强大，而是人可以在后天实现"二次起飞"，不断学习和传递文化。简言之，文化就是"所有从过去继承而来的、在当下的生活中得以利用和修改的成就，是客观上社会传播能力的经验的总和"②。最后是价值的维度。这个维度着重强调文化概念内含的乌托邦价值要素，文化不仅是描述性概念，也是规范性概念。文化的规范性体现在两个层面，就个体层面看，体现为人们日常行为无意识遵从的一系列规范；就社会层面看，体现为政治、经济等领域社会发展的内在机理和图式。

马尔库什区分了两种文化概念：一种是广义的人类学的文化概念，意指一切非生物学的、固定的人类活动所具有的普遍渗透的方面，具有意义承载和传递的维度；另一种是狭义的文化概念，意指某种自律的、内含价值（意义）的人类实践活动（如艺术和科学），也就是高雅文化（高级文化）。人类学的文化概念较为晚近才出现，是一个经验层面的普遍概念，甚至可以说一切人类社会和生活方式都是文化。人类学的文化概念起源于启蒙的批判意识，代表着一种理性主义的启蒙，它试图以理性摧毁传统社会的伦理秩序，建立现代社会的文化世界。批判意识所蕴含的否定性力量并没有摧毁现代性，反而成为现代性发展的强大动力，正如赫勒所言，"现代性将不会抵制破坏

---

① ［英］特瑞·伊格尔顿：《文化的观念》，方杰译，南京大学出版社2003年版，第12页。
② ［匈］乔治·马尔库什：《文化、科学、社会：文化现代性的构成》，孙建茵、马建青等译，黑龙江大学出版社2015年版，第313页。

性的否定力量，因为正好相反，它是由这种否定力量维持和不断更新的。没有否定，现代世界将会僵化"①。莱蒙（M. C. Lemon）曾将启蒙思想家的普遍共识概括如下："他们把自己的时代看作（最终的）理性时代，认为以往历史是从最无知、愚昧、野蛮和迷信的不完美状态朝向知识、理智、宽容和理性的最终文明状态的人类运动，理性提供了人类完美状态的最高成就。"②孔多塞甚至乐观地宣称："这个时刻将会到来，那时候太阳在大地之上将只照耀着自由的人们，他们除了自己的理性外就不承认有任何其他的主人。"③理性主义启蒙的批判对象是非理性的迷信、宗教和对自然的盲信，无论启蒙的目标是否实现，人们不得不承认启蒙宣示了一个新时代和新社会，即作为文化现代性的文化社会。问题在于，启蒙并没有实现自己的既定目标，而是走向了反面，演变为新的神话。卢梭曾断言人类一旦踏上文明之路就不可避免地会走向退化，这或许是危言耸听，但也不能全然不信。康德和黑格尔虽然总体上承认历史的进步性，但却认为这不过是"大自然的隐蔽计划"和"理性的狡计"，无论个体还是集体均不能干预历史发展的进程。与斯密相信"看不见的手"可以自动实现全人类的富足和幸福不同，康德和黑格尔隐隐觉察到启蒙内部存在着矛盾和危机，康德试图用形式化的道德律令规制启蒙理性的工具化倾向，黑格尔则寄希望于伦理国家平息市民社会的利益纷争。马尔库什认为康德和黑格尔虽然没有从根本上解决问题，但却给我们提供了重要的思路，这就是将某种价值观念（伦理道德）植入启蒙，以保持工具理性和价值理性在理性内部的平衡。总之，在马尔库什看来，要挽救现代性就必须为人们的行为和生活提供意义和价值，而要做到这一点，就必须依靠另一种文化——高雅文化。

---

① ［匈］阿格尼丝·赫勒：《现代性理论》，李瑞华译，商务印书馆2005年版，第66页。
② ［英］莱蒙：《历史哲学：思辨、分析及其当代走向》，毕芙蓉译，北京师范大学出版社2009年版，第244页。
③ 转引自［英］伯恩斯、皮卡德：《历史哲学：从启蒙到后现代性》，张羽佳译，北京师范大学出版社2008年版，第75页。

第六章　现代性的文化—道德哲学审视

马尔库什认为，人类学文化概念的悖论主要体现为普遍性（一致性或同一性）和特殊性（差异性）的对立，一方面它指向人类共享的意义（文化价值）领域，另一方面它又强调文化的多元性，喻示一种将不同社会区分开来的特殊规则。黑格尔认为普遍性和特殊性不可分割，脱离了普遍性的特殊性和脱离了特殊性的普遍性均不可想象，他曾提到一个患病的学究，"医生劝他吃水果，于是有人把樱桃或杏子或葡萄放在他前面，但他由于抽象理智的学究气，却不伸手去拿，因为摆在他面前的，只是一个一个的樱桃、杏子或葡萄，而不是水果"[①]。黑格尔用这个例子是要说明普遍性如果离开特殊性就只能沦为抽象物，甚至根本无法存在，他虽然格外倚重伦理国家这种普遍物，但仍然不忘国家是普遍性和特殊性的统一。马尔库什发现如果无视特殊性和差异，将所有文化都视为合理的，就会走向文化相对主义；而忽视普遍性，片面强调差异，则会走向种族中心主义和文化保守主义，沦为种族隔离和大清洗政策的工具。具体说来，人类学文化概念的悖论体现在三个方面：首先从理论上看，一端是以时间抹平一切的进化论，一端是以空间固化差异的文化相对论；其次从意识形态观念上看，一端是启蒙主义和世界主义，一端是浪漫主义和文化民族主义；最后从最终计划和行动策略上看，一端是现代性的均质化倾向，一端是社会—文化分离主义。现代性的文化悖论是现代性本身固有的，它既给人类带来希望，也给人类带来灾难。面对充满悖论的现代性，人们不能进行逻辑意义上的选择，而只能进行伦理—政治意义上的选择，并为自己的选择和行为负责。

那么，如何才能挽救启蒙和现代性呢？马尔库什认为高雅文化作为启蒙的产物可以起到启蒙自救的积极作用，因为与人类学的文化代表着否定和批判的力量不同，高雅文化代表着肯定和建构的力量。一种文化要成为高雅文化，必须具备四个因素（特征）：对象化、革新性、非物质化和自律性。黑格尔和马克思都使用过对象化

[①] ［德］黑格尔：《哲学史讲演录》（第一卷），贺麟、王太庆等译，上海人民出版社 2013 年版，第 25 页。

概念，在黑格尔那里，对象化指自我意识要想实现自身成为绝对精神，必须先把自己对象化为他物（自然界和人类社会），进而再扬弃对象化重新回到精神状态。马克思在分析异化劳动时也谈到对象化，认为人作为对象性的存在物，必须通过劳动把自己的本质力量对象化到产品中，才能最终实现和拓展自己的类本质。简言之，对象化就是人们改造外部世界的实践活动。马尔库什沿用了马克思的用法，在他那里对象化主要指文化产品必须是生产性的，即由人类劳动创造出来。对象化还意味着主体（创造者）和客体（创造物）的分离，人把自己的本质力量对象化到某种文化产品上，这些能力和经验便可以在不同主体间进行传递和交流。马尔库什发现18世纪末各类高雅文化（科学、哲学、艺术）经历了一个重要的转向，即从一种个体的性情、趣味、习性和能力转向对象化的活动及其产物，这种从主观向客观的移位对高雅文化的发展产生了深远影响。

高雅文化的第二个特征是革新性。创造性无疑是高雅文化最基本的要素，一件仿制的文化产品不可能属于高雅文化，因为它缺乏原创性。在前现代社会中，人们信奉某种文化主要是因为它具有神圣性的起源或权威，例如属于神或上帝，而在现代性条件下，原创性已经成为衡量作品是否属于高雅文化的关键指标。

高雅文化的第三个特征是非物质化（观念化），意指除了具有一定的形式作为必要的物质载体外，高雅文化还具有一种精神和观念的特征。一部著作之所以能够成为高雅文化，不在于纸质书这一外在的物质形式，而在于其内在的精神内容。文化作品只有被人们理解才能被占用，而理解的前提是它必须具有某种意义和价值。

高雅文化的最后一个特征是自律性。自律性意指某事物的价值和意义不需要外在的规范和标准来认定，它指向一种脱域的社会实践活动，该活动的对象化结果不含任何目的论的设定，其本身就内含某种意义和价值。质言之，自律性意味着"对相关活动的决定只是由固有的、内在的因素做出的，它们在变化和发展中遵循的不是他者的要求

第六章 现代性的文化—道德哲学审视

和逻辑,而是自己的"①。

马尔库什发现,现代性背景下的文化自律完全不同于前现代社会目的论意义上的文化自律。在前现代社会中,人们的活动遵循一定的目的和规则,所谓好人就是按照特定目的活动的人。亚里士多德认为所有事物都要经历形成、生长以达到它们的目的。自然的、合目的的就是正确的、善的。现代性的自律性直接否定了上述目的论设定,它认为特定实践的对象化结果自身就是有价值的,这不仅表明实践活动是脱域的,而且意味着标准本身不受生产者或接受者影响,一种文化是不是高雅的,创造者和受众都无法决定。正是自律性使得高雅文化具有了普遍性和原生性,它从不遵循他者的要求,而是以自身为目的。在马尔库什看来,如果说在前现代社会是神话和宗教支撑着人类的生活世界,令其充满意义,那么现代社会则是高雅文化充当着社会整合的功能。

然而,高雅文化的四个特征在现代性条件下正面临危机,一种相反的趋势不断暴露出来,这具体表现为去对象化、再物质化、新颖性与创造力的分离以及异生性。去对象化是对象化的反题,意指还原作品自我存在的观念对象的特征,在科学中表现为互联网电子信号为介导的连续过程,在艺术中表现为间断的、分裂的事件和存在。再物质化是非物质化的反题,指的是消解事物的意义,重新强调传播的物质中介,在科学中表现为用公式的复合体代替可理解意义的总体,在艺术中表现为突出象征符号作为中介的意义。新颖性与创造力的分离指文化日益脱离主体的原创性,突出表现就是"作者已死"的后现代主义宣称。异生性表明高雅文化在现代性条件下不可能绝对自律,只能保持相对自律。以上现象表明,由启蒙打造的高雅文化已经危机重重、难以立足,但马尔库什仍然坚持高雅文化的崇高价值。在他看来,无论怎样高雅文化仍能够同现代性的某种不良倾向对抗,作用虽然不是十分明显,却可以为文化注入动力,令其保持开放性。对于启

---

① [匈]乔治·马尔库什:《文化、科学、社会:文化现代性的构成》,孙建茵、马建青等译,黑龙江大学出版社 2015 年版,第 24 页。

蒙和高雅文化在现代性条件下的尴尬地位和艰难处境，马尔库什无奈地感叹道："我们是启蒙的后继者；它是我们文化'言而无信'的体现，但是这种文化仍然——让精神魂牵梦绕。"① 不难看出，马尔库什仍然相信高雅文化在现代性条件下能够发挥积极的作用，这也是绝大多数东欧新马克思主义理论家的共同观点。笔者认为，简单地把这种观点视为乌托邦主义是粗暴武断的，东欧新马克思主义理论家既非悲观主义者，也非乐观主义者，一方面，他们对以技术理性为核心的现代性和资本主义工业文明展开批判，告诫人们一定要始终保持警醒的头脑，决不能屈服于权力，更不能让邪恶吞噬掉心灵；另一方面，当人类正在遭受巨大的磨难，历史出现骤变甚至走向反动的时候，他们又试图为人们走出困境提供某种信念和希望。面对强权政治的残酷压制，东欧新马克思主义者没有屈服，他们用生命谱写和践行着自己的哲学，这种不屈不挠的精神令人敬佩。对个性自由的求索是最弥足珍贵的财富，正因为有了这样一种努力和渴望，人类才不至于走入绝境。

对文化悖论的分析是马尔库什文化现代性理论中最出彩的部分，我们从四个方面逐步展开讨论。

首先是康德的文化遗产。马尔库什认为康德为我们揭示了高雅文化的内在张力。康德将文化区分为技巧的文化和训练的文化，技巧的文化属于较低层次的文化，它符合"自然的目的"，重在培养人们实现目的的能力，但不过问目的的对错。因此，技巧的文化虽然在日常生活中不可或缺，却不能为人们提供安身立命之本，无法体现自由的意涵。训练的文化属于较高层次的文化，作为一种教化，它能够把意志从欲望的专制中解放出来，使意志得到充分实现，因而能够让人的个性获得最大限度的发展。康德还区分了科学和艺术，认为二者是互补的关系，但按照"三大批判"的基本构想，审美应该成为沟通科学和道德的桥梁。马尔库什认为康德陷入了二元论，预设了审美具有

---

① ［匈］乔治·马尔库什：《文化、科学、社会：文化现代性的构成》，孙建茵、马建青等译，黑龙江大学出版社 2015 年版，第 35 页。

第六章 现代性的文化—道德哲学审视

某种特殊的先验能力,足以调和理论理性和实践理性的二分,但问题在于,审美的自律性在现代性条件下已经危如累卵,本身需要借助于其他更牢靠的支点才能存在。康德在这个问题上表现得有些含混,他有时赋予道德某种特殊的功能,但终究未能回答这样一个问题:"如果道德本身的唯一的目标和价值不能被转变成直接的文化力量,那么文化怎样才能为我们提供社会发展的全部导向目标?"① 总之,康德面临的困境是如何平衡道德和审美的关系,如果让审美奠基于道德,那么将无法保证道德的文化力量,如果让道德奠基于审美,那么审美又缺乏了依靠。② 必须指出,马尔库什并不是仅仅在理论上阐释康德思想的矛盾,而是要告诉我们康德遇到的困境正是现代性自身的文化悖论,揭示悖论的目的并不是消除它,而是承认和接纳它。强调伦理道德对平衡现代性的重要意义和价值是东欧新马克思主义者的共同理论诉求,对此我们应辩证看待,一方面,这与马克思主义的经济首要性原则存在本质差别,无论是康德的普遍性道德哲学,还是赫勒的个性伦理学,都根植于现代性(市民社会)之中,这就意味着社会经济关系始终是最后的根本决定因素,忽视这一点只会导向谬误;另一方面,哲学是时代精神的精华,东欧新马克思主义理论家所处的时代恰好是伦理道德问题集中凸显的历史时期,人们不得不思考"现代性与恶的关系"问题。

其次是文化自律性的悖论。在现代性条件下,高雅文化最大的悖论是无法实现绝对自律。就科学而论,"专家共同体"虽然是由专业领域的权威人士组成,但作为某个特定集体的代言人,无论是个体成员还是作为整体的共同体都不能决定科学发展的一般方向。科学实验

---

① [匈]乔治·马尔库什:《文化、科学、社会:文化现代性的构成》,孙建茵、马建青等译,黑龙江大学出版社 2015 年版,第 28 页。

② 赫勒同样意识到康德哲学中存在审美与道德的悖论,在她看来,艺术品(审美)根本无法实现自律和民主的统一。卢卡奇和阿多诺试图在艺术中寻找人类救赎的基础,但最后以失败告终,可见道德哲学不能由审美活动来奠基。相比较而言,卢卡奇晚年强调日常生活批判的重要性,这就在审美救赎之外找到了新的突破口。与赫勒对个性伦理的倚重不同,马尔库什偏向于马克思主义的基本立场和方法,一方面强调生产范式的重要性,另一方面强调文化意识形态的价值引导作用。

· 207 ·

往往需要长期的巨额资金支持，而拥有经济权力和政治权力的资产阶级决不会让科学沿着理性化的方向发展，为了获得更多的利润，它势必会"诱导"和影响"专家共同体"的科学决策，让科学沿着最有利于资本增殖的方向发展。科学一旦受到外在力量的干扰和影响，就变成他律的了。艺术在现代性条件下同样面临着自律性危机，其根本困境在于市场化和商品化的冲击。在现代社会中，艺术的传播必须借助于某种特定的中介形式（如书店），也就是说，艺术必须先成为商品。艺术的商品化意味着艺术不再是自律的，因为它的实现需要凭借他物。尤其是当人们把一件艺术品同一定数量的金钱相提并论时，艺术的贬值便在所难免。正如马尔库塞分析的，一旦发自心灵的音乐变成推销术的音乐，那么"重要的是交换价值，而不是真实的价值。从根源上看，现状的合理性和一切异己的合理性都服从于此"[1]。总之，现代性的显著特点是量化原则的高度扩张，人们不再关注事物特殊的质，而是专注于形式化的交换价值，这无疑是推动艺术贬值的幕后黑手。作为最终的结果，人们或许不得不面对艺术的消亡。

作为高雅文化的艺术还受到大众文化的冲击。高雅文化和大众文化存在竞争关系，一个人倾向于消费大众文化，就会远离高雅文化，即便可以同时消费两种文化，也会因时间和金钱的限制而减少对特定文化的需求。对于书店这种中介机构而言，为了获取利润，往往会选择大众文化制品出售，这便令高雅文化陷入雪上加霜的窘境。在现代性条件下，宗教日渐式微，人们期待高雅文化接管宗教的功能，为人们的生活提供意义。然而，马尔库什认为决不能过高估计高雅文化的解放潜能，因为即便是在世界范围内能够彻底消除文盲，高雅艺术的影响力仍然极其有限，它只能属于"相对较小的接受者群体长久的兴趣所在——一般来说，至今没有超过整个成年人口的1/5"[2]。

马尔库什辩证地指出，艺术的商品化虽然意味着艺术的贬值，但

---

[1] ［美］赫伯特·马尔库塞：《单向度的人》，刘继译，上海译文出版社2008年版，第47页。

[2] ［匈］乔治·马尔库什：《文化、科学、社会：文化现代性的构成》，孙建茵、马建青等译，黑龙江大学出版社2015年版，第9页。

第六章 现代性的文化—道德哲学审视

这一过程也有积极的一面。在早期现代性中，商品化过程成功摧毁了前现代社会的主从关系，在传统的主从关系支配下，艺术活动在很大程度上是受制于雇主的审美趣味的。商品化打破了主从秩序，让艺术真正面向大众，为艺术的发展和解放注入了动力，正是"文化市场把艺术从主顾的控制和导向中解放出来，同时把它的接受者也设定为'自由的'"①。有鉴于此，马尔库什反对阿多诺等人将高雅文化与大众文化彻底二分的做法，强调没有大众传媒技术的发展，艺术品根本不可能被广大群众欣赏和接纳。当前高雅文化面临的主要困境是影响范围狭窄，因此必须借助各类传媒和中介手段，争取更多的受众。要做到这一点，就必须重新定位和发掘文化的新功能，"每一个新的高雅艺术作品必须创造自己的功能，在某种程度上或某些方面去发现能够对其产生启示—改造意义的接受者"②。可见，高雅文化只有借助大众文化才能实现自身的价值，只有通过在市场上与大众文化平等竞争才能证明自己的普遍有效性。然而，在现实中这场文化竞争注定是不公平的，高雅文化产品无论怎样表现都无法达到大众文化产品那样的畅销度。尽管高雅文化只有少数人才能理解和享用，但这并不影响其作用的发挥，因为我们必须区分实际的文化接受者和文化影响力（社会共鸣），高雅文化的实际接受者可能并不多，但在公共领域的影响力却十分巨大，这就意味着，不理解高雅文化的人也可以在这种氛围中得到提升。

再次是高雅文化的内部矛盾。艺术与科学是两种最重要的高雅文化形式，它们本是互补的关系，但在现代性条件下科学却占据着支配性地位，引发了高雅文化内部的危机。高雅文化一般拥有"作者—作品—接受者"的关系结构。与功利的技术活动不同，高雅文化是人有意识、有目的的实践活动，文化产品的生产者既是作者也是意义的创造者，其作品是提供给接受者欣赏的。艺术和科学作为高雅文化具有

---

① ［匈］乔治·马尔库什：《文化、科学、社会：文化现代性的构成》，孙建茵、马建青等译，黑龙江大学出版社2015年版，第8页。
② ［匈］乔治·马尔库什：《文化、科学、社会：文化现代性的构成》，孙建茵、马建青等译，黑龙江大学出版社2015年版，第10页。

不同的特点，其关系既对立又互补。首先，艺术的意义不是内容，而是形式，形式是构成作品意义的主要因素。意义归属于作者，是作者个性的表达。在这个意义上，艺术具有主观化的特点。科学则具有去个性化和客观化的特点，科学的作者和接受者属于同一个研究共同体的成员，他们具有互换性。其次，艺术和科学在功能上不一样，艺术自律意味着艺术作品是去功能化的，科学则是一种单一功能的存在。再次，艺术和科学在对待传统的态度上存在差异，艺术的传统范围不断扩大，科学的传统范围则越来越小。最后，在公共利益和私人利益的关系上艺术和科学的表现恰好相反。艺术主要是私有财产，公共性只是补充；科学则主要是公共利益，科学的运用（应用科学和技术）才是私有财产，这便导致了艺术和科学在资助形式上的不同。马尔库什把资助形式分为两类：一种是与私有财产直接相关的传统资助方式，主要遵循市场经济的交换原则，另一种是非个人的、非市场的新资助形式（如国家财政拨款）。纯科学一般受到新资助形式的支持，应用科学更多地受到大型工业企业的支持，后者受制于市场的交换原则。而艺术主要接受市场机制的支持，并由新资助形式作为补充。

  最后是启蒙主义与浪漫主义的对峙。马尔库什认为，现代性条件下科学单一功能的片面发展具有一定的副作用，艺术的去功能化恰好可以起到补偿作用，"在这个祛魅的、丧失了完美的形而上学尊严的世界里，艺术提供了一个复魅的、人造美的相反世界"[1]。在现代社会中，科学与艺术的矛盾常常折射为启蒙主义与浪漫主义的对立。启蒙主义试图让科学成为社会的主导，让个体能够不依赖他人运用自己的理性思考生活，"它的目标是实现真正的公共民主，其自律的成员将会重新掌控自己的生活，他们可以平等地参与常规社会事务的决策"[2]。浪漫主义试图让艺术引导生活，"重建已经失去的有机共同体，这个共同体由共享传统的现存力量来维持，它的独特性不可磨灭

---

[1] [匈]乔治·马尔库什：《文化、科学、社会：文化现代性的构成》，孙建茵、马建青等译，黑龙江大学出版社2015年版，第73页。

[2] [匈]乔治·马尔库什：《文化、科学、社会：文化现代性的构成》，孙建茵、马建青等译，黑龙江大学出版社2015年版，第75页。

第六章 现代性的文化—道德哲学审视

并具有赋予生活意义的能力"①。科学救赎的目的是唯科学化,艺术救赎的目的是唯美化,启蒙主义和浪漫主义的共同意图在于重新恢复文化在现代社会的统治地位,不同之处在于启蒙主义要恢复科学的权威,而浪漫主义要恢复艺术的权威。启蒙主义并不是要让每一个人都成为科学家,而是要让日常生活和行为科学化;浪漫主义也不是要让每一个人都成为艺术家,而是要让日常生活和行为唯美化。启蒙主义强调同传统的断裂性,浪漫主义强调同传统的连续性,因此启蒙主义是反传统的,浪漫主义是反现代的。

尽管启蒙主义和浪漫主义在现代性中取得了显著的成就,但结果却与预期相去甚远,因此它们的规划都失败了。"启蒙的根本目标就是要使人们摆脱恐惧,树立自主。……启蒙的纲领是要唤醒世界,祛除神话,并用知识代替幻想"②,但启蒙的结果却是让人们重新陷入必然性,人类历史仍然处于盲目自发性控制的阶段。"启蒙消除了旧的不平等与不公正——即绝对的君王统治,但同时又在普遍的中介中,在所有存在与其他存在的关联中,使这种不平等长驻永存。"③启蒙的统治在技术领域表现得尤为突出,技术的合理性"变成更有效统治的得力工具,并创造出一个真正的极权主义领域"④。浪漫主义意图有意识地恢复人类历史的联系,重回诗化的意义世界。卢梭确立了"我感觉故我在"的历史坐标,以艺术代替宗教,以审美代替信仰,走了一条张扬个性和自我崇拜的道路。尼采重新评估一切价值,以"上帝已死"宣告超感性世界的坍塌。法兰克福学派以自律的审美艺术对抗理性主义逻辑,借助弗洛伊德的精神分析学,发起了一场内在的"大拒绝"式的感觉(本能)革命。从总体上看,浪漫主义

---

① [匈]乔治·马尔库什:《文化、科学、社会:文化现代性的构成》,孙建茵、马建青等译,黑龙江大学出版社2015年版,第76页。
② [德]马克斯·霍克海默、西奥多·阿道尔诺:《启蒙辩证法》,渠敬东、曹卫东译,上海人民出版社2006年版,第1页。
③ [德]马克斯·霍克海默、西奥多·阿道尔诺:《启蒙辩证法》,渠敬东、曹卫东译,上海人民出版社2006年版,第9页。
④ [美]赫伯特·马尔库塞:《单向度的人》,刘继译,上海译文出版社2008年版,第16页。

遗忘了历史进步的不可逆性，忽略了在资本逻辑的裹挟下，人们早已无法重新回到那个以伦理团契原则为核心的传统社会，审美救赎最终演变为一场对着空旷山谷的呐喊。黑格尔对浪漫主义学说有着精准的点评，他指出，"那已经发展了的精神要想回复到纯朴的境界——亦即回复到一种孤寂的，抽象的境界或思想，也只能被认作无可奈何的逃避"①。当然，作为浪漫主义反题的启蒙主义也存在不可克服的矛盾，最根本的问题就是片面追求有用性，遗忘真理，用主观理性代替客观理性，以工具理性压制价值理性。然而，"当一个社会放弃了真理、放弃了信仰、放弃了对于绝对的和最高精神的追求的时候，这个社会必然会导致极权主义"②。这个结局是我们必须极力避免的。

二 科学形象的演变及其当代困境

马尔库什文化现代性理论的核心要旨是谋求现代性的存续，他试图将启蒙主义和浪漫主义的传统结合起来，一方面强调艺术的重要性，让艺术补偿科学的不足，另一方面重新反思科学的功能、意义和价值，令其不至于滑入极端。与启蒙学者一样，马尔库什对科学抱有乐观的态度。在他看来，启蒙和科学本身是无辜的，问题出在启蒙的规划以及人们对科学的理解上。启蒙哲学家的问题在于，一方面忽略了艺术的引导作用，另一方面误解了科学的功能、意义和价值，片面强调科学的实用性和功利性维度。鉴于第一个方面法兰克福学派已经做过大量研究，且前文也有论述，这里重点分析第二个方面。

在《变化的科学形象》一文中，马尔库什分析了科学在人类历史发展不同阶段的功能和形象，他强调关于科学的形象应注意三个方面：首先，科学是一种自我反思活动；其次，科学不是纯粹描述性的，而是不可避免地包含价值因素；最后，科学的形象随历史发展而

---

① ［德］黑格尔：《哲学史讲演录》（第一卷），贺麟、王太庆等译，上海人民出版社2013年版，第51页。
② 王晓升：《走出现代性的困境》，江苏人民出版社2021年版，第117页。

不断变化。马尔库什认为历史上存在着主观主义和客观化两种科学概念的理解模式。主观主义的理解模式源于亚里士多德，亚里士多德区分了知识和意见，知识是一种能力和心理习惯，其作用"首先是启迪的，与特征、可能的意义以及生活的美德有一种亲密的关系"[1]。因此，一个人拥有知识也就拥有了真理。在中世纪，《圣经》被视为最高的科学，但这时若继续沿着主观主义的路线阐释宗教教义，就会妨害宗教的客观性和权威性，于是将科学"作为一种原本客观化的理想的意义—内容"[2]来看待的客观化理解模式应运而生。启蒙运动时期，培根和笛卡尔为了反对宗教教条，再次回到主观主义的理解模式上来，二者的哲学观（经验论和唯理论）虽然存在重大差异，但都相信"科学真正的、质朴的形式，仅存在于头脑中，更确切地说其存在于科学家的有创造性的能力中"[3]。马尔库什发现培根和笛卡尔对科学的理解同亚里士多德存在重大差异，这主要表现在，"新科学的主观主义的概念不是把科学理解为，心灵通过一段时间参与精神交谈的过程所累积的，像安全的所有物一样的一大把真理，而是把科学理解为由独立的英勇的个体，有创造力的科学家来实施的智力的生产实践"[4]。由培根和笛卡尔开启的对科学的新觉解之所以重要，就在于他们强调了个体的创造性，从而为科学的民主化铺设了道路。培根和笛卡尔还强调科学发现在本质上依赖于一套对真理的探索方法，任何个体只要掌握了这种方法，就能在它的指引下独自发现真理。这就意味着，科学活动对任何个人来说都是敞开的，科学从个体英雄主义的时代走向了科学共同体的时代。

马尔库什认为，无论是主观主义的理解还是客观化的理解，均未

---

[1] ［匈］乔治·马尔库什：《文化、科学、社会：文化现代性的构成》，孙建茵、马建青等译，黑龙江大学出版社2015年版，第134页。

[2] ［匈］乔治·马尔库什：《文化、科学、社会：文化现代性的构成》，孙建茵、马建青等译，黑龙江大学出版社2015年版，第135页。

[3] ［匈］乔治·马尔库什：《文化、科学、社会：文化现代性的构成》，孙建茵、马建青等译，黑龙江大学出版社2015年版，第137页。

[4] ［匈］乔治·马尔库什：《文化、科学、社会：文化现代性的构成》，孙建茵、马建青等译，黑龙江大学出版社2015年版，第140页。

能确立一种全新的科学形象,只有同时向两种理解模式宣战才有可能树立新的科学形象,而这最关键的一步是由"浪漫主义运动之父"卢梭迈出的。正当启蒙主义在欧洲大陆如日中天之际,卢梭扛起了反启蒙的大旗,他认为启蒙理论家关于人类文明进程盲目乐观的情愫是轻率的,文明社会用以装点人生的那种耀眼光芒不过是浮华的外表,下面掩藏着利欲熏心的物质欲望,现实社会中的人都是道德败坏的。不同于启蒙现代性的批判理路,卢梭倡导用追求个性的浪漫主义哲学拒斥理性,以一种反叛姿态开启了审美现代性批判。当启蒙思想家坚信理性万能并认为科学和理性能够极大地推动人类文明进展时,他们更多的是把理性的负面后果归结为理性的误用。卢梭则不同,他将批判的矛头直接对准理性本身,认为既然理性不可避免地会被误用,这就表明理性不能成为人类解放和个体幸福的最终依靠。卢梭还认为科学的发展不一定带来社会道德水平的提高,至少不会自动提高社会的整体道德水平,他甚至认为科学对道德来说是一场灾难。卢梭的浪漫主义有其自身的局限性,但他的理论却促使人们重新反思科学的当代形象问题,至少让那些坚持启蒙规划和盲目乐观的人明白,若要继续维护科学的权威,就必须改弦更张。

马尔库什认为,正是在回应卢梭对科学的批判中新的科学形象出现了,推动这一进程的关键人物是孔多塞和康德。孔多塞强调科学与民主同等重要,认为二者应该结合在一起,他一生推崇启蒙,相信进步。在他看来,阻碍人类进步的事物与其说是错误和无知,不如说是既得利益者利用手中垄断的知识和权力对人们思维造成的禁锢。要解决这个问题,就必须让人们能够平等自由地进行交流。孔多塞认为人类社会经历了三次交流的革命,三次革命奠定了人类进步的基本方向,促成了科学由主观主义阐释向客观化阐释的转变。第一次革命是发音语言的出现。人们学会发音便能彼此学习和交流经验,这是关键性的突破,但单纯的口头交流会遇到限制:一是地域上的限制,即人们只能在相对狭小的区域内交流;二是记忆上的限制,任何事物只要时间久了总会被遗忘,这就使得交流不甚精确。第二次革命是文字的发明。孔多塞认为不同类型的文字可以影响文明的走向。譬如,在复

第六章 现代性的文化—道德哲学审视

杂文字流行的国家里,读写能力通常被统治阶级垄断,这样一来知识在传递上就会受阻,社会发展的进程就会变慢。相反,在拥有简单文字的国家里,文化交流的频率以及民主实现的程度就比较高,社会发展就比较快。第三次革命是印刷术的发明。与口头传播相比,手抄本尽管避免了一些弊病,但却没有从根本上突破瓶颈,传播的速度和范围仍然十分有限。印刷术的发明彻底解放了双手,使传播效率大大提高,文化才得以在世界范围内迅速扩展开来。

孔多塞的高明之处在于,他不仅正确意识到科学是一套理论和学说,而且把科学视为一个无穷无尽的批判方法和社会实践过程。在他看来,科学并不是存在于个人的头脑中,而是科学共同体的思想结晶,只能存在于特定的社会组织形式中。科学共同体指的是一种特殊类型的社会组织,其成员按照平等自愿的原则结合在一起,依靠理性进行对话和辩论,反对一切依附与统领关系。科学共同体不仅是一个学术组织,还是一个民主社会的组织范例。科学共同体与民主社会紧密相连,前者可以促进后者的完善和发展,后者则为前者提供良好的环境和氛围。孔多塞坚决反对个别科学家和统治阶级利用手中的权力垄断科学,他认为在有知识的人和被剥夺知识的人之间进行划界,知识就会成为权力的工具,不再是所有人谋取幸福的手段。因此,科学应该向每一个理解它的人开放。衡量一个国家的科学水平,不仅要看其已经掌握的真理的数量,更要看有多少人能够熟知并正确运用这些真理。孔多塞反对卢梭将科学和道德对立起来的做法,他坚信科学不仅不会导致道德败坏,反而可以促进社会进步并有助于道德的实现。

从基本的哲学立场上看,康德是站在孔多塞一边的,但他却另辟蹊径,将科学和道德分置于两个不可通约的领域。康德设置界限并不是要否定科学和理性,而是要强调科学和理性一旦僭越界限,就会失效并引发二律背反,甚至在实践中导致灾难。从总体上看,康德将科学视为一种可以交流的客观化知识,认为作为体系化的先验原则,科学是超个体的、非个人的。从内容上看,科学只能反映必然王国的事实,不包含意义和价值,无法为人们的生活提供意义。康德的目的是诉诸道德自由,他坚信启蒙的障碍不是科学知识的匮乏和欠缺,而是科学和理性无端僭越界限，侵蚀了道德的地盘。马尔库什发现，康德之所以反对道德具有认知功能，主要是因为一旦道德意味着一种学习、教养和认知能力，科学家就会凌驾于普通人之上，个体的道德价值和尊严便无法保持。因此，康德的"伦理民主主义"使得他不可能接受孔多塞"科学促进道德进步"的乐观论断。在康德看来，道德是个体的，科学是客观的，二者分属于两个不同的领域。科学只能建构必然王国，没有任何内在价值，只具有手段的意义，道德建构的是自由王国，具有内在的价值，并且是目的本身。卢梭和康德的上述思想差异使得他们必然对历史进步产生不同的理解，"对卢梭而言，某些个体的进步是以类的衰退和丧失为代价而实现的；对康德而言，作为类的人类的进步只能以大多数个体的痛苦和悲惨为代价来实现。"[1]

　　与孔多塞一样，康德也非常重视交流的意义和作用。在《法权哲学》中，当对任何可能的契约形式做出先验划分后，康德突然以罗马数字插入的方式补入两个问题：Ⅰ．什么是货币？Ⅱ．什么是书？这个中断颇令人费解，但任何逻辑中断和理论白点的出现通常意味着作者想要表达某个独特的观点。马尔库什认为，康德在这里是要在货币与书之间进行类比，强调交流的重要性。与斯密等国民经济学家不同，康德对经济学并不感兴趣，他对货币的考察更侧重于形式而不是内容，货币并不指向某种经验之物，而是表示一种纯粹的理智关系。康德看中的是货币作为交换关系的中介所具有的先验有效性，以便将斯密的"看不见的手"转化为"货币的权力"。在康德那里，"书"作为作者达到公众的中介具有特殊的意涵，"书的意义和实际作用并不仅仅依赖于它的作者在书中所阐述的观念的真理性和富足性。它同样依赖于是否存在一种自主的公众，这些公众对书感兴趣，能理解书，而且也能批判地对书进行评论"[2]。可见，拥有批判认知力的大

---

[1] ［匈］乔治·马尔库什：《文化、科学、社会：文化现代性的构成》，孙建茵、马建青等译，黑龙江大学出版社2015年版，第176页。
[2] ［匈］乔治·马尔库什：《文化、科学、社会：文化现代性的构成》，孙建茵、马建青等译，黑龙江大学出版社2015年版，第346页。

众对于文化功能的实现至关重要。康德在分析启蒙时曾强调启蒙实现的关键是自我启蒙，要实现这一点就必须"1. 自己思维；2. 站在别人的地位上思维；3. 任何时候都与自己一致地思维"①。在这个过程中，书发挥了关键性的作用。按照康德的设想，只要人们把读书视为生活的第一需要，并把阅读视为一种习惯，启蒙便胜利在望。马尔库什认为康德有些过于乐观，阅读人群的数量固然重要，但关键是公众读什么书。如果花费大量时间读一些情感小说和鬼怪故事，以谋求精神上的娱乐和放松，或寻求一种自我逃避，那便同启蒙的预期目标相去甚远。

马尔库什试图通过强调信念在当代文化认知过程中的作用来挽救现代性的危机。他指出，现代社会的主要问题是社会知识出现结构性失衡，人们的知识图谱变成了一幅零碎的拼接画，这就必须重新树立信念。信念不仅关涉事实，也包含规范和价值。信念不仅是一种猜想，更拥有理性逻辑的要素。信念与知识不同，知识取决于逼真性，信念取决于真诚性，信念"所引发的首要问题不是它与事实世界之间的对应性问题，而是我的信念与我的行为之间的实际一致性问题，我的语言行为与非语言行为的全部过程的一致性问题"②。马尔库什不仅探讨个体的信念，更注重对信念的一般特征、范围和功能，即整个信念体系的研究。信念体系一般是相对持久和恒定不变的，个体在社会中接受这些信念，形成文化认同，"信念体系构成了文化中极为关键的一部分，从人类学意义上来看其是所有非生物学固定的人类行为及其结果的意义——承载与意义——传递的方面"③。总之，马尔库什认为现代性的危机在于信念的私人化日益严重，只有重建信念体系才能摆脱危机。

---

① [匈]乔治·马尔库什：《文化、科学、社会：文化现代性的构成》，孙建茵、马建青等译，黑龙江大学出版社2015年版，第352页。
② [匈]乔治·马尔库什：《文化、科学、社会：文化现代性的构成》，孙建茵、马建青等译，黑龙江大学出版社2015年版，第279页。
③ [匈]乔治·马尔库什：《文化、科学、社会：文化现代性的构成》，孙建茵、马建青等译，黑龙江大学出版社2015年版，第280页。

综上所述，马尔库什通过追溯文化概念的起源，分析两种文化概念及其悖论，阐述科学形象的历史变迁，为我们展示了文化现代性的复杂面相，其理论核心是文化的悖论，尤其是高雅文化的自律性问题。随着启蒙主义和浪漫主义之争愈演愈烈，人们发现科学和艺术在现代社会中只能保持相对的自律，这不仅引发了对高雅文化自律性的怀疑，也诱发了对启蒙主义和浪漫主义不同规划的质疑。马尔库什认为任何试图克服现代性悖论的做法都是荒唐的，因为那样便放弃了现代性本身，对于如何走出现代性的危机他开出了三个药方：一是让高雅文化植根于集体共同体（科学共同体或艺术共同体）之中，并发挥积极的引领作用；二是塑造公共领域，让科学家、知识分子和大众可以平等交流；三是建立信念体系，重树高雅文化在人们心目中的形象，令其发挥昔日宗教所发挥的"社会水泥"的积极功能。马尔库什文化现代性理论的落脚点是批判的知识分子。在他看来，现代性面临的最大风险是批判的知识分子正在被各类"专家"取代，如果不改变这一趋势人类就没有未来。凯尔纳（Douglas Kellner）区分了职能知识分子（functional intellectuals）和批判—对立的知识分子（critical-oppositional intellectuals），职能知识分子或者是政党和利益集团的小职员，或者是为某个具体目的工作的技术员，这种知识分子只会通过话语合法化现存的社会关系，对技术的后果、目标和社会有用性不闻不问。批判—对立的知识分子则是在任何不公正出现的地方对之加以谴责，他们在公共领域中写作和言说，谴责压迫和社会不公，为人类的自由和解放而斗争。在马尔库什那里，批判的知识分子主要指文化批判理论家，即那些能够利用头脑中的知识批判社会并改变文化现状的人，而职能知识分子主要指各个领域内垄断技术权力的专家。在这里，马尔库什把批判的矛头指向了技术专家（官僚）。按照韦伯的合理化理论，官僚或技术专家一定是依据上帝的利益而非自己的利益行事的，官僚制由于奉行可计算性原则，取消了人的特殊性，因此可以大幅度提高工作效率。东欧新马克思主义理论家从人道主义立场出发，认为将人非人格化是异化的表现，可计算性只会加重异化，技术专家只不过是"没有灵魂的专家"。实践派哲学家塔迪奇（Ljubomir

Tadic）指出："官僚政治的知识同时也表明了一种精神的贫困化，因为这种精神必须服从于一个无生命的工具，这个工具要求行动一致、功效和培训的自动化和不加批判地服从。"[①] 技术专家治国论与哲学批判思维是对立的，前者只关注"价值中立"的知识，与现实保持外在的联系，哲学批判思维则与实践保持同步，而实践不是外在的因素，它本身就是目的。诚如马尔科维奇所言，"'技术专家体制'的主要优点在于其专业化的知识、训练有素并熟悉现代的精确的管理方法。然而，其致命弱点在于除了增加生产以外没有任何目标"[②]。质言之，技术专家治国论秉持的是一种彻底的虚无主义哲学和完全没有社会责任的哲学，其结果只能是加重对人的奴役。

必须承认，马尔库什开出的药方在一定程度上能够缓解现代性的文化危机，他对现代性文化危机的审视是严肃认真的。在法西斯纳粹统治和苏联政治压制之下，不少东欧人进入了"面包时代"，这时马尔库什能够挺身而出，向令人窒息的文化氛围发起挑战，着实令人敬佩。难能可贵的是，他既没有走向激进主义，也没有陷入悲观主义，而是辩证地看待启蒙和理性，秉持客观公正的态度对待现代性及其文化遗产。马尔库什坚信启蒙和现代性的事业仍未完成，现代性的文化悖论恰恰是其存续的条件，他警告人们决不能抛弃现代性，因为"对现在的绝对否定很可能以彻底丧失自由或彻底毁灭而告终"[③]。现代性能否幸存取决于人们当下的选择，而选择需要承担责任，这就是马尔库什给我们留下的启示。

三 超越实践和创制的二分

现代性的文化危机主要表现为实践（价值）理性被工具理性侵

---

① ［南斯拉夫］米哈伊洛·马尔科维奇、加约·彼得洛维奇编：《实践》，郑一明、曲跃厚译，黑龙江大学出版社2010年版，第268—269页。
② ［南斯拉夫］米哈伊洛·马尔科维奇：《从富裕到实践》，曲跃厚译，黑龙江大学出版社2012年版，第91页。
③ ［匈］阿格妮丝·赫勒、费伦茨·费赫尔：《后现代政治状况》，王海洋译，黑龙江大学出版社2011年版，第13页。

蚀，除了把希望寄托在高雅艺术的复兴外，马尔库什认为还可以从亚里士多德那里寻找到解决方案。在他看来，之所以亚里士多德的思想在当代实践哲学和政治哲学中出现复兴，主要是因为它切中了现代性的根本顽疾，那就是作为有意识的、原本作为行动的实践正朝着某种技术有效行为和制作模式转变。亚里士多德认为实践和创制截然不同，实践以自身为目的，而创制则受制于外在的、工具性的目的。要充分呈现亚里士多德实践和创制二分法的当代价值，就要反思康德对实践哲学的改造及其同马克思哲学的关联。

马尔库什认为康德在实践哲学传统中代表着一种断裂，这主要体现在他将实践从公共领域中分离出来，令其带上主观化的色彩。康德的实践理性批判告诉人们，"只有完全道德的东西才属于实践哲学的主题，且道德价值只能无条件地从属于意志的决定"①，这就意味着实践理性的内涵发生了转变。在亚里士多德那里，实践理性就是对实践智慧的运用，实践智慧是一种特殊的性情、禀赋和精神能力，可以指导个体做出最优的判断和选择，而康德则强调衡量个体行为的是普遍化的道德程式。这里的关键是对行动的理解，亚里士多德认为行动就是实践，康德则认为行动是由道德规则规定的某种手段，进而将之等同于创制（生产）。马尔库什认为康德对实践哲学传统的颠覆式改写导致了"实践的遗忘"，其直接后果是"道德的私人化和内在化"。这个分析颇有几分道理，在亚里士多德那里实践和道德是相互交融的，实践因内含道德而不同于创制，道德因指向实践而具有现实性，而在康德那里由于道德和实践是分离的，道德便只留下了一个空洞的形式，实践则由目的蜕变为手段。

马尔库什虽然强调康德和亚里士多德的实践哲学存在重要差别，但并没有忽视二者的共通之处。康德在构建道德哲学体系时主要针对的是休谟对实践理性的质疑，他要证明理性能够成为实践。为了实现这个目的，康德区分了技术规则活动和道德规范活动，前者属于必然

---

① ［匈］乔治·马尔库什：《文化、科学、社会：文化现代性的构成》，孙建茵、马建青等译，黑龙江大学出版社2015年版，第44页。

性的领域，活动的目的是外在的、有条件的，总体上指向自我持存；后者属于自由的领域，活动的目的是善，总体上指向个性的发展和完善。可见，康德并没有抛弃亚里士多德关于实践和创制的二分法，他只是按照自己的意图进行了重建。康德要实现伦理学的普遍性，让道德法则成为普适的、可理解的、能够实现的，就必须排斥功利主义的幸福，这种幸福总是指向一种自我持存的安乐本能，用这种物质名称定义道德的善必定是行不通的。不难看出，就区分技术活动和道德活动并认为道德活动高于技术活动而言，康德和亚里士多德是基本一致的。康德对伦理普遍性的追求与他将行动理解为创制（生产）是一致的，因为道德的普遍性必须建基于行动的普遍性，而劳动（生产）是人类社会最普遍、最基本的活动。康德试图通过二分法摆脱伦理主观主义的纠缠，让伦理学具有公共性并指向某种人类的道德共同体。

与康德一样，马克思在现代性条件下也要面对实践（价值）理性萎缩的问题，但他是通过运用独特的生产范式来脱困的。如果把马克思的生产概念仅仅理解为一般人类劳动，那就很容易得出技术（生产）决定论的结论。马尔库什反对这种解读，他认为这种观点误将劳动等同于亚里士多德的创制活动，"既完全否定了马克思的一般理论也否定了他对资本主义条件下的劳动状况的具体分析"[1]。就马克思的一般理论而言，主要牵涉对生产和需要关系的理解，在这一理解框架中，生产不仅是一种为满足人的需要而进行的改造自然的活动，而且还不断地创造出新的需要，新需要反过来又推动生产力的发展。就马克思对资本主义生产的批判而言，主要牵涉对政治经济学的批判。马尔库什对"一般理论"和"特殊理论"的区分十分重要，正如普殊同（Moishe Postone）指出的："马克思理论不应被理解为一种普遍适用的理论，而是一种特别针对资本主义社会的批判理论。"[2] 以劳动概念为例，马克思着力批判的不是一般意义的劳动，而是资本主义

---

[1] ［匈］乔治·马尔库什：《文化、科学、社会：文化现代性的构成》，孙建茵、马建青等译，黑龙江大学出版社2015年版，第44页。

[2] ［加］莫伊舍·普殊同：《时间、劳动与社会统治》，康凌译，北京大学出版社2019年版，第6页。

社会特定形式的劳动。同理,马克思的政治经济学批判针对的不是具体劳动,而是抽象劳动。具体劳动是人类一切社会形态共有的,抽象劳动是资本主义社会特有的。马克思要揭示的是资本主义社会的具体劳动已经完全被抽象劳动支配和控制,这使得具体劳动的目标不仅偏离了工人的主观愿望,而且在一定程度上甚至不受资本家控制。更重要的是,这种强大的、异己的社会力量总是凌驾于人之上,并带有技术必然性的特征,内含了一种自发运作机制,使人不得不臣服于它,不能有丝毫反抗。

马尔库什认为传统马克思主义错误地将劳动和生产混为一谈。如果从一般人类劳动出发,劳动和生产的确可以等同,从《手稿》开始马克思便有意识地做了区分。劳动概念依然主要指人和自然之间的物质交换过程,任何类型的社会都离不开劳动。生产概念则发生了变化,马克思这时倾向于将生产视为双重过程的统一:一方面是劳动的工具性活动,即创制活动;另一方面是特定的社会关系的再生产活动,即人与人关系的维系和改变过程。后一个过程就是实践,它"决定了历史上特定社会制度的整个生产过程的'目标'"[1],这两个方面在生产范式中恰好体现为物质内容和社会形式的统一。但悖谬的是,内容和形式的二分只是在理论抽象的层面上存在,而在迄今为止的现实社会中从未真正出现过。在马尔库什看来,"只要这两个方面以及它们对人类活动提出的独特要求仍然是制度上融合的和不可区分的——和所有历史中的情况一样——异化和物化就将以这样或那样的形式继续统治社会生活"[2]。也就是说,只要生产的内容和生产的形式在社会现实层面并未形成二分,就一定会出现异化,因此,只有创立一种新的社会制度,令其有效地将生产的两个方面(过程)区分开来,才能消除异化,实现人类解放和自由。

在前资本主义社会中,物质内容和社会形式并没有彻底分开,实

---

[1] [匈]乔治·马尔库什:《文化、科学、社会:文化现代性的构成》,孙建茵、马建青等译,黑龙江大学出版社2015年版,第49页。

[2] [匈]乔治·马尔库什:《文化、科学、社会:文化现代性的构成》,孙建茵、马建青等译,黑龙江大学出版社2015年版,第49页。

用性的技术使用规则（内容）总是同特定的社会价值规范（形式）相关联，同时受到特定的血缘关系、政治关系、宗教关系和道德责任等因素束缚。马克思认为这个时候经济生活还没有同社会伦理纲常完全分离，也未形成独立的社会制度领域，因此从本质上看仍是一个人对人的依赖性为主的社会。在资本主义现代性条件下，资本"无情地斩断了把人们束缚于天然尊长的形形色色的封建羁绊"①，彻底打破了传统社会对生产力的一切限制，但同时又为生产力发展套上了新的枷锁，"用公开的、无耻的、直接的、露骨的剥削代替了由宗教幻想和政治幻想掩盖着的剥削"②。由于这时祛除了特定的血缘关系、政治关系、宗教关系和道德责任关系，资本主义经济领域具有了相对独立性，这便为内容（实用性的使用规则）和形式（社会性的应用规范）的二分提供了可能。我们看到，在资本主义社会中，劳动作为技术活动从社会规范的束缚中解放出来，形成无差别的一般人类劳动，"一般"对"特殊"的统治成为资本主义社会的显著特征，由于资本主义仅仅把对象化的劳动（价值）作为生产目的，这直接导致了实用性的技术规则和社会性的应用规范的再度融合，也就是说，具体劳动和抽象劳动、使用价值和交换价值在资本主义社会并未真正实现二分。但必须指出，这一新的融合与前资本主义社会的融合完全不同，它是通过价值增殖机制实现的，价值增殖成为新的上帝，它不仅决定实用性的技术规则，也决定社会性的应用规范，价值增殖具有无限的发展动力，它受到资本力量的操控。

马尔库什认为内容和形式的二分是社会主义的应有状态，而在现代性条件下，由于内容和形式是融合在一起的，因此必然存在物化和异化。这就意味着内容和形式的二分在现代社会中只能在理论层面成立，而在现实生活中不可能出现。马尔库什意识到了工具理性对价值理性的侵凌，将之归为"实践的遗忘"，寄希望于回到亚里士多德的实践哲学传统，但在现实中他又强调，无论怎样人们也不可能回

---

① 《马克思恩格斯文集》第 2 卷，人民出版社 2009 年版，第 34 页。
② 《马克思恩格斯文集》第 2 卷，人民出版社 2009 年版，第 34 页。

到古代的城邦社会，不可能回到亚里士多德那个伦理共同体的时代。因此，人们必须面对现实，而现代性最大的现实就是内容和形式的再度融合，新融合将导致复兴亚里士多德二分法的努力趋于无效。马尔库什的担心不无道理，人们固然可以从古代哲学那里寻找到解决现代性危机的实践智慧，但必须意识到资本仍是现代性的主导逻辑，同时它必然连同意识形态的强大力量抵制一切生产方式的根本变革。

与赫勒一样，马尔库什并未陷入悲观主义，他坚信实践和创制的二分法在当代思想文化语境中仍然保持着巨大的吸引力，其根本性的意义就在于为我们确立了两种不同类型的活动和领域。创制领域主要涉及那些有意识地与功用和手段相联系的活动，这些活动指向生活必需品和便利设施的获得，以安乐的生活为最终目标。创制活动总是受到必然性和外部力量的支配，人们虽然也可以进行选择，但却受制于特定的目标，且不能违背必然性。实践领域则包含了人类设定的目标，旨在实现人的独立能力和个性，因此不仅是一个自由选择、自主活动、自我负责的领域，也是生命意义和个性得以充分展现的领域。实践和创制分别代表着自我确认和自我持存两种不同的原则，在现代性条件下人们应尽量保持二者的平衡，这就需要探寻一种新的制度安排，使实践能够向创制活动发布命令，及时中止创制的无限蔓延，让生活充满意义。

笔者认为，"生命属于实践而非创制"这句亚里士多德的名言至今仍具有重要启示意义。对于幸福安乐的日常生活，人们能够通过生产劳动来实现，但人之为人，更应该把良善生活作为最高的目标。马尔库什虽然认为实践和创制应该实现二分，但他也意识到在现代性条件下生活不可避免地具有生产的属性，因为生活离不开劳动和创制活动。马尔库什认为我们可以在理论抽象层面期待实践和创制的二分，并在未来社会实现这种二分，但在现代性条件下人们又必须面对现实，从事生产和创制活动，因为生命既包含实践又包含创制。面对现代性，"我们只能应对和反抗以便在这个过程中保护某种脆弱的统一"①。总之，人们必须运用实践智慧，对实践和创制做出区分，在理性思考的基础上做出选择，并对自己的选择承担责任。

第二节 文化保守主义视域中的宗教现代性批判

作为"当代波兰文化最杰出的创始人之一"，科拉科夫斯基的研究极其宽泛，涉及欧洲哲学、马克思主义、宗教、戏剧、文学评论等领域。科拉科夫斯基的现代性批判带有浓厚的文化保守主义和宗教色彩，但他绝不是复古主义者或浪漫主义者，在各种哲学思潮的背后，他能够揭示出意识形态的力量，并在各种观点间保持平衡。科拉科夫斯基反对理性乐观主义，相信恶是永恒的，认为有限的人类必须敬畏神圣，在自然与历史面前始终保持谦逊。科拉科夫斯基拥护宗教，坚信基督教的遗产能够挽救现代性，当尼采喊出"上帝死了"的口号时，他却辩称："秩序和意义来自于上帝，如果上帝真的死了，那么我们认为意义可以得以拯救，则是自欺欺人。"②尼采相信基督教禁欲主义让人成为病态的人，人们只能凭借无条件的信仰为生命提供意义，科拉科夫斯基则认为杀死上帝并不能让生命充满意义，科学和理性不仅无法为生活提供意义，还会助长对自然和他人的操控，资本对商品和利润的无限追逐更是加深了现代性危机。现代性还会导致虚无主义，从本质上看，现代社会是"一个已经忘记了上帝、忘记了善恶之分的世界，一个使人类生命毫无意义的世界"③。科拉科夫斯基不相信尼采的"超人"能够救赎人类，而是在宗教神学中寻找药方，当韦伯把现代性视作理性祛魅的历史进程而大加赞扬时，他却感叹祛

---

① [匈]乔治·马尔库什：《文化、科学、社会：文化现代性的构成》，孙建茵、马建青等译，黑龙江大学出版社2015年版，第55页。
② [波兰]莱泽克·科拉科夫斯基：《自由、名誉、欺骗和背叛：日常生活札记》，唐少杰译，黑龙江大学出版社2011年版，第89页。
③ [波兰]莱泽克·科拉科夫斯基：《经受无穷拷问的现代性》，李志江译，黑龙江大学出版社2013年版，第8页。

魅也导致了意义的丧失和价值的失落。科拉科夫斯基并不是要人们回到前现代社会，而是强调现代性不应抛弃信仰，人们必须在宗教和世俗、信仰和理性、传统与创新、退步与进步、悲观与乐观之间寻求平衡。与其他现代性批判理论家不同，科拉科夫斯基是从宗教入手围绕神圣性、恶的永恒性等论题展开分析的，在他看来，现代性危机的突出表现是："具体的人"压倒"抽象的人"，世俗性战胜神圣性，理性（进步主义）超越信仰（神话）和宗教文化传统。由于远离了宗教神圣性的庇护，世俗力量逐渐吞噬人的心灵，人类社会蜕变为文化荒漠。启蒙理性主义者声称科学技术能够解决一切问题，彻底根除恶，然而现实却是人们日益陷入工具理性的牢笼，世间恶行频现。

一 康德的超验道德与"抽象的人"

在《为什么我们需要康德》一文中，一向批判启蒙主义的科拉科夫斯基突然向康德致敬，声称"我们应该始终关注康德的知识论和伦理学中那些基本的东西，以及什么东西使得他的批判成为欧洲文化史上一项根本性的变革"[①]。众所周知，康德关于理论和实践知识条件的学说是超验主义的，他的人类学不是从心理学和动物学出发，而是强调一切可能经验背后的先验（必要）条件。康德认为，一切拥有自由意志的理性存在者都必须遵循道德法则，其认识论和伦理学领域的"哥白尼式的变革"表明，人不是自然给定的客体，而是道德主体，"成为人不是由我们区别于其他动物的物种的特性决定的，而是由既参与到在认识论上被表述为先验综合判断的理性的必然性领域，又参与到不能从经验推论出来的道德命令的领域决定的"[②]。也就是说，当我们判断善恶时，不能根据主体的行动，而是要看他信奉的道德标准。其实，康德并不十分关注具体的道德法则最终是否被人们所遵守，他强调的是绝对道德律令不容许有例外。科拉科夫斯基认同康

---

① ［波兰］莱泽克·科拉科夫斯基：《经受无穷拷问的现代性》，李志江译，黑龙江大学出版社2013年版，第48页。
② ［波兰］莱泽克·科拉科夫斯基：《经受无穷拷问的现代性》，李志江译，黑龙江大学出版社2013年版，第48页。

第六章 现代性的文化—道德哲学审视

德对善恶的区分以及他对功利主义的批判,因为正是康德较早意识到启蒙主义给人类文明带来的危险,进而提醒人们,即便废除了虚伪的社会政治制度,驱散了宗教制造的迷雾,人类也未必能够享有真正的和谐生活。康德的高明之处在于始终对人性中的恶保持高度警惕,这也是他为什么主张用道德律令规范人类行为的原因,他知道人们未必按照道德律令行事,但这不能成为质疑和否定道德规范的理由。

与康德一样,科拉科夫斯基赞同超验主义反对经验主义,贬斥经验是因为经验不仅无法判断善恶,还无视区分善恶的活动,甚至拒绝一切价值判断。经验主义的直接后果是宣布每一件被历史证明为成功的事自动获得道德合法性,这是非常荒谬和危险的。科拉科夫斯基将经验主义归为文化上的伪黑格尔主义,认为如果说黑格尔主义倾向于面向过去而较少探寻未来,那么经验主义将未来神圣化的做法便是一种伪黑格尔主义。科拉科夫斯基区分了两种社会:一种是善恶有别的社会,社会中普遍存在道德法则,尽管人们经常违背这些法则,却在行动中明白法则的意义;另一种是无善恶(标准)或普遍遗忘善恶标准的社会,也就是赫胥黎小说中的"美丽新世界"。科拉科夫斯基认为现代人错误地选择了第二种社会,最终引发了现代性的危机。

科拉科夫斯基意识到康德的道德律令不能从实际行为中引申出来,在现实中人们经常违背这些律令,但他仍然认为它们具有重要的意义和价值。在他看来,康德哲学最宝贵的遗产在于,强调善恶先于偶然事实并认为恶作为文化的先决条件是普遍的、不可消除的。从道德超验主义和道德绝对主义出发,科拉科夫斯基认为一切以历史条件为转移判断善恶的做法都是道德机会主义和道德伪善主义。在他看来,康德强调所有拥有自由意志的理性存在者应无条件遵照道德法则行事,其背后的潜台词是一切人拥有相同的权利和义务,而拥有抽象权利的人不可能是"具体的人",只能是"抽象的人"(一般的人)。"具体的人"否认了共同人性这一人权原则的重要基础,"具体"(种族、阶级或民族)不过是一个意识形态的幌子,只能导致奴役制,它将人从目的变成手段,因此必须反对历史主义的"具体的人"。科拉科夫斯基认为康德哲学最大的遗产是超验的道德、平等的人权和"抽象的人"的观念，相信凭借这些抽象物就可以避免奴役和压迫。这是一种片面的观点，它虽然捕捉到了部分人类奴役制的特性和倾向，但却忽略了"具体的人"并非一定是反人类的，而"抽象的人"也可能成为反人类的意识形态工具，因为"一种借捍卫人权的名义而正当化了的行动，骨子里却可能隐含着强权和霸权逻辑"①。迄今为止的人类社会总是无法避免奴役和灾祸，其原因并不在于"具体的人"的观念造成了人与人的仇视和分离，恰恰是"抽象的人"的观念诱发和增强了文化霸权，导致普遍性对特殊性的宰治。正如某位国内学者分析的："将康德关于人的超验性学说贯穿到底，那么人必然被抽象化，从而受到尊重的将不再是活生生的人，而只是实践理性本身，于是人将被虚无化，实践理性将可能对活生生的人实行理性的恐怖统治。"② 笔者认为，正是资本主义的生产方式让人由目的堕落为手段，使得道德律令在现实中无法运行，抽象的人性论和人权说试图过滤掉一切社会制度的痕迹，只能陷入唯心主义的空谈。

二 现代性能够根除恶吗？

科拉科夫斯基是站在反启蒙的立场上考察现代性的，他与启蒙主义者的对立集中体现在"恶能否被根除"这个问题上。启蒙主义认为恶是偶然的、历史的，原则上可以根除，基督教神学则认为人具有原罪，恶不可根除。有人指责基督教的"原罪说"是保守的，因为它强调命运悲苦不堪，现世不可获救，一切无法改变。科拉科夫斯基却持相反的观点，他承认原罪观念暗含恶的不可根除性，但这并不表明一切恶都是永恒的，更不是有意为特定类型的恶进行辩护。宗教神学为人们提供的有益启示在于，"许多具体的不幸是可以逆转的，很多负担能够被减轻，但是我们永远不能预先知道我们会为自己的成就

---

① 张凤阳等：《政治哲学关键词》，江苏人民出版社2014年版，第9页。
② 转引自［波兰］莱泽克·科拉科夫斯基《经受无穷拷问的现代性》，李志江译，黑龙江大学出版社2013年版，"中译者序言"第7页。

付出什么代价"①。柯林伍德强调进步是一种无失去的获得，赫勒相信"现代社会中没有进步或退步，因为存在着无法衡量的获得和失去"②。科拉科夫斯基赞同上述观点，他承认宗教神学会对现代人的心理和文化生活带来消极影响，但又认定反宗教的极端立场危害性更大。原因在于，如果盲目相信人类的可臻完善性和无限性，相信矛盾的终极和解是可能的，相信人类一定会步入绝对完美的社会，那么这种理想化的乌托邦观念极有可能导致专制和暴政。科拉科夫斯基之所以坚信恶的永恒性，还在于一旦相信恶能够被根除或魔鬼终将获得拯救，过去的历史乃至当代史便因此获得了永久的合法性，因为既然未来人类将获得赦免，历史上发生了什么以及现在正在发生什么也就无足轻重了，这就相当于为一切罪恶开出了一张无罪证明。由此出发，科拉科夫斯基特别强调人的偶然性和有限性，认为现代人必须"怀疑在我们获得理性存在者的地位中扮演着重要的角色；我们必须保护我们怀疑的能力和权利，以便保持我们知识和道德的平衡"③。总之，怀疑精神可以使人类免受蛊惑和侵害，只有对人和社会的终极完善性保持怀疑，同质化的强制逻辑才有可能被瓦解。

不难看出，科拉科夫斯基既有摒弃普罗米修斯神话的决心，又有反西西弗斯神话的冲动，他否认悲苦人生是人类的宿命，坚信盲目乐观必将遭受挫折。科拉科夫斯基倾心于圣经故事中的尼布甲尼撒传奇，狂傲不逊的尼布甲尼撒妄图把自己提升到上帝的尊贵之位，结果退化为野兽，这个故事也适合现代人，暗示了由启蒙理性主导的进步主义正不断僭越界限，把人类引向灾难。科拉科夫斯基认为唯一的出路是皈依基督教，但这不是引发暴力和宗教迫害的传统基督教，而是深邃且充满智慧，能够帮助人们缓解压力，洞察人类境况的界限，使

---

① [波兰] 莱泽克·科拉科夫斯基：《经受无穷拷问的现代性》，李志江译，黑龙江大学出版社2013年版，第84页。

② [匈] 阿格妮丝·赫勒：《历史理论》，李西祥译，黑龙江大学出版社2015年版，第309页。

③ [波兰] 莱泽克·科拉科夫斯基：《经受无穷拷问的现代性》，李志江译，黑龙江大学出版社2013年版，第88页。

现代性保持平衡的基督教。总体上看，科拉科夫斯基的观点略带悲观主义色彩，对人性和社会进步充满怀疑，但他的基本论断却发人深省：人类一旦走出伊甸园，就无法重返故地，下一站是天堂还是地狱，目前尚不可知。赫勒也有类似的观点，在她看来，通往未来的列车终将抵达何处尚不可知，既可以是共产主义社会，也可以是奥斯维辛集中营。应该说东欧新马克思主义理论家在经历了大屠杀之后，自然会对一切必然性和未来理想社会保持怀疑态度，他们不愿回忆那段黑暗的历史，但出于知识分子的良知和责任又不愿选择遗忘，正是有这样一批知识分子的坚守，人类才能时刻保持警醒，灾难才不会重现。

三 宗教神圣性的意义与价值

按照通常理解，现代性具有祛魅的功能，而神圣性就是最大的魅。国内有学者将现代性的特征概括如下："拆除宗教构架，立足此岸场景，对世界给出理性解释；高扬个人权利，强调主体自决，寻求自然欲望的公开排释和物质利益的正当追逐；以世俗生活为路轨，使政治—法权的自主与经济—市场的自由衔接补充，最终将所有生活领域都变成自然运作的此岸体系。"[①] 可见，彼岸与此岸、神圣与世俗的二分是现代性的基本矛盾。启蒙主义者和自由主义者呼唤现代性的来临，热情拥抱世俗社会并将之视为天堂，文化保守主义者则偏爱传统价值和道德规范，试图恢复神圣性的地位。作为文化保守主义者，科拉科夫斯基并不是要宣判现代性的死刑，而只是想通过拯救宗教神学恢复神圣性的权威，他意识到蔑视神圣性必会自食其果，只有尊重文化传统和历史的连续性，从宗教中汲取有益的元素和力量，才能让现代性保持平衡和永续，进而实现新的社会整合。

人们普遍认为宗教在现代性条件下已经衰落，不再能够提供关于世界的正确洞察。譬如，人们遇到心理问题一定会求助精神科医生而不是神职人员，患病一定会去找医生救治而不是到萨满巫师那里寻求

---

① 张凤阳：《现代性的谱系》，江苏人民出版社2012年版，第52页。

庇护。科拉科夫斯基认为用量化数据证明宗教衰落是愚蠢的,只会误解宗教的本质和功能,他一针见血地指出,"有关我们的文化中宗教现象消失的预测与其说是建立在单纯的统计资料基础上的,不如说是建立在对那些统计资料的特定解释基础上的,反过来,这一解释是从人性的一个武断的形而上学中引申出来的"①。也就是说,人们不过是凭借一种宗教哲学偏见来证明宗教的消亡,这种偏见就是启蒙运动以来的理性主义进化论。科拉科夫斯基对理性主义进化论的批判是通过梳理哲学史中偶然性和必然性的关系来实现的。在古希腊时代,相信理性的柏拉图并不十分重视偶然性,因为偶然之物意味着稍纵即逝的现象,这恰与本质不变的理念世界相矛盾。柏拉图试图在经验和超验、偶然与必然之间划界,他不相信人是偶然性的存在物,也不承认偶然性是人的命运,而是主张人应通过自我神化的努力达到本质(绝对)。中世纪神学预设了人的偶然性,目的是反衬上帝的全知全能,偶然的人是有死者,这一局限性决定了他必须崇拜造物主并表现得无比谦卑。基督教神学的"原罪说"强调道成肉身和拯救,意在表明偶然性是绝对的造物,而"绝对必然逾越自己的界限,创造出一个偶然的、有限的、暂时的世界"②。绝对创造偶然性是为了让人敬仰它,创造偶然性的过程也就是异化的过程,但绝对终将扬弃异化复归自身。与基督教神学不同,启蒙主义哲学并不是"把尘世与天国进行比较,而是把现存的文化与和谐的自然状态进行比较"③,以确立世俗社会政治秩序的合法性,这在康德哲学中表现为人的分裂与对立,"即自然秩序与自由秩序的对立,欲望秩序与责任秩序的对立"④。启蒙主义哲学无法消除上述对立,最终陷入了进化论的偏见,无条件地

---

① [波兰] 莱泽克·科拉科夫斯基:《经受无穷拷问的现代性》,李志江译,黑龙江大学出版社 2013 年版,第 69 页。
② [波兰] 莱泽克·科拉科夫斯基:《马克思主义的主要流派》(第一卷),唐少杰等译,黑龙江大学出版社 2015 年版,第 26 页。
③ [波兰] 莱泽克·科拉科夫斯基:《马克思主义的主要流派》(第一卷),唐少杰等译,黑龙江大学出版社 2015 年版,第 41—42 页。
④ [波兰] 莱泽克·科拉科夫斯基:《马克思主义的主要流派》(第一卷),唐少杰等译,黑龙江大学出版社 2015 年版,第 51 页。

肯定必然性和客观规律。科拉科夫斯基则反对启蒙主义，在他看来，"事件的进程不是被任何假定的规律决定的，而是被突变决定的，这种突变按照定义是不可预测的"①。

科拉科夫斯基认为宗教的意义不在于对现时代有什么具体的功用，虽然无所不包、无所不能的普适性宗教已经不复存在，但宗教对于创立一个充满意义和价值的世界仍然具有重要的影响。奥斯维辛集中营中既有无神论者，也有宗教徒，前者认为"既然暴行如此横行，上帝必定不存在"，后者则认为"面对如此暴行，唯有上帝才能保存生命的意义"。科拉科夫斯基认为现世的苦难虽然随着社会的发展有可能大大减少，但"并不是每一种苦难、不是所有时候、不是对每一个人，都可以清除"②。宗教的意义在于教导人们任何苦难都是有意义的，即使我们不明白其意义所在。在这个意义上，宗教可以避免现代性的虚无主义，让人们过上有意义的生活。在科拉科夫斯基眼里，宗教神学不仅不是保守的，反而是激进的、革命的，能够给人类社会注入无穷无尽的活力。与之对应，神圣性的消解则是可怕的，内含着"对无定形的热爱、对同质性的渴望、对人类社会能够达到无限完善性的幻想、内在主义的末世论，以及对待生命的工具主义态度"③。科拉科夫斯基承认神圣事物有时也具有保守的性质，如暗含"事情就是这样的，不可能是别的样子"这类结论，但他坚信人类社会离开宗教力量便无法持存。具体说来，人类社会必须在结构和发展之间保持适度的张力，仅有保守的力量社会将陷入停滞，仅有发展的力量社会将走向毁灭。宗教神圣性在人类社会发展中起着维系保守力量和发展力量平衡的作用，因此是不可或缺的。科拉科夫斯基的"宗教平衡论"并不是一种折中主义或诡辩论，它充满了哲学智慧，一方面承认

---

① ［波兰］莱泽克·科拉科夫斯基：《经受无穷拷问的现代性》，李志江译，黑龙江大学出版社 2013 年版，第 68 页。
② ［波兰］莱泽克·科拉科夫斯基：《自由、名誉、欺骗和背叛：日常生活札记》，唐少杰译，黑龙江大学出版社 2011 年版，第 91 页。
③ ［波兰］莱泽克·科拉科夫斯基：《经受无穷拷问的现代性》，李志江译，黑龙江大学出版社 2013 年版，第 74 页。

第六章　现代性的文化—道德哲学审视

捍卫神圣性可能内含保守精神，另一方面又认为结构与变化、传统与批评的张力是人类生活的基本条件。由于人们手中缺少衡量对立力量的天平，无法预知哪一方会最终获胜，因此消除矛盾和张力的做法断不可取，唯一可做的只能是在悖论中前行。

按照科拉科夫斯基的分析，宗教神圣性在现代性条件下正面临着巨大的危机，这主要源于同质性（一致性）的无限扩张及其对差异性（特殊性）的消解。同质性宣布区别即是等级制，等级制即是压迫。科拉科夫斯基却认为，"整体的一致性实际上与狂热主义是一样的，而不一致则是宽容的根源"[①]。同质性一般会呈现出"过分一般化"的强制性特征，这将给人类社会发展和人类精神世界的多样性带来灾难，其消极后果是"导致文化多样性的逐步消失，从而使人类的精神创造力走向衰退；会使不同民族的多样性文化所创造的珍贵的精神财富被忽视、被遮蔽，从而使人类文化精神走向萎缩和单向度，使强势的文化精神生长为以傲慢和偏见为特征的文化霸权，以单一的尺度剪裁原本丰富多彩的人类精神和文化世界；会使人类失去道德和价值的约束力，缺乏深刻的社会批判和自我批判意识，遗忘人类用无数鲜血和生命浇筑的惨痛的历史教训，从而使文化危机和历史灾难不断以新的面目重现人间"[②]。

科拉科夫斯基认为在神圣性与世俗性的对决中前者获胜的意义重大，这意味着否定世俗秩序的绝对自主性，承认其有限性。与人的偶然性和有限性一样，世俗秩序不可能是绝对的善，不完善性是内在的、不可治愈的。神圣性若不揭穿世俗性的虚假谎言，人类必将堕入黑暗。如果神圣性在现代性中消失，整个人类文明将会陷入危险的幻觉，人们会认为"人类生活能够经历的变化是没有界限的，社会'原则上'是一个无限的可塑的东西，否定这种可塑性和可完善性就是否定人的完全的自主性，因此也就否认

[①] ［波兰］莱泽克·科拉科夫斯基：《走向马克思主义的人道主义》，姜海波译，黑龙江大学出版社2013年版，第208页。

[②] 衣俊卿：《东欧新马克思主义精神史研究》，黑龙江大学出版社2015年版，第14页。

了人本身"①。由此出发,科拉科夫斯基对尼采主义和萨特主义提出批评,认为后者过分强调了个体选择和自由,在一定程度上忽略了传统,将导致自我的虚空化。在他看来,意义只能来自宗教和神圣性的事物,既不能从经验中获得,也不能靠个人顿悟实现。拒绝神圣性意味着否认人的偶然性和有限性,相信完美的乌托邦,这便可能导致暴力和专制。总之,科拉科夫斯基认为只有那些相信神圣性和生活意义的人才能坦然面对失败,接受自己的命运,任何试图清除神圣性和意义的做法只能导致死寂和伪善的世界,所有人劳累奔波于当下,沉醉于虚假的幸福之中。

四 基督教的危机与去神话性的幻想

无论怎样,科拉科夫斯基都必须面对一个事实,即宗教神学在现代性条件下已经陷入危机。术语"危机"近年来非常时髦,它是一个多义词:在粮食危机和石油危机中指"短缺";在家庭危机、基督教危机、民主危机中指某种形式或观念日渐式微和失去生命力;在人口危机中指人口急剧减少或增加;在科学危机中指科学面临某些不可解决的问题。一言以蔽之,"危机意味着各种形式的负面的东西:崩溃、衰退、短缺、病态"②。宗教改革常被视为传统基督教危机的结果:从经济上看,随着资本主义商品经济的发展,天主教会日益成为资本主义发展的障碍,资产阶级迫切需要建立统一的国家和市场;从政治上看,民族国家与天主教会的权力之争接近白热化,皇权和教权的冲突一触即发;从文化上看,文艺复兴运动促进了思想解放,人们对宗教压迫普遍感到不满。路德的新教改革运动将理性奉为圭臬,提出"因信称义",认为信徒是否获救不在于对教义和教规的死板恪守,而在于内心对上帝的信仰是否虔诚。路德的宗教改革虽然弘扬了个体性,却既未能实现基督教的世俗化,也没能为资本主义发展提供

---

① [波兰]莱泽克·科拉科夫斯基:《经受无穷拷问的现代性》,李志江译,黑龙江大学出版社2013年版,第77页。
② [波兰]莱泽克·科拉科夫斯基:《经受无穷拷问的现代性》,李志江译,黑龙江大学出版社2013年版,第91—92页。

精神支持。在路德教那里，基督徒并不能保证自己一定成为上帝的选民，选择是由上帝单向做出的，人不能左右上帝的意志。加尔文教则不同，在那里出现了双向选择，人虽然不能窥探和左右上帝的意志，却可以通过从事理性的工作和过一种道德的生活向上帝证明自己符合选民的身份。就这样，加尔文教为资本主义社会的发展注入了新的活力：一方面，人们不再把商业活动看成是不道德的利己行为，而是将之视为荣耀上帝的手段；另一方面，禁欲主义伦理被注入社会，"这种生活态度不仅体现在为神保有财产，并通过无休止的劳动来增益这份财产的商业活动中，更体现在拒绝奢侈浪费和无益的享乐活动的品格上"①。

科拉科夫斯基认为，宗教改革的目标不是让基督教完全世俗化，而是希望它适应世俗社会，促进资本主义的发展。但在现实中这种调和策略非但没有让宗教在世俗社会中大放异彩，反而深深地陷入危机。宗教改革的激进分子一方面主张让基督教适应世俗社会，另一方面又担心世俗社会玷污基督教精神的纯洁性，声称基督教所做的一切都发生在基督徒的个人灵魂中，目的是让宗教良心远离教堂、教义、仪式等外在事物的侵扰，他们坚信只要把基督教同世俗现实剥离开来，就可以恢复基督教真正的信息和内容。科拉科夫斯基认为这种经过纯化的基督教已不再具有任何信息和内容，基督教作为尘世福音的传递者，必须有尘世的交流方式，包括聚会、教义和仪式，将之还原为神秘的个人意识是无法传递信息的。事实上，世俗并不一定总是同神圣相对立，"世俗的历史可以是一个中介，通过它，神圣的历史、拯救的历史能够表现自己"②。总之，科拉科夫斯基认为基督教信仰是必要的，因为人们没有能力把自己从恶中解救出来，而没有外来力量的帮助人类将无法获得救赎。但是，基督教的力量并不显示在神权统治或垄断文明的各个领域的规则创造中，这个时代早已一去不复

---

① 李晓敏：《现代性危机与基督教文化精神》，黑龙江大学出版社2015年版，第58页。

② ［波兰］莱泽克·科拉科夫斯基：《经受无穷拷问的现代性》，李志江译，黑龙江大学出版社2013年版，第95页。

返。基督教的真正意义在于把压迫和贪婪归为个人的恶,"耶稣的信息根本不是关于一个正义的社会制度或者任何社会制度的。他教导他们从我们自身开始铲除恶,不是从谋杀我们认为——不管对还是错——是邪恶的他者开始"①。既然恶与社会无关,个人就必须为自己的行为负责。必须承认,宗教信仰在重塑现代道德责任上的确发挥着积极的作用,但将矛盾归于个人的做法消解了社会制度对道德的影响,否定了经济基础对上层建筑的决定作用,因此并不可取。

科拉科夫斯基认为宗教神圣性的衰落是现代性最大的危机,这主要表现在两个方面:"一方面是生活在对神既敬畏又向往的感情中和经验这种感情的能力的明显的衰微,另一方面是对作为一种理解世界之手段的科学的信任。"② 事实上,这两种现象早在11世纪理性与信仰对立的时代便已出现,阿奎那无意识地参与了这一过程,他反对神圣和世俗的分离,认为这会导致世俗生活肆无忌惮地藐视包括上帝在内的一切神圣事物,进而宣布启示性的真理对于世俗知识具有绝对的控制权,强调只有神圣性才能为人类提供终极的意义标准。科拉科夫斯基赞同阿奎那对神圣性的推崇,但认为他不仅没有解决理性和信仰、世俗与神圣的二分问题,其宗教世俗化的倾向还可能毁损宗教的神圣性。14世纪是唯名论和唯实论持久论辩的时期,唯名论反对共相的客观实在性,认为这只是个别事物的"名称",只有个别事物才具有客观实在性。唯名论用经验主义原则批判宗教的神圣性,主张信仰领域(非理性的王国)与世俗领域(理性的王国)的二分。表面上看,信仰和理性的二分意味着限制世俗理性的适用范围,剥夺其进入形而上学殿堂的权利,但唯名论的真正目的却是通过分离信仰和理性,以理性的自主性反对宗教对世俗世界的干涉,其基本见解是:"对于我们有关物质世界的理解,不仅信仰,而且上帝的存在都是无关的;换句话说,事实上物质实在都是自足的,我们关于此实在的知

---

① [波兰] 莱泽克·科拉科夫斯基:《经受无穷拷问的现代性》,李志江译,黑龙江大学出版社2013年版,第99—100页。
② [波兰] 莱泽克·科拉科夫斯基:《经受无穷拷问的现代性》,李志江译,黑龙江大学出版社2013年版,第101页。

识也是如此。"[1] 唯名论虽然不否认上帝的存在，但却强调世俗社会是由理性和科学决定的，这便直接剥离了宗教神圣性的光环。

科拉科夫斯基认为宗教神圣性的丧失在笛卡尔那里达到了顶峰。笛卡尔虽然试图论证上帝的存在，但在他的描述中上帝成了宇宙机器的推动者，尽管在逻辑上至关重要，但在解释具体事件上并不必要。事实上，真正销蚀信仰的不是科学，而是科学主义或理性主义。与科学不同，科学主义或理性主义包含一种规范性的哲学观念以及面向知识的独特态度，即认为知识能够有效预测和控制一切事物。虽然在古希腊时期理性就已经成为西方文化的精神特质，但理性主义有别于古希腊的理性，作为现代性的产物，它暗含着"一种极度扩展的理性逻辑，形成了涵盖自然、社会和个体生存的普遍化的、自然科学化的世界图景"[2]。一旦理性主义在社会文化生活中占据上风，并将一切有益成果尽归科学和理性，宗教神圣性就毫无价值可言了。科拉科夫斯基认为宗教神圣性的危机是人们过度信奉科学和理性导致的。在他看来，信仰和知识不能混淆，人们不能因为宗教在处理世俗事务中竞争不过知识和技术就放弃宗教，转而盲目崇拜知识和技术。从本质上看，宗教和科学的冲突带有强烈的文化属性，关键是看其在文化价值上更偏向哪个等级体系，是选择统治自然还是追寻意义，这代表了两类不同性质的欲望之间的矛盾。

科拉科夫斯基并不是一味地强调信仰反对理性，他在形而上学和科学之间划界是为了防止理性僭越界限，给人类带来灾难。人类文化由技术和神话组成，神话在本质上是超验的，不需要理性来证明。神话是在人类历史长河中永远存在的一种文化样式，可以为生活提供意义和价值，让世界具有连续性，让偶然的人找到精神寄托并获得永恒性和确定性。科拉科夫斯基发现，"去神话"的倾向在现代性萌发之初便已存在，在布特曼与雅斯贝尔斯的争论中，布特曼作为天主教现

---

[1] ［波兰］莱泽克·科拉科夫斯基：《经受无穷拷问的现代性》，李志江译，黑龙江大学出版社2013年版，第102—103页。

[2] 衣俊卿：《现代性的维度》，黑龙江大学出版社、中央编译出版社2011年版，第129页。

代主义的代表重释了《新约》，目的是强调去神话的观念，现代主义者认为基督教中存在某种恒定不变的东西，但真理永远不能准确无误地通过语言表达出来，定规、教条和符号只能是历史的、相对的。布特曼试图让基督教摆脱神话，投入科学的怀抱，使其信息为当代精神所用，但这个尝试失败了。雅斯贝尔斯强调神话语言自成一类，反对神话同形而上学以及科学通约，认为把神话翻译成形而上学语言是荒谬的，用科学理性解释神话是徒劳的，"消除神话语言是灾难性的，这一语言没有'被客体化'的意义，没有经验实在的所指；它只给我们提供帮助我们把握超验和存在的密码，二者是不可分割地互相联系在一起的，并且永远是不可思议的"[①]。布特曼和雅斯贝尔斯的根本分歧在于宗教神话能否被个体把握，布特曼想从传统基督教信仰中拯救出部分信息让现代人接受，雅斯贝尔斯则认为宗教信息不能被还原为个人的内容。科拉科夫斯基认同雅斯贝尔斯的观点，反对把神话翻译成哲学语言，反对按照科学的模式将基督教弄得面目全非，他发现现代人正面对着一个丧失宗教遗产的世界，人们走到了一个十字路口，一边是接受基督教上帝的神话，另一边是没有上帝的科学理性主义的世界。现代人必须做出正确的抉择，这关乎整个人类的生死存亡。

总体而言，科拉科夫斯基偏爱信仰和传统，更关注恶而不是善。事实上，对于人类的生存和发展而言，悲观主义往往比乐观主义更有价值，前者时刻警醒世人恶的存在，并预见到科学技术极有可能带来灾难，后者则宣扬普遍的善，坚信科学技术将创造完美的未来。乐观主义的预言若没有实现，人类至少还能继续存活，悲观主义的预言一旦实现，人类将会彻底覆灭。

五 简短的评论

要客观评价科拉科夫斯基的宗教现代性批判理论，就必须将之置

---

① [波兰] 莱泽克·科拉科夫斯基：《经受无穷拷问的现代性》，李志江译，黑龙江大学出版社2013年版，第110页。

于文化保守主义和中东欧独特的历史文化背景中进行审查。一般而言，文化保守主义立足于道德约束，对个性自由的负面效应持批评态度。科拉科夫斯基不反对个性自由，但反对无约束、狂妄自大的个性扩张，因为后者极有可能导致文化失范，"不可避免地侵蚀和冲击道德堤坝，最终演化为病态的虚无主义和自恋主义"①。因此，如何在个性自由和道德责任之间保持合理的张力，就成为科拉科夫斯基乃至整个东欧新马克思主义理论家的核心理论关切。当代文化保守主义者麦金太尔（Alasdair MacIntyre）深刻洞察到了现代个体面临的自由困境，那就是个人自我在摆脱一切等级制束缚，"获得其自身领地的主权的同时，却丧失了由社会身份和被既定目标规定的人生观所提供的传统边界"②。文化保守主义的积极意义在于守护传统的边界，用宗教信仰和道德理想教化和感召世人，让人们不至于坠入虚无主义的深渊。麦金太尔认为现代人只有两种生活模式可以选择："其一是由个人的自由和任意选择占主导地位，其二是由科层体制占主导地位，从而可能限制个人的自由和任意选择。"③ 这就意味着自由主义或集体主义，抑或二者的混合，将成为现代人的宿命。科拉科夫斯基既反对自由主义，也反对集体主义。一方面，自由主义所谓的"开放社会"许诺给人类带来自由、平等、博爱，结果却走向反面，导致了极权主义。科拉科夫斯基坚信极权主义并非自由资本主义的外部敌人，而是自由资本主义的另一副面孔，自由主义原则的扩展和持续应用一定会走向反面，极权主义正是开放社会自我毒害的结果。另一方面，集体主义承诺给人们提供一个美好的未来，但实际上却处处压制个性，因此有走向国家主义和集权主义的风险。笔者认为，科拉科夫斯基对自由资本主义的批判是正确的，市场自由主义不可能无限发展下去，当遭遇自身的界限时，国家干预势必加强，其结果只能是集体主义（甚

---

① 张凤阳：《现代性的谱系》，江苏人民出版社 2012 年版，第 143 页。
② [美] 阿拉斯戴尔·麦金太尔：《追寻美德》，宋继杰译，译林出版社 2011 年版，第 43 页。
③ [美] 阿拉斯戴尔·麦金太尔：《追寻美德》，宋继杰译，译林出版社 2011 年版，第 44 页。

至是极权主义),就此而论,"所有的极权主义意识形态事实上的确依赖于同一个自由主义观念"①。然而,科拉科夫斯基将集体主义(社会主义)与乌托邦主义混为一谈是错误的,马克思从未细致描绘过共产主义社会的细节,他反复强调"全部问题都在于使现存世界革命化,实际地反对并改变现存的事物"②。共产主义不是应当确立的状况和现实应当与之相适应的理想,而是消灭现存状况的现实的运动。

时至今日,科拉科夫斯基的宗教现代性批判仍具有重要的意义和价值。首先,与哈贝马斯一样,科拉科夫斯基区分了世俗主义和世俗。世俗主义强调政教分离,认为宗教观念与世俗观念是对立的,从启蒙理性主义的立场出发,世俗主义把宗教视为非理性的、非科学的,主张排斥和否定宗教。世俗的观念则主张辩证地看待宗教,即对其有效性采取不可知论的立场,这就意味着区分宗教在公共领域和私人领域的不同作用,在公共领域,宗教不应干预政治,必须坚持政教分离,而在私人领域,宗教作为个人的信仰,应该受到尊重和保护。做出这种区分有一个好处,那就是一方面可以有效抑制宗教的消极影响,另一方面保有宗教在个人教化中的积极作用。如前所述,科拉科夫斯基一方面主张加快宗教的世俗化进程,加强宗教在现代社会中的作用,另一方面又强调宗教中内含独特的、神秘的、个体无法把握的信息和内容,防止世俗主义对宗教的侵蚀,这种辩证看待宗教的态度比启蒙理性主义和宗教原教旨主义深刻得多。其次,科拉科夫斯基对康德哲学遗产的分析以及对道德规范的强调有助于化解现代性的道德危机。几乎所有东欧新马克思主义者都非常关注恶的问题,这绝非偶然,大屠杀的特殊经历让他们不得不思考恶的根源以及能否彻底消除恶。科拉科夫斯基强调个体的有限性、绝对的道德规范、宗教的神圣性以及神话的意义,确实可以缓解现代性的虚无主义和道德相对主义

---

① [波兰] 莱泽克·科拉科夫斯基:《经受无穷拷问的现代性》,李志江译,黑龙江大学出版社2013年版,第182页。
② 《马克思恩格斯文集》第1卷,人民出版社2009年版,第527页。

第六章　现代性的文化—道德哲学审视

带来的消极影响。但也应看到，科拉科夫斯基并没有真正揭示出现代性危机的本质，其宗教现代性批判仍局限在宗教领域，未能转变为政治批判和经济批判。最后，科拉科夫斯基的宗教现代性批判推崇神圣感、敬畏感和秩序感，强调传统的统一性、聚合性与稳定性，根本目的是通过让宗教成为意义建构的重要资源，在现代性条件下实现新的社会整合，这种理论"由于使人类记忆连贯，因而在延续文化生命、帮助人类对付生存困境方面是不可缺少的"[①]。尤其需要指出的是，科拉科夫斯基对意义（价值）丧失的分析、对技术（理性）乐观主义的批判以及对人的有限性的论述，在一定程度上的确切中了现代性的要害，并启发人们做出如下思考：人类社会是否可以无限发展下去？面对神圣事物人们是否需要心存敬畏？统治自然能否和追寻意义实现统一？恶是否将永远伴随人类社会？科拉科夫斯基没有为我们提供上述问题的终极答案，只是给出了自己的解决方案。现代性是开放的，通往未来的列车仍在行进中，至于它终将到达何处，主要取决于人们对现代性模式和发展道路的选择。

第三节　现代性的危机与文化反思

在《具体的辩证法》中，科西克运用一正一反两套范畴体系对资本主义社会展开激烈批判，反面范畴（伪具体、功利主义实践、获取、操控的效用世界、日常、现象、经济因素等）凸显资本主义社会的异化特质，正面范畴（具体、总体、历史、辩证法、辩证理性、实践、生活世界、本质等）彰显应然的理想社会和人的本真状态。1968年"布拉格之春"运动爆发后，科西克转向现代性问题研究，强调现代性危机的本质是人的危机，反对普遍操控系统对人的宰治，将危机归结为深层的、全面的、基础性的哲学危机，回到对意义、真理、实践、历史、时间、存在等哲学问题的探讨，在思想上实现了螺旋式

[①] 张凤阳：《现代性的谱系》，江苏人民出版社2012年版，第142页。

的跃升。本节我们将对《现代性的危机》① 一书进行文本分析,以期全面呈现科西克的现代性批判理论。

一 资本的抽象统治及其影响

在西方马克思主义和东欧新马克思主义理论家中,科西克是为数不多同时切近马克思主义哲学和政治经济学的学者,他甚至直接将批判的矛头对准资本的逻辑,这一点极其可贵。在科西克看来,资本主义社会存在一种视他物为附庸的一体化力量,该力量以自身为目标,旨在消除一切差异和个性,资本凭借交换价值实现自身增殖,"以越来越大的比例生产自身,并将它接触到的一切转换成类似于自身、与自身相联系的东西。它使一切都符合其自身的行动"②。资本世界有两大特点:一是不断扩大的生产,二是一切事物由资本统摄。资本要实现统治就必须消灭一切质和个性,借助于交换价值让抽象成为统治一切的普遍力量。马克思曾多次指认交换价值的"夷平化"功能:"不管活动采取怎样的个人表现形式,也不管活动的产品具有怎样的特性,活动和活动的产品都是交换价值,即一切个性,一切特性都已被否定和消灭的一种一般的东西。"③ 就此而论,马克思认定"个人现在受抽象统治"。科西克着力批判的是现代性抽象统治的消极后果,在他看来,交换价值建构的普遍性力量对人的生存构成了严重威胁,由于自然已变成"完美的操作实验室"和取之不尽用之不竭的"大货仓",人们恣意妄为地向自己的无机身体索取能源和资源,由此必然引发严重的生态灾难。资本的抽象统治不仅破坏人和自然的统一,还有以下四个方面的消极影响。

第一,直接导致价值和意义的消亡并触发虚无主义。由于"所有

---

① 《现代性的危机》是科西克在20世纪90年代初出版的一部重要文集,书中收录了1968年前后写作的25篇文章,尽管大部分内容涉及捷克和中东欧社会,但其结论也普遍适用于其他国家。
② [捷克]卡莱尔·科西克:《现代性的危机》,管小其译,黑龙江大学出版社2014年版,第50页。
③ 《马克思恩格斯文集》第8卷,人民出版社2009年版,第51页。

第六章　现代性的文化—道德哲学审视

的边界都消失了，无限的可臻完善性和巨大的、难以估量的增长便成为家常便饭。在这不可测量性中，任何标准都丧失了，而在某种没有任何标准的实在中，最高标准变成了纯粹的可测量性、可比性和可调节性"①。卢卡奇认为资本主义社会普遍遵循以可计算性为中轴的合理化原则，这个原则将劳动过程分解为抽象的局部操作，将工人简化为量的符码和"机械化了的、合理化了的零件"②。科西克进一步指出，现代性总是用单调齐一的标准（交换价值）衡量一切，凡是无法衡量的事物就被视为非理性的剩余物，而一旦差异（个性）和价值（意义）被罢黜，就只能导向虚无主义。

　　第二，抽象的统治没有边界且势不可当，令人无处藏匿。面对现代性量化原则的挤压人们显然无处可逃，不仅要在劳动过程中忍受煎熬和压迫，在日常生活乃至休闲活动中也在所难免，医学、心理学、精神病学、娱乐和旅游等行业（学科）早已沦为异化统治的工具，其目的是让人稍作调整和休息后恢复正常活动，继续接受系统的操控。在资本一体化力量的运动中，"一个人永远不知道孤独，而且是永远不会孤单的。他总是由阴影伴随着，其外观是连续匆忙的，其本质在于离开活动的不可能性。无论人身在何处，活动总是如影随形。"③ 这就是现代人真实的生活写照，终日里忙忙碌碌却是为了毫无意义的目标活动，人生意义和真理反被遗忘。从摇篮到坟墓，无论白皮肤还是黄皮肤，概莫能外。在科西克看来，现代性就像是一部整日无休止运转的永动机，随着时间的推移操纵机器的人越发对其运行着魔，他们由主体蜕变为客体，沦落为可交换性的附属物。更严重的是，现代性的抽象统治比传统社会的金银和武力更强大，一方面金银和武力有无法征服的事物（如道德、勇气、良知等），另一方面金银

---

① ［捷克］卡莱尔·科西克：《现代性的危机》，管小其译，黑龙江大学出版社2014年版，第51页。
② ［匈］卢卡奇：《历史与阶级意识》，杜章智、任立、燕宏远译，商务印书馆1992年版，第249页。
③ ［捷克］卡莱尔·科西克：《现代性的危机》，管小其译，黑龙江大学出版社2014年版，第51页。

和武力是有限的，不能无限扩大。资本则完全不同，由于它作为"孜孜不倦地追求财富的一般形式的欲望"具有一种"不可遏止地追求普遍性"的冲动，便可以"摧毁一切万里长城"并"按照自己的面貌为自己创造出一个世界"。科西克强调，在现代性条件下可能与不可能的界限已经内爆，现代性指向了一个"一切皆有可能"的社会。现代人不仅操控物还操控人，既然整个宇宙被视为供人享用的"大货仓"，人类又岂能独善其身？现代性由于倾向于无休止地追求物质生活的富足，便具有了破坏性，即便是大屠杀和战争也无法阻止资本拓展疆域的步伐，历史或许会出现短暂的中断，但人们很快便会继续跟着永动机的频率四处奔走。科西克发现，当代社会经济、技术和科学已经融合为一个共生的整体，就像是一座大厦，只要许诺生产力不断发展，这座大厦就会应运而生，而"发展"无非是对量化原则的承认，这不过是一种虚假的标准。结果便是，"人似乎控制着一切，但实际上，他为某些外在的运动、节奏和时间所控制，他被种种过程拖曳着，关于其性质和内容，他一无所知"[①]。科西克指出，无论是资本主义的自由市场力量，还是社会主义的国家调控力量，都是排斥人的盲目力量，它们共同造就了现代性无边界的主体主义。在这种主体主义之下，真正的主体（人）变成客体，原来意义上的客体（机械装置和外在力量）变成主体，但新主体不过是非理性的伪主体，因为外在的力量总是凌驾于人之上，主客倒置的后果只能是虚无主义。

第三，科学技术的基本性质和发展方向发生变化，已由智慧蜕变为控制术。在现代社会中，人们要么倾向于坚持技术进步论，相信技术万能，要么浪漫主义地反对技术，认为技术必将导致奴役。科西克认为"技术的本质不是机器或客观化的自动装置，而是将实在组织成一个可被掌握的、完善的和客观化的系统的那种技术合理性"[②]。也

---

① ［捷克］卡莱尔·科西克：《现代性的危机》，管小其译，黑龙江大学出版社2014年版，第54页。
② ［捷克］卡莱尔·科西克：《现代性的危机》，管小其译，黑龙江大学出版社2014年版，第47页。

就是说，科学和技术代表的是一种介入现实的方法，主体认为通过科学和技术能够理解现实，坚信客体已在自己的掌控之下，但实际上主体是被客体掌控的，并已成为科学和技术的操控对象。科西克认为社会主义的合法性在于实现人的解放，消灭贫困、剥削、压迫、不公、谎言、神秘化、不自由，他不否认科学技术有助于实现上述目标，但提醒人们科学技术也可以用来反对社会主义，如果社会主义遗忘了历史的意义，陷入片面的"为生产而生产"，用官僚统治代替资本统治，便会面临极大的风险。因此，人道主义的社会主义必须回答如下问题："人是谁和真理是什么，存在是什么和时间是什么，科学和技术的本性是什么，以及革命的意义是什么"①。

第四，资本的抽象统治将导致理性的危机与良心的丧失。如果说启蒙主义者认为人的根基是理性，科西克则认为应该是理性和良心的统一。15世纪初，捷克宗教改革运动的先驱胡斯（Jan Hus）曾站在民众立场上严厉批判教会的贪腐，后被判处死刑，临刑前他劝诫人们不要让暴力压制善良，一定要掌握真理。1415年，一位捷克知识分子在狱中提到，如果大公会议断言你只有一只眼睛而事实并非如此，你该如何作答？如果承认就会失去理性和良心，而如果否认虽会丧命，但却可以成为真正的人。科西克把作出第一种选择的人称为现实主义者，从表面上看这类人试图让理性战胜良心，但事实上他们并没有拥有理性，而是以个人利益压制了良心，结果必将同时失去理性和良心。事实上，理性和良心不可分割，二者共同构成了人类生存的基础，"缺乏良心的理性会变成精于算计、估算和计算的功利主义的理性与技术合理性，而建立于其上的文明便是缺乏理性的文明，其中人服从于事物及其技术逻辑。已经背离理性的良心变成某种无助的内心渴望或者善意的空虚"②。

总之，现代性的危机表现为暂时性和无常，它总是制造某种瓦解

---

① ［捷克］卡莱尔·科西克：《现代性的危机》，管小其译，黑龙江大学出版社2014年版，第49页。
② ［捷克］卡莱尔·科西克：《现代性的危机》，管小其译，黑龙江大学出版社2014年版，第19页。

的临时性和纯粹的暂时性。在这种境遇中，人们无法深入思考人生的意义，虚无主义便乘虚而入。现代性由于失去了时间维度，也就丧失了内容和实质，这突出表现在对无限的可臻完善性的追逐上。现代性的危机也即时间的危机，它使得只有可转换性和可臻完善性是真实的，其他一切皆是虚无。

二　精神的危机

科西克认为现代性具有一种将一切事物还原为物的物质主义[①]倾向，该倾向表明无所不包的现代性将自然界变成原料和物质，"变成一个服务于人的看起来似乎是取之不尽、用之不竭的原材料和能源的仓库"[②]。物质主义绝不意味着仅仅对物起作用，它也会瓦解人的精神，让人成为没有灵魂的虚构实在。可见，启蒙主义的祛魅极有可能走向反面，"当祛除巫魅不独表现为清扫巫术迷信，而且也表现为摒弃浪漫情感、超验信仰和终极关切的时候，一个彻底脱魅的世界就成了无灵性和无意义的世界"[③]。正是在这个意义上，科西克认为现代生产不是进步而是炫耀。具体说来，传统炼金术将铅炼成金，现代炼金术则将金（地球的宝藏）炼成铅（废物），现代炼金过程同时改造物和人，但结果却造成了人性的堕落。物和人的贬值与精神的异化紧密相连，"被降格的物质是某种贬低它本身、已经经历了腐朽的精神的产物。这种优于自然的关系和对自然的剥削性关系意味着精神是如此全神贯注于自身及其主权的盲目性，以致它不再具有判断或洞见的能力，它如此沉醉于自己的愚蠢的权力，以至于成熟到坠入深渊的地步"[④]。现代性的危机从表面上看是主客体的倒置，但换个角度看这

[①] Materialism 通常指哲学中的"唯物主义"，但科西克用这个词主要是为了强调现代性具有一种将一切还原为物的倾向，带有批判和贬义的色彩，故中译者将之译为"物质主义"以示区别。
[②] ［捷克］卡莱尔·科西克：《现代性的危机》，管小其译，黑龙江大学出版社 2014 年版，第 57 页。
[③] 张凤阳：《现代性的谱系》，江苏人民出版社 2012 年版，第 261 页。
[④] ［捷克］卡莱尔·科西克：《现代性的危机》，管小其译，黑龙江大学出版社 2014 年版，第 58 页。

第六章 现代性的文化—道德哲学审视

一切正是主体自身招致的,恰恰是主体精神的堕落默认了系统对生活世界的侵凌。科西克对精神危机的分析并不是要宣告木已成舟,而是希望人们坚定信念,运用理性把握世界的本质,并通过实践改造世界,摆脱系统的控制。

科西克意识到精神的异化与现代社会的效用原则和可交换性原则直接相关,他质疑道:"将一切事物转换成价值并将这种或那种价值赋予一切事物并不意味着它被促进、升华或提高到一个更高的层次,而是它被贬低和被还原到一维,在那儿其稳定的和被评价的本质丧失了其独特的品质。"① 精神和自然既不能交换,也不能还原为价值,一旦精神成为最高的价值,自然成为可被无尽盘剥的仓库,系统将彻底征服生活世界。在科西克看来,资本主义社会处于价值(交换价值)占统治地位的时代,这也是一个缺乏尊严、充满幻想的时代。现代性剥夺了事物独一无二的特殊性,一切都成为待价而沽之物和可互换的领域,这不是真正的人类历史。现代人是可悲的,他匆忙且心神不宁,"从一个地方游荡到另一个地方,因为他已经失去了本质性的东西。因为他与本质性的东西没有联系,他总是匆匆忙忙地追求那种非本质性的东西和不重要之物的积累而毫不停顿"②。由于对人来说重要的、本质的东西已经丧失,因此这是一个非本质之物战胜本质之物的时代,人生活在虚假颠倒的世界里,表面上看他们在不停地向前奔跑,其实是在快速地后退。

由此出发,科西克对现代生产提出批评。在他看来,生命是本质之物,生产是非本质之物,现代性的问题在于通过无休止的生产来证明生命的存在和意义,"生产已成为决定人与现存世界关系的主要的方法:生产吸收了创造性和主动性。主体的这种过度发展的活动是如此贫困以至于到了这种地步,它只能生产——不断地、无限地和更加

---

① [捷克]卡莱尔·科西克:《现代性的危机》,管小其译,黑龙江大学出版社 2014 年版,第 59 页。
② [捷克]卡莱尔·科西克:《现代性的危机》,管小其译,黑龙江大学出版社 2014 年版,第 61 页。

完美地生产——但不再创造任何东西"①。更可怕的是，对于这种颠倒的社会现象，现代人竟然能够心平气和地把它看成是自然的、正常的，足见人们已经病入膏肓。总之，科西克认为现代性正处于系统的、整体的、根本性的危机之中，摆脱危机只能进行总体性的革命，实现根本性的改变。

三　对普遍操控系统的批判

在初步分析了现代性普遍操控系统对生活世界的殖民后，科西克试图破解卢卡奇的"物化意识"之谜，回答"现代社会普遍存在的虚假意识何以能够助长系统对人的操控"这个问题。答案是：系统中存在一种真实存在与事实存在相割裂的"概念化"倾向。普遍操控系统对人的统治意味着实在的还原，不仅意指虚假意识占据心灵，还表明区分真假善恶能力的退化。在普遍操控系统中，人不仅丧失了区分对错善恶的能力，就连作出这种区分的需要也丧失了。与其说现代人无法辨别真假善恶，不如说人们干脆认定这种辨别活动本身毫无意义，因此漠不关心。冷漠一旦被提升为建构性的原则，就意味着真理等同于非真理，善等同于恶。卢卡奇之所以强调资产阶级具有虚假意识以及无产阶级能够破除虚假意识，是因为他认定后者具有神秘的"被赋予的意识"。科西克则认为虚假意识并不仅仅是资产阶级的专利，而是具有客观的社会根源——普遍的操控系统，"虚假意识不是建立在非真理和谎言（不同于真理的东西）之上的，而是建立在混合、融合——密不可分的混合物——真实的和不真实的、善的和恶的基础之上"②。只要系统成功瓦解一切界限，人们对区分漠不关心甚至感到厌倦，虚假意识便可以确立对主体的统治，让能动的个体转变为沉默的大多数。

科西克指出，普遍操控系统主要依靠技术理性确立统治地位，这

---

①　[捷克] 卡莱尔·科西克：《现代性的危机》，管小其译，黑龙江大学出版社2014年版，第62页。

②　[捷克] 卡莱尔·科西克：《现代性的危机》，管小其译，黑龙江大学出版社2014年版，第69页。

第六章 现代性的文化—道德哲学审视

个过程意味着一场史诗般的转变：存在被还原为存在者，世界被还原为广延物，自然被还原为剥削的对象或物理—数学公式的集合，人被还原为受制于客体的伪主体，真理被还原为实用性和精确性，辩证法被还原为纯粹的方法或规则的集合，正是上述转变为系统对生活世界的殖民提供了条件。技术理性对实在的控制还借助于可臻完善性原则和虚假的无限性逻辑，一种绝对的可臻完善性意味着虚假的无限性，它声称"现在"并不是尽善尽美的，只是通向无限美好未来的一个过渡阶段，"未来"一定是进步的、美好的、无限的。按照这个逻辑，当下的一切事物都只具有暂时性的价值，而不具有真正的、永恒的意义，或者说，这些事物只是在神圣的"未来"面前才证明自己具有价值。赫勒认为现代性包含了一种无限进步的目的论，"通过对过去的历史性回忆，通过规划和投射出一个作为人类实验和创造的领域的无限未来（自由）"①，现在被彻底边缘化了。如果把历史比作一列火车，现代人正在静候火车的到来，车站因火车的经过而合法。赫勒认为这种借助未来论证现代性合法地位的做法已经破产，火车的确会经过车站，但终点也可能是奥斯维辛集中营。

科西克认为要走出现代性的危机，摆脱系统对人的操控，唯一的出路是进行人道主义的社会主义革命。人道主义的社会主义革命不是单一领域（经济或政治）的革命，而是彻底的关于人的革命，"人本主义的社会主义作为一种对于普遍的操控系统的任何一种或全部的变形的革命性的、人本主义的和解放性的替代性选择而出现，正因如此，它依赖于一个完全不同的基础，并需要一种绝对不同的人、自然、真理和历史的概念化"②。人道主义的社会主义应做到以下三点：一是建立人民阵线，在工人、农民、知识分子之间形成社会政治联盟；二是让公民在出版、集会、结社等方面享有充分的自由；三是建立工人自我管理的组织化的工人委员会或生产委员会。此外，人的自

---

① ［匈］阿格尼丝·赫勒：《现代性理论》，李瑞华译，商务印书馆2005年版，第17页。
② ［捷克］卡莱尔·科西克：《现代性的危机》，管小其译，黑龙江大学出版社2014年版，第72页。

· 249 ·

律性也非常重要，这包括四个方面："第一，站立，而不屈膝（人类个体的自然的姿势是昂起头，而不是猫着腰）；第二，秀出自己的脸，而不是躲在借来的面具背后；第三，表现勇气，而不是怯懦；第四，与自己和他生活的世界，包括与历史的总体性中的当下保持距离，以便在当下可以区分特殊的与一般的、偶然的与现实的、野蛮的与人性的、本真的与非本真的东西。"①

　　问题在于，系统的力量如此之大，对人们的操控如此之深，人类的胜算又有几何？科西克通过比较卡夫卡和哈谢克的文学作品给出了答案。一般认为，卡夫卡的著作是用来分析和阐释的，它们就像谜一样拥有无穷的魅力，深深地吸引着人们对其进行解码，但结果却是"一千个读者眼中会有一千个哈姆雷特"。而对于哈谢克的作品，人们一般认为它们是浅显易懂、自然透明的，或者说不过是用来搞笑的，在闲暇时随便翻翻即可。科西克认为人们对卡夫卡作品的判断基本可信，但对哈谢克作品的分析却充满误解，事实上，"哈谢克的'大众的口味'并未照亮他的作品；相反，它妨碍了对它的接近，因为它阻止我们理解它的本质"②。

　　如果对比卡夫卡的《城堡》《变形记》《审判》（也译作《诉讼》）和哈谢克的《好兵帅克》，就会发现所有作品的主题都是描述和批判系统操控的，然而二者实际上却存在重要差别。在《城堡》中，主人公 K 最终未能抵达梦寐以求的目的地——城堡，这意味着系统对人的胜利，无论卡夫卡如何生动描绘了官僚系统的臃肿和低效，还是道出了一个残酷的社会现实：城堡（系统）无法抵达（战胜）。在《变形记》中，主人公格里高尔在高度异化的生存境遇下变成甲壳虫，后被亲友们厌恶抛弃，在孤独痛苦中死去。小说结尾描绘了这样一幅画面，格里高尔的父母和妹妹准备搬到新的寓所，一缕阳光照在妹妹美丽的面庞上，寄托着一家人新的希望，然而此时却无人想起

---

①［捷克］卡莱尔·科西克：《现代性的危机》，管小其译，黑龙江大学出版社2014年版，第167页。
②［捷克］卡莱尔·科西克：《现代性的危机》，管小其译，黑龙江大学出版社2014年版，第97页。

第六章　现代性的文化—道德哲学审视

格里高尔冰冷的尸身正深埋地下。显然，这是系统的又一次胜利。在《审判》中，主人公 K 某天早晨醒来无缘无故被逮捕，K 想不出犯过什么错，也不清楚谁控告了他，于是开始反抗法庭并为自己辩护。然而一切都是徒劳的，K 没能战胜系统，在一个夜晚被刽子手像狗一样处死了。不难看出，卡夫卡的几部小说的结局都是系统大获全胜，这似乎暗示人们：无论如何挣扎、反抗、斗争，都无济于事，系统不可战胜。

　　哈谢克的《好兵帅克》拥有完全不同的结局和哲学意蕴。主人公帅克同样生活在一个由系统操控的社会中，他的一系列古怪行为虽然不是对系统的有意反抗，但在客观效果上却是"无心插柳柳成荫"，系统被弄得功能紊乱，系统代理人被修理得异常悲惨。哈谢克试图用帅克怪诞的行为证明系统的荒诞性，帅克的"获胜"恰恰反映了黑格尔的"主奴辩证法"，奴隶最后成了主人。在现代性条件下，系统总是倾向于将主体还原为物，帅克存在的意义在于他是特立独行且不可还原的。在疯人院里，当医生让帅克前进五步再后退五步时，帅克向前径直走了十步，在他看来究竟往哪个方向走以及走几步都无所谓。医生坚持的是系统的量化原则，帅克则坚持的是不可还原、不可交换的原则，他不愿把自己放进合理化的系统中，不愿被还原为物和无意义的符号（字母）。帅克反抗的是整个现代性的操控系统，他行为乖张，无法预测，没有人知道他在想什么，下一刻会做什么，正是这一点使他最后战胜了系统。诚然，帅克不过是现代社会的一个特例，他最终未能消灭系统，但其存在却具有重要意义，那就是展示了一种反抗操控系统的可能性，让人们在绝望中瞥见了希望。科西克认为哈谢克的作品同样是神秘难解的，"卡夫卡描绘了我们日复一日的人类世界的物质主义并表明，为了成为人类，现代人的生活必须要经受住和熟悉异化的基本形式。哈谢克则表明，人类超越了物质主义因为他不能被还原为某个对象，或种种关系的物质产品"[①]。科西克的

[①] [捷克] 卡莱尔·科西克：《现代性的危机》，管小其译，黑龙江大学出版社 2014 年版，第 108 页。

解读是深刻的,在笔者看来,只有理解了哈谢克,才能读懂科西克,或者说只有理解了科西克,才能读懂哈谢克。

四 简短的评论

从《具体的辩证法》到《现代性的危机》,科西克始终关注人与世界的关系问题,反对系统对人的操控,在他看来,现代人总是倾向于在西方资本主义社会和苏东社会主义社会之间做出选择,但事实上这"两个系统之间的斗争,或一个系统对于另一系统的可能的胜利,仍然跟某个系统的胜利有关,并不是从系统到世界的解放性突破"[①]。区别仅在于,选择资本主义意味着接受市场操控系统,选择社会主义意味着接受官僚操控系统。可见,科西克将批判的矛头同时指向了资本主义社会和苏东社会主义社会,他意识到现代性的危机是绝对普遍性对特殊性(个性)的压制和侵凌,在这个过程中,主体和客体发生了倒置,主体被物捕获,成为被操控的对象,而客体则作为神秘化的主体摇身一变成为新的上帝。科西克的高明之处在于,他并没有像某些哲学家(如青年黑格尔派)和经济学家(如蒲鲁东)那样,认为人们应该与抽象的范畴做斗争,而是强调抽象系统对人的统治源于资本主义社会的经济现实,"不是理论,而是现实,把人降低为一个抽象物","经济就是一种有把人变成经济人,把人拖入征服人、改造人的客观机制之中的趋势的生活氛围"[②]。科西克并没有像韦伯和哈贝马斯那样仅仅满足于对"铁笼"和"系统"的批判性分析,而是进一步揭示出普遍操控系统背后的"黑手"是资本和交换价值,进而对可臻完善性和可交换性原则提出质疑。面对异常强大的操控系统,科西克从未陷入悲观主义,他寄希望于实践和辩证法,坚信人虽然离不开系统,却具有超越系统的能力。

科西克对现代性危机的分析是深刻的,对资本主义现代性的批判

[①] [捷克] 卡莱尔·科西克:《现代性的危机》,管小其译,黑龙江大学出版社 2014 年版,第 49 页。

[②] [捷克] 卡莱尔·科西克:《具体的辩证法》,刘玉贤译,黑龙江大学出版社 2015 年版,第 66 页。

第六章 现代性的文化—道德哲学审视

坚持了马克思主义的正确方向,具有重要的理论意义和现实价值。首先,随着当前社会生活节奏的不断加快,不少行业出现了严重的内卷化倾向,人们每日忙忙碌碌,但却陷入了黑格尔所谓的"未有任何进步的厌倦性"。科西克对生产(工作)的目的以及人生意义等问题进行了反思,区分了生产和实践,提醒人们决不能将实践降低到技术和操控的水平,一方面强调实践是人的对象化和对自然的控制,另一方面强调实践是人类自由的实现。科西克主张人们应摆脱拜物教化(功利主义)的实践,将关注点转向人本身,尤其是不能一味地强调"获取","获取是人在一个现成的、给定的世界里的实践行为,这相当于在某个世界里维护和操控器具,但它绝不是一个形成人类世界的过程"①。毫无疑问,科西克的上述观点对于现代人走出内卷化进程,享获幸福生活具有重要的启示意义。其次,随着科学技术的飞速发展和大机器的广泛应用,物质资源的匮乏和自然环境的破坏也日益严重,人们不得不将目光转向人与自然的关系问题。科西克对人与自然以及人与人的关系问题做了深入探讨,他强调任何时候人都同时处于自然和历史之中,如果人们仅仅将自然视为"大货仓",那就将失去人类生活的基本方面,"一种文化如果把自然完全剔除出生活,它将带来自我毁灭,并将变为无法忍受的"②。科西克对科学技术本质和功能的反思提醒我们,社会主义必须一方面积极发展科学技术,不断进行技术创新,另一方面又要意识到科学技术应接受人道主义的引导和鼓舞,避免落入技术专家体制的窠臼。最后,随着资本主义现代性的不断扩张,拜金主义、虚无主义和信仰危机成为全球各国普遍面临的难题,科西克准确揭示了虚无主义产生的原因,那就是最高价值(意义)的坍塌,他指出唯一的出路是运用辩证法(革命的实践)解构伪具体的世界,让人真正成为历史的创造者和主人,这是具有启示意义的。然而,我们也应看到,科西克对现代性的批判具有一定的狭

---

① [捷克]卡莱尔·科西克:《具体的辩证法》,刘玉贤译,黑龙江大学出版社2015年版,第49页。
② [捷克]卡莱尔·科西克:《具体的辩证法》,刘玉贤译,黑龙江大学出版社2015年版,第192页。

隘性，他同时宣判了资本主义和社会主义的死刑，这就进入了一个死胡同，未能看到现代性具有多种可能性和发展道路。中国特色社会主义的伟大实践充分表明，市场和国家作为两种维系人类社会发展的工具，并非一定蜕变为巨大的操控系统，通过一定的制度整合完全能够消除其潜在的风险。此外，与马克思主义经典作家对资本主义现代性的辩证分析不同，科西克未能意识到"异化与异化的扬弃是同一条道路"，其现代性批判带有一定的乌托邦色彩。

第四节 道德哲学视域中的现代性批判

20世纪70年代末，东欧新马克思主义理论家普遍转向现代性问题研究，尤以赫勒的现代性理论最为突出。在《现代性理论》《现代性能够幸存吗？》《后现代政治状况》等著作中，赫勒从反思的后现代视角出发阐释了现代人偶然性的生存境遇、现代性的动力和发展逻辑、现代社会格局等问题，强调既已身处现代性之中，就应接受现实，积极维系现代性的存续。在同期完成的"道德哲学三部曲"（《一般伦理学》《道德哲学》《个性伦理学》）中，赫勒从道德哲学角度对现代性展开分析，促使人们对以下问题进行反思：灾难为什么会发生？道德（善与恶）的本质是什么？恶从何而来？面对恶行人们能够做些什么？恶是现代性的全部吗？人类能获得救赎吗？上述问题必然涉及人的本能理论，赫勒认为人不是由本能决定的存在物，人的本质是开放的、可变的，必然受到社会文化（道德观念）的影响。只有从马克思的人的本质概念出发，强调人的本质的社会性和历史生成性，才能避免在人的本能问题上陷入误区，并对大屠杀等历史现象做出正确的反思。从人的境况概念出发，赫勒一方面强调人的本质的开放性和可塑性，强调现代人在偶然性生存境遇下进行存在的选择的必要性，另一方面认为只有成为好人，将偶然性转变为自身的命运，才能实现自我，享获自由。赫勒坚信好人存在并且在现代性条件下是可能的，好人宁愿自己蒙受不公也不愿他人蒙受不公，能够借助却不依附于外在的道德规范引导行动，并依据一种个性伦理学做出"惊人

第六章　现代性的文化—道德哲学审视

的一跃"。

一　从人的本能到人的境况

赫勒对人的本能问题有两个关注点：一是人的本能和动物本能的区别，二是人的活动与本能的关系。从马克思的人的本质概念出发，赫勒批判性地审视了弗洛伊德主义、行为主义和"第三思潮"的本能理论，试图以本能理论、情感理论、需要理论、人格理论、第二天性为基本构架，建构一种"社会人类学"，以表明研究人的本质问题的着力点不是"人类变成人的进程，也不是当代人的生物结构，而是人类的潜能"[①]。也就是说，应该关注人能够成为怎样的人。从总体上看，赫勒对西方主流本能理论持批判态度，认为它们包含了意识形态的属性，具体说来有四种类型：第一种本能理论否认人和动物的本能，如行为主义者否认本能对人的发展的影响，认为人是环境的产物，倾向于把人描绘成在环境面前消极被动的机械存在物。这种本能理论具有明显的意识形态属性，它突出表现在与逻辑实证主义的关联上，其根本要旨是将行为视为对刺激的反应，表达了一种片面的技术主义世界观。第二种本能理论将人和动物的本能混为一谈，强调本能种类繁多，各不相同。赫勒反对将人的本能等同于动物本能，认为即便是吃喝等最基本的本能活动，在人与动物身上也有完全不同的表现。譬如，一群人被关在集中营里，饥饿的人并不一定会去偷取同伴的面包，因为他们具有人的意识，可以有效抑制饥饿的本能，这个例子充分表明人的本能总会受到社会文化价值和道德规范的影响，表现出非自然的样态。第三种本能理论把本能缩减为几种基本类型，如弗洛伊德将本能分为生本能和死本能，认为本能是人的"内驱力"和"生物需要"，必须得到满足，这种本能理论往往具有消极的意识形态性质，常常为战争和暴行开脱罪责。第四种本能理论强调只有动物才有本能，人仅仅保留了某种本能的残余。这种本能理论与社会经验

[①]　[匈]阿格妮丝·赫勒：《人的本能》，邵晓光、孙文喜译，辽宁大学出版社1988年版，"序言"第1—2页。

· 255 ·

事实不符，此处不再赘述。综上，赫勒认为本能是"那些不仅具有类特征同时也具有行动特征的具有强制力量的行为机制或协调的动作。这些行为机制或动作是通过遗传密码继承下来的，由于内部和外部的刺激因素的作用而表现出来"①。

赫勒重点分析了以马斯洛为代表的"第三思潮"的本能理论，与行为主义强调外部环境对人的活动的决定作用不同，"第三思潮"强调人格一旦被建构，就只能沿着固定的方向发展。赫勒认为这是一种典型的自然主义和乌托邦主义，暗示了人性中善是主要的，恶是次要的，人类历史只能朝着善的方向发展，"人在自己的本性中表现出一种朝着越来越充分的存在、朝着他的人性越来越完美的实现的方向发展的趋向"②。从马克思关于人的本质的论述出发，赫勒强调人的本质决不是一成不变的，而是在对象化活动中被逐步建构的，因此人不能预测出自己的本质将会往何处发展。赫勒与"第三思潮"理论家的根本分歧在于对类本质有不同理解，赫勒认为没有固定不变的类本质，个体总是通过价值标准的选择和对象化活动不断构建自身的类本质，"第三思潮"理论家则认为类本质是固定不变的，每个人都必须沿此方向成为自我实现者。不难看出，后者暗含了一种命定论，未能指出实现潜能的现实道路。总之，赫勒认为人的本性既源于自然，又不同于自然，它是开放的、可塑的、无限建构的，决不会沿着固定的方向发展。当赫勒强调人的本性受风俗习惯、语言、原则、价值观念、艺术等影响时，便指向了一种"自觉地和有意识地使尚未出现的新事物成为现实的可能性"③。这种本能理论为现代性道德哲学提供了理论前提，既然人是社会存在物，受社会文化环境影响，人的本性是逐渐展开、内部建构的，那就表明在现代性条件

---

① ［匈］阿格妮丝·赫勒：《人的本能》，邵晓光、孙文喜译，辽宁大学出版社1988年版，第6页。
② ［匈］阿格妮丝·赫勒：《人的本能》，邵晓光、孙文喜译，辽宁大学出版社1988年版，第108页。
③ ［匈］阿格妮丝·赫勒：《人的本能》，邵晓光、孙文喜译，辽宁大学出版社1988年版，第22页。

下，个体可以依照不断变化的社会道德规范展开行动，伦理地选择做一个好人。

在《一般伦理学》中，赫勒宣布放弃使用"人的本能""人的本性"和"人的本质"等易混淆的术语，代之以对"人的境况"的分析作为现代性道德哲学的基本预设，她梳理了四种人性假设：一是强调人性恶，认为恶阻碍人成善；二是强调人性善，认为善有助于人成善；三是强调人性中立，认为人既可以成善，也能够变恶；四是强调人性中同时包含善恶，善有助于人成善，恶有碍于人成善。赫勒认为上述四种人性假设具有歧义性，容易诱发一种纯粹的被动想象，让人以为必须按照某种固有的本质去生活，而术语"人的境况"则不仅远离了抽象人性论和本能论，还避免了宿命论，因此是最佳的关于人性的表达方式。在赫勒那里，人的境况并不是泛指一切人类境况，而是特指现代性条件下社会规范替代本能规范这一特殊的历史文化现象，人的境况的核心是社会规范，它是人类生活的基本条件，"缺乏其中任何一个独特的要素，都会引起混乱、世界末日、（人类）生活的终结"①。

受海德格尔存在主义思想影响，赫勒认为"每个人都是通过偶然性的诞生而被抛入到某个独特的社会之中的"②。与狼出生时便是狼不同，人在诞生时具有不确定的潜能，具体成为怎样的人取决于后天的社会环境，就像是一封没有标明地址的信，将会被送到哪里谁都不知道，一切取决于当事人后天的选择和努力。赫勒用遗传先验和社会先验来表达现代人的偶然性生存境遇，遗传先验对应于人的自然本能，社会先验对应于社会文化环境，只有二者成功链接，自我和社会才能真正形成。但赫勒指出，两种先验的完全链接既不可能也不可欲，因为"一个完全链接的自我（Self）是单向度的，一个把所有自我完全链接起来的社会将是一个不能变化的社会（其特征将由有意义

---

① ［匈］阿格妮丝·赫勒：《现代性能够幸存吗？》，王秀敏译，黑龙江大学出版社2012年版，第46页。
② ［匈］阿格妮丝·赫勒：《一般伦理学》，孔明安、马新晶译，黑龙江大学出版社2015年版，第25页。

的合法的世界观的匮乏而体现)"①。因此,两种先验之间存在永恒的张力,表现为如下两种情况:一是某人具有特定的自然禀赋,但后天的社会文化环境阻碍其充分实现,二是某人不具有特定的自然禀赋,但后天的社会文化环境又令其必须拥有这项禀赋。无论哪种情况,个人只能在痛苦中挣扎。两种先验不断链接又无法完全链接的过程便是历史性,人只能在历史性的裂缝中生存和成长,同历史性搏斗,与永恒的张力相伴。质言之,人的境况意味着社会规范替代本能规范,人只能在历史裂缝和张力中生活。从人的本能到人的境况,赫勒的核心观点并没有改变,那就是,一方面强调遗传先验(本能)的不可或缺性,另一方面强调社会先验(文化规范)对人的本质的影响,人的偶然性生存境遇以及两种先验完全链接的不可能性决定了人必须进行存在的选择,并通过这一选择将偶然性转变成自身的命运。

二 关于存在的选择

通过分析人的境况,赫勒认为现代人拥有"出生的偶然性"和"成长的偶然性"。偶然性并不代表自由,而是空洞的虚无,既可以表现为缺失社会目标,也可以表现为生命走向死亡的拖延,偶然的人既是福又是祸,只有做出选择才意味着将灾祸(虚无的自由)转变成福祉(真正的自由)。赫勒强调必须自己做出选择,如果让他人替你选择,便不能消除偶然性,主体仍将处于不自由的状态。事实上,现代性危机的本质在于偶然性的统治,反映的是人的危机,现代人总是要么主动放弃选择,要么做出错误的选择。

如果说古代人试图"认识自己",现代人则要"选择自己"。"认识自己"表明命运是固定的、无法选择的,只有认识自己,摆正位置,才能实现命运。"选择自己"表明未来具有多种可能性,人可以自由选择,选择前处于偶然性之中,选择后便可以确定命运。赫勒指出,对于现代人而言选择比认识更重要,因为"在我们成为我们所是的之

---

① [匈]阿格妮丝·赫勒:《一般伦理学》,孔明安、马新晶译,黑龙江大学出版社2015年版,第27页。

第六章 现代性的文化—道德哲学审视

前,我们既不能认识我们自己,他人也不知道我们'究竟'是什么"①。假如放弃选择,就不能成为我们之所是,就只能任凭外在力量的操控,个人自由也只能是虚假的,只有选择自己并把偶然性转变为特定命运的人,才是真正自由的个体。必须指出,这里的选择是一种关于存在的选择,具有不可逆转、不可更改的特性,"一旦你取消了它,那么你就会失去你自己,失去你自己的个性、你自己的命运,你将再次堕落到偶然性中"②。与日常生活中的一般性选择不同,"存在的选择是我们对自己的选择,而不是对一种具体目标的选择,甚至不是对特定生活之目标的选择"③。存在的选择本身就是目的,它不关心结果,只关注活动和过程。质言之,存在的选择不带有任何功利性和工具性,做出这种选择的人在行动过程中通常有一种欣喜感和满足感,而一旦人们做出工具性的选择,便会在目标实现过程中感到厌倦和不满。

赫勒进一步区分了两种存在的选择:一种是根据差异性做出的存在的选择,主要指选择某个特定的职业,另一种是依据普遍性做出的存在的选择,主要指伦理地选择成为一个好人。赫勒强调即便是第一类存在的选择也不能任意撤销和更改,譬如,当她的老师卢卡奇发现情人伊尔玛(Irma Seidler)妨碍了他的哲学创作时,便主动提出分手,选择哲学而不是选择同伊尔玛一起生活,并不表明他不爱伊尔玛,而是因为他持有对整个人类以及自由个性的爱,并在心灵深处信守着一种对文化家园的深刻承诺。赫勒也做出了类似的存在的选择,那就是做一名哲学家,作为大屠杀的幸存者,她选择哲学是为了替那些亡故者还债,即便在最黑暗、最艰难的时刻,她也没有屈服,存在的选择让她成为生活中的强者。进一步看,根据差异性做出的存在的

---

① [匈]阿格妮丝·赫勒:《道德哲学》,王秀敏译,黑龙江大学出版社2014年版,第11页。
② [匈]阿格妮丝·赫勒:《道德哲学》,王秀敏译,黑龙江大学出版社2014年版,第13页。
③ [匈]阿格妮丝·赫勒:《道德哲学》,王秀敏译,黑龙江大学出版社2014年版,第12页。

· 259 ·

选择又分为三种情况：一是个人未做出选择，这意味着这个人不是存在者，"被他人决定意味着他人告诉你你是什么，他人使你成为你所是，你成为一个客体，一个被他人制造的人工制品"①。二是个人虽然做出了存在的选择，但最终成为失败的存在者。三是个人成功地做出了存在的选择，实现了自我。对于存在的选择而言，赫勒区分了"推"和"拉"，她把存在的选择视为"惊人的飞跃"，在实现飞跃之前，天赋推着人们向前走，在实现飞跃之后，天赋拉着人们向前走。"推"是被动行为，"拉"是主动行为。这就意味着，一旦人们选择了自己的命运，便可以主动运用天赋实现命运。必须指出，赫勒并不是强调人们在任何情况下都不能更换职业，而是强调人们应做到选择（信念）和行动相一致。譬如，选择成为一个哲学家并不一定非要从事哲学研究工作，但必须有自己的哲学原则和理念，并依照它们积极地行动和生活。

赫勒分析的重心不是第一类存在的选择，而是第二类存在的选择，即如何伦理地选择做一个好人。芥川龙之介在《罗生门》中曾讲述过一个善恶逆转的故事：一个被主人逐出家门的仆人在风雨交加之夜来到罗生门避雨，见到一个老婆婆从女尸头上揪头发（盗发换钱），经过一番内心的苦苦挣扎，他最终掳走了老婆婆收集的头发及随身衣物，沦为强盗。正如鲍曼在《现代性与大屠杀》中分析的，大多数人在没有好的选择或好的选择代价过于高昂时，便会说服自己置道德责任于不顾，选取自我保全的原则。赫勒对于善恶问题有不同的见解，她承认现实中存在恶行和恶人，承认为善而善的人和行为并不多见，但她始终认为好人存在，且好人能够在现实中发挥积极的引领和示范作用，至少人们不能否认，一个人即便不会为了善而行善，但一定会尊敬为善而行善的人。

与马克思一样，赫勒对现代性的分析遵循历史性原则，即强调现代社会具有某种历史特殊性。就存在的选择而言，在前现代社会人们

---

① ［匈］阿格妮丝·赫勒：《个性伦理学》，赵司空译，黑龙江大学出版社2015年版，第199页。

不需要进行这种选择,因为特定的生活方式在出生时便确定下来了,人们只能认识自己,并按照既定的命运从事活动;现代社会则完全不同,现代人处于偶然性之中,必须进行存在的选择,即选择在道德上成为好人。赫勒认为伦理地进行存在的选择并不意味着把自己交给普遍的道德律令,选择和实现自身命运的活动应该是令人愉悦和欣喜的,选择是由个人自主做出的,不受任何外在强制和异化力量的裹挟。伦理地进行选择是一种绝对的选择,差异地进行选择是一种根本的选择,绝对的选择高于根本的选择,但二者对外力的反应不同,差异地进行选择可能会因外在的强制力量最终失败,但选择做一个好人则永远不会被外部力量的干涉所玷污。总之,两种存在的选择的差别在于,依据普遍性进行存在的选择是非结果论的道德选择,做出选择的人可能会不幸福甚至遭到厄运,但选择不会给他人带来不幸,而依据差异性进行存在的选择是结果论的,它非常重视成败,人们会将实现命运视为唯一重要的事情,而把他人视为工具。从道德方面看,进行选择的人可以是不道德的,甚至是一个恶魔。为了避免极端恶这种情况出现,赫勒一方面强调普遍性的道德规范应发挥拐杖的引导作用,另一方面强调良心和责任的统一。她提醒人们,依据差异性进行选择可能会遭遇诱惑,诱惑者可以是某个人,也可以是某个机构,或某种观点和某项事业,但无论怎样,它们都与生命的内核相冲突,人们一旦遭到诱惑放弃存在的选择,就会陷入偶然性之中。尽管抵制诱惑,做一个好人并不容易做到,但赫勒还是相信总有一些人能够依靠本能和理性抵制住诱惑,坚定地选择做一个好人,因为他们相信这个选择是正确的、值得的。

三 好人存在,好人何以可能

"好人存在,好人何以可能"是赫勒道德哲学的核心论题。赫勒坚信在现代性条件下存在好人,但好人并不多见,"范例性的现代道德个体们并不处在聚光灯下;他们反而站在阴影下,未被察觉、没有标志、不被注意。只有他们的家庭成员,只有与他们接触的少数人才以一种私人的方式与这些独特的人、示范者、道德完美人物会面"[1]。在赫勒看来,好人总是低调做人,不轻易显露自己,那些否认好人存在或认为世人皆恶的人不过是犬儒主义者,他们永远不知道也无法辨认出好人。赫勒认为她的父亲是好人的现实"原型",在奥斯维辛集中营中,官方声称只要他改信基督教便可以保全性命,有人劝导说这样做不但可以救自己,还能救孩子,还有人暗示父亲不要固执己见,因为他并非真正的犹太教徒。然而父亲的回答却是:"一个人决不会离开一艘正在下沉的船。"父亲的言语和行为深深影响了赫勒,这也是她多年来一直信奉好人存在的根本原因。赫勒认为个体并非一出生就是好人,好人只能是个体后天依据普遍性进行存在的选择的结果,好人并非千人一面,每个人都能以自己特有的方式成为好人,"所有的好人都是不同的,他们中的每一个都是独特的:每个好人都以他或者她自己的方式成为好的"[2]。

　　赫勒将好人的特征概括为三个方面:首先,好人绝不是利己主义者,不会轻易同他人比较,更不会受他人影响。好人之为好人,不是为别人,而是为自己。"依据普遍的范畴,已经存在地选择自己的人们并不将自己与任何人比较,因为他们已经成为的东西,他们的个性是独一无二的,原则上无法比较。"[3] 赫勒认为成为好人必须满足两个条件:"第一,道德范畴和概念必须以某种方式在周围'流行'。第二,孩子的命运一定不能像在前现代中那样被浓密的伦理规章预定。"[4] 第一个条件为人们提供了区分善恶的标准,没有它们道德的选择就无从谈起。第二个条件预示了现代性的特殊性,即人处于偶然性之中,摆脱了一切前现代社会的伦理羁绊,拥有自由选择的权利。

---

[1] [匈]阿格妮丝·赫勒:《道德哲学》,王秀敏译,黑龙江大学出版社2014年版,"英文版导言"第5页。
[2] [匈]阿格妮丝·赫勒:《道德哲学》,王秀敏译,黑龙江大学出版社2014年版,第34页。
[3] [匈]阿格妮丝·赫勒:《道德哲学》,王秀敏译,黑龙江大学出版社2014年版,第44页。
[4] [匈]阿格妮丝·赫勒:《道德哲学》,王秀敏译,黑龙江大学出版社2014年版,第31页。

第六章 现代性的文化—道德哲学审视

离开了这个特定的背景,人们不需要也不可能进行存在的选择。正是在强调人的命运(本质)具有开放性和生成性的意义上,赫勒肯定和拥抱现代社会,主张用动态正义取代静态正义,鼓励人们不断质疑社会道德规范和规则。其次,好人一定是本真的人。非本真的人在社会中是存在的,"这样的一个人存在但却没有生存,活着但却没有生活","本真的人被视为'他自己'或者'她自己',而非本真的人则被视为一个影子、一个做别人通常做的事情的木偶[她/他是常人(das Man)]"①。这里涉及人生目标的选择问题,如果一个人没有选择任何目标,虽然未来具有无限的可能性,但这个人却被偶然性控制,只有能够自主地进行选择的人才是本真的人,才能成为好人。最后,好人是勇敢的人,具有常人不具备的巨大勇气。好人不计较个人荣辱和得失,坚信自己做的是正确的事,因此无所畏惧,在危险面前不会战栗。好人的勇气尤其体现在面临死亡威胁的情况下,如果一个人(好人)宁愿牺牲也不愿放弃信念,自然就有巨大的勇气。

赫勒的道德哲学深受康德思想的影响,她多次提到"人是目的而不是手段",但她同时又反对过分诉诸普遍的道德律令,认为"决不存在着本体论的—形而上学的理由把一般性或者一般概念称为比特殊或者个别站得'更高'"②。在赫勒看来,道德哲学应该给人们提供正确的建议,引领人们成为好人,而不是强迫人们行动。道德自律的个体(好人)绝不是抽象的,而是具体的,即实现了特殊性和普遍性的统一。在这个意义上,存在的选择一定是对话式的,即通过与他人不断地进行哲学价值讨论而参与到伦理生活中。若要实现上述理想,社会中就必须存在伦理的共同体,在这个共同体中,人们并不是简单地认同固定的伦理规范和规则,而是尊重所有个体的特殊性和个性,崇尚一种个性伦理学。可见,赫勒与康德在道德哲学上的区别在于,前者强调一种多元化的价值原则、道德规范和生活方式,信奉个性伦

---

① [匈]阿格妮丝·赫勒:《道德哲学》,王秀敏译,黑龙江大学出版社2014年版,第87页。
② [匈]阿格妮丝·赫勒:《道德哲学》,王秀敏译,黑龙江大学出版社2014年版,第118页。

理学，后者则强调道德律令的绝对性和永恒性，信奉规范伦理学。总之，赫勒认为现代人"生活在相互冲突的伦理中，生活在一个多样文化领域的世界里，生活在由许多子系统构成，而每个子系统都有自身规则的社会里"①。这就意味着，现代人的本质处于不断生成中，"现代人从来没有达到一种完全固定的品质的程度。她或者他拥有一种尽管不可塑但却没'完成'的品质：它仍向进一步的具体化开放"②。

赫勒强调道德对话的重要性，目的是让人们可以自由地选择符合个性的道德生活，做一个特定的好人。道德对话涉及寻求建议者（听者）和提供建议者（说者），对话双方一般应拥有相近的价值观和道德规范，拥有的共同价值和道德规范越多，给予和接受建议就越简单。赫勒承认康德道德律令的有效性，认为人要不犯错就必须理解和遵守道德律令，她强调道德律令不是具有固定方向的梯子，而是一副拐杖，一方面代表着多个方向和多种可能性，另一方面携带性强，需要时拿出来用，不需要时放在身边。赫勒的这个比喻意在表明，道德规范是现代人伦理地选择做好人不可或缺的工具，人们需要道德拐杖指导自己的行为，但又决不能消融在抽象的道德规范中，这就需要让道德规范处于动态发展过程中。

就存在的选择和做一个好人而言，赫勒认为亚里士多德的"质料—教育—形式"模式并不适用于现代社会。现代人一旦选择了命运，就相当于选择了某种生活方式（形式）。因此，形式不是先验的，而是人们在选择命运时创造的，既然人是不断生成的，那么形式亦是如此。"在我们的世界里，并不存在塑造现代人的固定'形式'。既不存在社会上既定的典型道德形式，也不存在独自创造这种形式的人。"③赫勒主张用行为（conduct）代替形式，"行为是无限期的，持

---

① ［匈］阿格妮丝·赫勒：《道德哲学》，王秀敏译，黑龙江大学出版社2014年版，第37页。
② ［匈］阿格妮丝·赫勒：《道德哲学》，王秀敏译，黑龙江大学出版社2014年版，第38页。
③ ［匈］阿格妮丝·赫勒：《道德哲学》，王秀敏译，黑龙江大学出版社2014年版，第79页。

续不断进行的某物；它是存在和生成的同一"①。在赫勒看来，人虽然不能任意创造形式，但却可以用特定的方式发展某种行为，这就表明个体的选择不是被控制、被规划的。赫勒对亚里士多德形式概念的修正并不是要强调现代社会不存在形式，而是想强调亚里士多德的道德世界虽然已经不复存在，但善恶并没有在现代社会消亡，美德仍然是现代人正当行为的道德支柱，因此应该以非亚里士多德的方式重建美德。

除形式概念外，赫勒还修正了质料概念。在亚里士多德那里，质料对应于一种原初状态，但赫勒认为这是一种虚构，从"整体的人"出发，她强调人不能碎片化地选择自己的某个方面，只能整体地选择自己，因而整体的人不能被视为质料。此外，根本不存在原初状态的人，无论是否意识到，事实上人们在进行选择时已经被"塑造"了。在亚里士多德的"形式—质料"关系式中，质料和形式一开始是分离的，社会中存在不同数量和质量的质料，既不存在美德也不存在恶习，后来经过赋形的过程，质料和形式结合，美德才得以产生，恶习才得以消除。赫勒认为真实的情况是：美德和恶习在一切人类社会发展阶段都普遍存在，只是通过后天的教育，恶习才逐渐消失，美德才逐渐呈现出来。尽管赫勒否认社会中存在完全道德的人，但她认为这不妨碍人们成为好人，因为好人不必在道德上是全善的，他们只是以独一无二的方式表现为好人。

黑格尔认为康德的主体性道德是一种纯粹的主观性，而只有客观的伦理才能实现自由。赫勒认为黑格尔的观点只适用于民主制国家，对于极权主义国家而言，客观精神的实现只能意味着接受集中营和毒气室。为了防止这种情况的出现，赫勒认为主观的道德良知是必要的，"正当的人必须坚持他们自己的主观性（主观性道德）并听从他们自己的内心、灵魂和道德良心的建议"②。总之，赫勒认为实践就

---

① ［匈］阿格妮丝·赫勒：《道德哲学》，王秀敏译，黑龙江大学出版社2014年版，第77页。
② ［匈］阿格妮丝·赫勒：《道德哲学》，王秀敏译，黑龙江大学出版社2014年版，第157页。

是自由，她反对把实践狭隘地理解为改造世界的客观物质活动，认为实践是主体面对偶然性，选择某种可能性并向我"转身"的姿态，"我们之所以选择我们的偶然世界是因为我们选择将我们的偶然性转换成我们的命运，而不是因为我们选择转换世界"①。不难看出，赫勒所谓不向现实妥协并不是要以革命的方式改变现实，而是让人们选择做道德上的好人，改变内心世界，这与马克思主义的基本立场和观点存在重大差异。

四 走向一种个性伦理学

赫勒道德哲学的核心是论证"好人存在，好人何以可能"，其根本要旨是反对普遍性道德规范的强制，揭示人类伦理生活的多样性，张扬个性自由。赫勒强调哲学家不能充当权威，不能将个人观点强加于人，为了真实地表达上述观念，她将道德哲学的落脚点定位为个性伦理学，并选用独特的体裁（对话和书信的方式）完成了"道德哲学三部曲"的终曲。个性伦理学不同于康德的道德哲学，它抵制一切普遍道德律令的强制，"在一种纯粹的个性伦理学中，人们不能使自己的行为或决定屈从于任何一种规范，甚至也不能屈从于普遍的道德律"②。道德律令只能作为拐杖发挥作用，这就意味着让人们成为好人的关键不是道德律令，而是好人自己的选择。道德律令可以告诉人们善恶的标准，提醒人们应该做什么和不该做什么，因而是现代社会不可或缺的。具体说来，道德规范帮助人们决定何时以及朝着哪个方向飞跃，人们"最好咨询调节性理念、引导性原则，不是为了遵循绝对命令，而是为了倾听来自积累的经验的建议，而不用感到有义务去遵循它"③。质言之，现代人必须用脚走路和实现向好人的飞跃，伦理

---

① [匈]阿格妮丝·赫勒：《道德哲学》，王秀敏译，黑龙江大学出版社2014年版，第146—147页。
② [匈]阿格妮丝·赫勒：《个性伦理学》，赵司空译，黑龙江大学出版社2015年版，第5页。
③ [匈]阿格妮丝·赫勒：《个性伦理学》，赵司空译，黑龙江大学出版社2015年版，第7页。

规范不决定人们的行为,其意义仅在于在方便时提供给我们一副拐杖。

那么,在没有任何外在强制的情况下,个性伦理学何以可能?有一种观点认为,"伦理不能从内在,从单个的、独特的人类'灵魂'中召唤出来,它与独特的个性毫无关系。伦理学的本质毋宁说是将相同的标准强加于我们所有人,或者至少是强加于具有相同精神的团体的所有成员"①。赫勒认为这种观点仅适用于传统社会,不适用于现代社会。个性伦理学并不否认强制,但它认为强制是内在的,自己附加上去的,具有个性的人不服从外在的强制,只服从自己的命运。借助虚构人物劳伦斯之口说道:"康德已经生活在历史决定论的世界了。他——在某种程度上也包括黑格尔——仍然在必然性、普遍性和绝对性以及类似理想已经被破坏的世界中坚持着这些理想。"② 赫勒认为康德终其一生都在关注如何在上帝已死的世界解救道德,但当他将绝对性赋予道德时,便忽视了道德有可能成为新的上帝,成为压制人的力量。在一定意义上,赫勒认为康德的道德哲学也是一种个性伦理学,只不过是康德自己的伦理学,但这种个性伦理学不够真诚,因为它是在普遍性的光环下呈现出来的,这就注定了它无法调和普遍性和特殊性(个别性)的张力。赫勒承认康德的道德哲学能够为人们提供重要的辨别善恶的标准,但她区分了两种情况:一是少数人仅凭自己的良心成为好人,这时不需要康德的道德拐杖;二是大部分人要从弯曲的木材变成笔直的木材,必须依赖道德拐杖。只有在后一种情况下,康德的绝对命令才能发挥积极的引导作用,"绝对命令(拐杖)存在于我们所有人中,它不是被强加的,它没有侵犯人们的自主性;相反,它保证了自主性"③。按照赫勒的解读,康德并没有声称绝对命令可以让一切人成为好人,他只是告诉人们好人应该做什么,在现

---

① [匈]阿格妮丝·赫勒:《个性伦理学》,赵司空译,黑龙江大学出版社2015年版,第131页。
② [匈]阿格妮丝·赫勒:《个性伦理学》,赵司空译,黑龙江大学出版社2015年版,第139—140页。
③ [匈]阿格妮丝·赫勒:《个性伦理学》,赵司空译,黑龙江大学出版社2015年版,第148页。

实中总有人不遵循绝对命令，康德不否认这种情况有可能发生，但他认为这类人会感到不安和愧疚。"当康德说道德律存在于我们所有人中，他的意思是，每个人都内在地具有他应该咨询的最高权威。但他并不是说我们通常确实咨询这个权威，更不是说我们通常——更不用说总是——遵循这个权威的意见。"①

由于人们是自主地进行选择，这就意味着必须为自己的行为负责，个性伦理学同时也是责任伦理学，"责任伦理学是意识到人类有限性和偶然性的伦理学。这种伦理学的富有活力的观点就是，我们从未确切地知道某事，每一个决定都是冒险，而我们必须冒这个险。"②现代人生活在偶然性的境遇中，他们不用提出正确的道德问题也可以生活，甚至获得成功。但这样的生活不值得期待，只有进行存在的选择，人才能实现真正的自由。秉持个性伦理学的人一定是坚强而孤独的，"一个以个性伦理学来生活的人总是对他自己的生活说'是'，而不考虑所有外在于他的个性的东西：他遭受的磨难、他的孤独、他的边缘化，或者他在所有事情上的坏运气"③。"骰子的幸运一掷"意味着命运从此确定下来，选择自己命运的人不一定是幸运的，但他认定这就是他的生活和命运，因为他要努力成为他所是的那个人，"做真实的自己；这是个性伦理学的第一个，或许也是唯一一个准则"④。总之，个性是一个人最宝贵的东西，它意味着自由。一个不自由的人，决不会按照个性伦理学的精神生活。

五　简短的评论

赫勒的现代性道德哲学为我们揭示了现代性危机的实质，这就

---

① ［匈］阿格妮丝·赫勒：《个性伦理学》，赵司空译，黑龙江大学出版社2015年版，第163页。
② ［匈］阿格妮丝·赫勒：《个性伦理学》，赵司空译，黑龙江大学出版社2015年版，第6页。
③ ［匈］阿格妮丝·赫勒：《个性伦理学》，赵司空译，黑龙江大学出版社2015年版，第21页。
④ ［匈］阿格妮丝·赫勒：《个性伦理学》，赵司空译，黑龙江大学出版社2015年版，第32页。

是:"道德主体从个人转移为超个人的代理机构,普遍的理性化的伦理规范取代了个体的道德选择,从而使个体的道德判断力和道德责任萎缩或者消失。"① 个性伦理学的目标正是在现代性条件下重建个体道德,唤醒道德良知,防止大屠杀的历史重演。赫勒试图综合康德的规范伦理学以及亚里士多德的美德伦理学的优点,揭示人类道德谱系和伦理生活的多样性,并通过强调社会文化因素对人的本能的影响以及人的本性的开放性和生成性,建构一种不同于抽象"哲学人类学"的"社会人类学"。对人的境况的分析揭示了现代人偶然性的生存境遇,遗传先验和社会先验完全链接的不可能性表明现代人只能生活在历史性的张力中。正如赫勒所言:"现代的(偶然性的)个人的摇篮边上,被同时写下了对无限可能的承诺,以及对无限贫穷的警告,因为准确地说,他们的摇篮边上什么都没写。"② 偶然性的统治意味着现代人仍生活在虚无中,并未获得真正的自由,那么,"我们怎样才能不放弃自由,不守着必然性或宿命的扶手而把我们的偶然性转化成命运?"③ 赫勒的回答是:现代人必须伦理地选择做一个好人,将普遍性的道德规范视为拐杖,发展一种个性伦理学,从特性状态跃迁至个性状态。在现代性条件下,好人存在的可能性在于存在不同类型的伦理共同体,其中每个成员都能够进行平等协商和对话。个性伦理学旨在实现道德的去中心化,在这个意义上,它反对一切道德绝对主义;同时,个性伦理学充分认可道德规范的意义和价值,鼓励个体在适合自己的道德共同体中生活,可见它也反对道德相对主义和虚无主义。

笔者认为,只有结合赫勒的特殊人生经历,才能理解其个性伦理学。一方面,在大屠杀时代,道德冷漠和极端的恶成为人们心中挥之

---

① 衣俊卿:《东欧新马克思主义精神史研究》,黑龙江大学出版社2015年版,第588页。
② [匈] 阿格妮丝·赫勒:《多元旨趣的现代性》,李天朗译,《学术交流》2018年第8期。
③ [匈] 阿格妮丝·赫勒、费伦茨·费赫尔:《后现代政治状况》,王海洋译,黑龙江大学出版社2011年版,第22—23页。

不去的阴影，任何一位有良知的知识分子都必须做出道德回应，阐明恶的根源以及消除恶的方式。另一方面，资本主义现代性的高歌猛进虽然在一定程度上实现了平等自由，解放了人的个性，但同时又让人们深深陷入物化和拜物教之中，这一点在理论上突出表现为思想越来越趋于普遍和抽象以及同一性的文化逻辑对文化多样性和差异性的侵凌。事实上，普遍主义的文化范式并不是某些知识分子的个人偏好，毋宁说它恰恰反映了资本主义社会的现实，因为按照马克思的判断，资本主义社会本就处在一个抽象（交换价值）占据统治地位的时代。问题在于，哲学观念与社会现实往往是交融相生的关系，普遍性对特殊性的扼杀既是大屠杀这一社会现实在观念上的反映，也为大屠杀提供了某种意识形态的支撑。鲍曼就得出结论说，大屠杀并非人类历史进程中的一个特例，而是"文明恐怖而合理的产物"。

　　赫勒的现代性道德哲学强调社会文化（道德规范）对人的本性（能）的影响，有助于摆脱传统的历史宿命论和经济决定论思维框架，凸显伦理道德在现代社会的重要价值；对亚里士多德"形式—质料"关系式以及康德道德哲学的反思和批判，有助于从动态发展的角度理解道德规范的历史性，抵制"永恒道德说"和普遍性对人的操控；现代人偶然性的生存境遇决定了存在的选择的必要性，"好人存在且好人可能"意味着社会中总是存在某些人，他们能够及时抵制诱惑，抑制工具理性和技术理性的影响，实现个体和类的统一。与法兰克福学派悲观主义的哲学宣言相比，赫勒的个性伦理学更能够提振人心，也更加契合现代性的道德状况。此外，赫勒的个性伦理学对中国特色社会主义建设也具有重要的启示意义。我国当前社会存在两个较为突出的问题，其一是信仰危机和虚无主义，尼采曾指出虚无主义是现代性的产物，现代性的危机必然表现为道德危机（道德相对主义和道德虚无主义），赫勒提醒我们：当人们走出宿命热烈拥抱偶然性的世界时，极有可能沦为偶然性的奴隶，只有选择自己，将偶然性转变为自身的命运，才能安身立命，成就自己。其二是价值观趋同，内卷化严重。赫勒的个性伦理学强调个体应遵循自己内心的道德，不用过分在意他者的目光，因为好人不是只有同一个标准，好人是具有个性的个体。若人们能够理解赫勒的这些观点,就能够主动退出内卷机制,享获美好人生。当然,赫勒的现代性道德哲学也存在理论缺陷:一是未能彻底洞察现代性危机的实质。马克思主义认为,现代性的实质是资本主义的现代性,无论是偶然性的统治,还是道德虚无主义的滋生蔓延,都源于资本主义特定的生产方式,即交换价值和资本逻辑的普遍强制。就此而论,赫勒反对普遍性对特殊性的压制,强调个性伦理学的观点带有一定的乌托邦色彩。二是低估了生产关系对文化价值和道德观念的影响。赫勒强调好人存在,认为无论外在环境如何恶劣,总有人愿意成为好人,这的确是事实,但她却高估了文化(道德)的力量。相反,鲍曼和芥川龙之介则道出了一个基本事实,那就是当人处于关键的"临界点"时,极有可能由好人变成恶人。三是赫勒的道德现代性理论并没有成功解决多元价值与社会整合的问题。如果说罗尔斯试图分离政治和道德,以"重叠共识"和公共理性为现代社会建立规范性基础,赫勒则试图融合政治和道德,强调一种不完备的、动态的伦理政治概念,并通过一种理想化的哲学价值讨论和多元伦理共同体实现社会整合。要想实现这一哲学理念,显然还有很长的路要走。

结 束 语

东欧新马克思主义的现代性批判始终指向普遍性（同质性）和特殊性（多样性）的关系问题。绝大部分东欧新马克思主义者都强调历史（社会）的特殊性和文化道德的多样性，反对普遍性、同一性和同质性的文化强制，结合其特殊的经历以及东欧社会的政治文化氛围，我们能够理解其良苦用心和个中缘由。但问题在于，一味地突出特殊性，是否会导致狭隘的民族主义？抑或陷入一种远离本质的经验主义和相对主义？笔者赞同下面的看法，"如果说无视个体性视角的做法是一种偏执和极端，把这一视角推向极致、无视其局限性同样也是一种偏执"[①]。从马克思对施蒂纳"唯一者"以及费尔巴哈"类本质"概念的批判可以看出，个体和类的统一绝不是可以抽象谈论的，而是历史的、具体的，统一不可能在市民社会（现代性）条件下实现，只能在人类社会（共产主义社会）中完成。这就意味着，抽象强调普遍性和特殊性均不得要领，且在实践中是有害的，离开普遍性和一般性的发展，个性自由必然是虚假的、偶然的东西。

在《现代性能够幸存吗？》一书结尾处，赫勒意味深长地说道："就现代性而言，摩西仍然正徘徊在沙漠中，玄奘还没有到达印度。虽然我们是富于好奇心的，但是我们不知道我们到达的时间、方式以及地点，或者是否我们将到达。我们确定知道的是故事的下一部分将

[①] 刘森林：《理解历史唯物主义"现实"观念的三个向度》，《哲学研究》2021 年第 1 期，第 20 页。

由我们来书写。"① 这段话道出了东欧新马克思主义现代性批判的基本立场，那就是：未来之路不可预知，现代性之路任重道远，人类虽然面临重重困难，但仍有幸存的希望，这个希望就是完成现代性的规划，让它在动态平衡中保持永续。正是基于对现代性规划的充分信任，东欧新马克思主义理论家开出了拯救现代性的不同药方。从本质上看，东欧新马克思主义试图调和个人原则和社会原则的二分，实现实然（是）和应然（应该）的统一，但东欧新马克思主义者的理论内部却充满矛盾，一方面，人道主义马克思主义的立场让他们能够意识到社会主义（共同体）对于抵制极端个人主义的重要性，并从反对资本主义现代性的异化、物化、拜物教出发，强调应然和规范性的意义和价值。另一方面，后现代主义和后马克思主义的立场让他们放弃了历史哲学，对普遍性、客观规律、历史进步持怀疑态度，进而将一切希望寄托在个性伦理、宗教神话、高雅文化上面，这就走向了乌托邦主义。事实上，问题的关键是如何看待资本逻辑支配下的现代性。东欧新马克思主义的根本问题是试图在市民社会内部解决问题，这就必然只能在个人原则和社会原则以及普遍性和特殊性之间不断摇摆。马克思则完全越出了市民社会的界面，他意识到"无论人们理论上支持个人原则还是社会原则，具体的现实的社会关系本身总归服从着私有财产、个人利益最大化和资本积累的物化逻辑"②。因此扬弃资本主义私有制，走向自由人联合体就成为人们的必然选择。

最后要指出的是，马克思和恩格斯构想的自由人联合体是共产主义的高级阶段，这种社会形式在当前阶段还不具备实现的条件，这就意味着，现代性仍是我们当前不可跨越的必要人类历史阶段。对于中国而言，当前的问题不是要不要现代性，而是选择何种现代性，要在

---

① ［匈］阿格妮丝·赫勒：《现代性能够幸存吗?》，王秀敏译，黑龙江大学出版社 2012 年版，第 209 页。
② 张盾：《马克思政治哲学中的个人原则和社会原则》，《中国社会科学》2013 年第 8 期，第 8 页。

现代世界中生存,"必然要以现代化的某种实行作为基本前提"①。当然,中国特色社会主义制度决定了中国现代性必然与西方现代性不同,因此决不能简单照抄照搬东欧新马克思主义关于现代性的论断。但我们也不能忽视历史普遍性,如果说现代性危机的总根源是资本逻辑,那么我们就不得不承认中国的市场经济仍然受到资本的影响。在构建中国现代性的过程中,我们必须面对如下悖论:"如果融入资本主义主导的世界体系,吸收现代性的文明成果,就有走上资本主义道路的危险;如果拒绝融入世界体系,拒斥现代性的文明成果,就会永远落后于世界主流。"② 如何破解悖论呢?仅仅承认现代性的多元性还不够,关键是坚持普遍性和特殊性的统一,在社会主义市场经济条件下重估资本。在这里有必要区分资本和资本的逻辑,资本的逻辑意指一种颠倒的主体性逻辑,它具有自行倍增和自我中心的特征,总是将个人和社会视为手段,而将自身的增殖视为唯一目的。资本则具有悠久的历史,并非资本主义社会独有,但资本生发并演化为资本的逻辑,却是资本主义现代性的产物。资本具有自然属性和社会属性,资本逻辑是资本社会属性的突出表现,而就资本的自然属性看,它不过是一种生产元素和生产手段。梅扎罗斯在《超越资本》中曾提出这样一种观点,即认为仅仅消灭资本主义还不够,必须超越资本本身。这种观点并不准确,其要害在于混淆了资本和资本逻辑,将资本的社会属性自然化了。诚如梅扎罗斯分析的:"资本作为主体是一个被篡位的主体。为了满足理性的生产过程的需要,它不仅是多余的主体,还是有害的、不断具有破坏性的主体。"③ 但资本只是在资本主义现代性条件下才发展成为占统治地位的资本逻辑,才具有巨大的破坏性,一旦将资本等同于资本逻辑,就势必陷入悲观主义和乌托邦主义的泥潭。中国特色社会主义必须发展市场经济,有市场就有资本,有学者将中国的资本形态称为公有资本,以区别于资本主义社会的私人

---

① 吴晓明:《"小康中国"的历史方位与历史意义》,《中国社会科学》2020年第12期。
② 郗戈:《超越资本主义现代性》,中国人民大学出版社2014年版,第295页。
③ [英]梅扎罗斯:《超越资本》(下),郑一明等译,中国人民大学出版社2003年版,第735页。

资本，这是非常重要的界定。从根本上看，中国特色社会主义之所以能够驾驭资本，就在于"社会主义市场经济和公有资本抓住了生产关系这一中介，一方面激活'资本的文明面'，另一方面克服资本的生产性矛盾，避免陷入资本权力化和资本形而上学"[①]。如果上面的分析是正确的，我们便有十足的信心认为，中国特色社会主义能够超越资本主义现代性，建构一种新的人类文明形态——中国现代性，这也是我们当下努力奋斗的目标。

[①] 周丹：《社会主义市场经济条件下的资本价值》，《中国社会科学》2021年第4期，第145页。

参考文献

一　中文文献

（一）著作

《马克思恩格斯全集》第 30 卷，人民出版社 1995 年版。

《马克思恩格斯全集》第 3 卷，人民出版社 1960 年版。

《马克思恩格斯全集》第 46 卷（上），人民出版社 1979 年版。

《马克思恩格斯全集》第 46 卷（下），人民出版社 1980 年版。

《马克思恩格斯文集》（第 1—10 卷），人民出版社 2009 年版。

陈嘉明等：《现代性与后现代性》，人民出版社 2001 年版。

陈学明主编：《20 世纪西方马克思主义哲学历程》，天津人民出版社 2013 年版。

韩秋红等：《西方马克思主义现代性理论批判》，人民出版社 2018 年版。

金雁：《从"东欧"到"新欧洲"：20 年转轨再回首》，北京大学出版社 2011 年版。

李宝文：《东欧新马克思主义历史观研究》，中国社会科学出版社 2021 年版。

李佃来：《马克思主义政治哲学的传统及其当代延展》，人民出版社 2020 年版。

李晓敏：《现代性危机与基督教文化精神》，黑龙江大学出版社 2015 年版。

刘怀玉：《现代性的平庸与神奇》，中央编译出版社 2006 年版。

刘森林：《物与无》，江苏人民出版社 2013 年版。

刘小枫：《现代性社会理论绪论》，上海三联书店 1998 年版。

罗骞：《论马克思的现代性批判及其当代意义》，上海人民出版社 2007 年版。

孙建茵：《阶级分析与政治民主的建构》，黑龙江大学出版社 2016 年版。

汪民安：《现代性》，南京大学出版社 2012 年版。

王凤才：《重新发现马克思》，人民出版社 2015 年版。

王晓升：《历史唯物主义的当代重构》，社会科学文献出版社 2013 年版。

王晓升：《走出现代性的困境》，江苏人民出版社 2021 年版。

郗戈：《超越资本主义现代性》，中国人民大学出版社 2014 年版。

习近平：《习近平谈治国理政》（第三卷），外文出版社 2020 年版。

许纪霖：《读书人站起来》，中国人民大学出版社 2011 年版。

颜岩：《个性自由与道德责任》，黑龙江大学出版社 2014 年版。

衣俊卿：《东欧新马克思主义精神史研究》，黑龙江大学出版社 2015 年版。

衣俊卿：《现代性的维度》，黑龙江大学出版社、中央编译出版社 2011 年版。

衣俊卿等：《20 世纪新马克思主义》，中央编译出版社 2012 年版。

张盾、田冠浩：《黑格尔与马克思政治哲学六论》，学习出版社 2014 年版。

张凤阳：《现代性的谱系》，江苏人民出版社 2012 年版。

张凤阳等：《政治哲学关键词》，江苏人民出版社 2014 年版。

张秀琴：《西方马克思主义发展史》，人民出版社 2017 年版。

张艳涛：《现代性的哲学反思与"中国现代性"建构》，厦门大学出版社 2021 年版。

张一兵：《回到马克思》，江苏人民出版社 1999 年版。

中共中央宣传部编：《习近平新时代中国特色社会主义思想学习回答》，学习出版社、人民出版社 2021 年版。

周凡、李惠斌主编：《后马克思主义》，中央编译出版社 2007 年版。

周凡主编：《后马克思主义：批判与辩护》，中央编译出版社 2007 年版。

周宪：《审美现代性批判》，商务印书馆 2005 年版。

［奥］威尔海姆·赖希：《法西斯主义群众心理学》，张峰译，重庆出版社 1990 年版。

［比］厄内斯特·曼德尔：《权力与货币》，孟捷、李民骐译，中央编译出版社 2002 年版。

［波］莱泽克·科拉科夫斯基：《经受无穷拷问的现代性》，李志江译，黑龙江大学出版社 2013 年版。

［波］莱泽克·科拉科夫斯基：《马克思主义的主要流派》（第一卷），唐少杰等译，黑龙江大学出版社 2015 年版。

［波］莱泽克·科拉科夫斯基：《自由、名誉、欺骗和背叛：日常生活札记》，唐少杰译，黑龙江大学出版社 2011 年版。

［波］亚当·沙夫：《人的哲学》，赵海峰译，黑龙江大学出版社 2014 年版。

［波］亚当·沙夫：《作为社会现象的异化》，衣俊卿等译，黑龙江大学出版社 2015 年版。

［德］阿多尔诺：《否定辩证法》，王凤才译，商务印书馆 2020 年版。

［德］黑格尔：《法哲学原理》：范扬、张企泰译，商务印书馆 1961 年版。

［德］黑格尔：《精神现象学》（上卷），贺麟等译，商务印书馆 1979 年版。

［德］黑格尔：《历史哲学》，王造时译，上海书店出版社 2006 年版。

［德］黑格尔：《小逻辑》，贺麟译，商务印书馆 1980 年版。

［德］黑格尔：《哲学史讲演录》（第一卷），贺麟、王太庆等译，上海人民出版社 2013 年版。

［德］霍克海默、阿道尔诺：《启蒙辩证法》，渠敬东、曹卫东译，上海人民出版社 2006 年版。

［德］康德：《历史理性批判文集》，何兆武译，商务印书馆 1990

年版。

［德］韦伯：《经济·社会·宗教：马克斯·韦伯文选》，郑乐平编译，上海社会科学院出版社1997年版。

［德］伊曼努尔·康德：《道德形而上学原理》，苗力田译，上海人民出版社2005年版。

［德］于尔根·哈贝马斯：《现代性的哲学话语》，曹卫东译，译林出版社2011年版。

［东德］凯特琳·勒德雷尔主编：《人的需要》，邵晓光等译，辽宁大学出版社1988年版。

［法］波德莱尔：《波德莱尔美学论文选》，郭宏安译，人民文学出版社1987年版。

［法］亨利·列斐伏尔：《日常生活批判》（第1—3卷），叶齐茂、倪晓晖译，社会科学文献出版社2018年版。

［法］利奥塔：《后现代性与公正游戏》，谈瀛洲译，上海人民出版社1997年版。

［法］亚历山德拉·莱涅尔-拉瓦斯汀：《欧洲精神》，范炜炜等译，吉林出版集团有限责任公司2009年版。

［加］查尔斯·泰勒：《现代社会想象》，林曼红译，译林出版社2014年版。

［加］莫伊舍·普殊同：《时间、劳动与社会统治》，康凌译，北京大学出版社2019年版。

［捷］卡莱尔·科西克：《具体的辩证法》，刘玉贤译，黑龙江大学出版社2015年版。

［捷］卡莱尔·科西克：《现代性的危机》，管小其译，黑龙江大学出版社2014年版。

［美］阿拉斯戴尔·麦金太尔：《追寻美德》，宋继杰译，译林出版社2011年版。

［美］汉娜·阿伦特：《极权主义的起源》，林骧华译，生活·读书·新知三联书店2008年版。

［美］汉娜·阿伦特：《人的境况》，王寅丽译，上海人民出版社2009

年版。

［美］赫伯特·马尔库塞:《单向度的人》,刘继译,上海译文出版社 2008年版。

［美］罗伯特·戈尔曼编:《"新马克思主义"传记辞典》,赵培杰等译,重庆出版社1990年版。

［美］乔治·吉尔德:《财富与贫困》,储玉坤等译,上海译文出版社 1985年版。

［美］斯蒂文·贝斯特、道格拉斯·凯尔纳:《后现代理论》,张志斌译,中央编译出版社1999年版。

［南］米哈伊洛·马尔科维奇:《从富裕到实践》,曲跃厚译,黑龙江大学出版社2012年版。

［南］米哈伊洛·马尔科维奇、加约·彼得洛维奇编:《实践》,郑一明、曲跃厚译,黑龙江大学出版社2010年版。

［匈］阿格妮丝·赫勒:《人的本能》,邵晓光、孙文喜译,辽宁大学出版社1988年版。

［匈］阿格妮丝·赫勒:《超越正义》,文长春译,黑龙江大学出版社 2011年版。

［匈］阿格妮丝·赫勒:《道德哲学》,王秀敏译,黑龙江大学出版社 2014年版。

［匈］阿格妮丝·赫勒:《个性伦理学》,赵司空译,黑龙江大学出版社2015年版。

［匈］阿格妮丝·赫勒:《激进哲学》,赵司空、孙建茵译,黑龙江大学出版社2011年版。

［匈］阿格妮丝·赫勒:《历史理论》,李西祥译,黑龙江大学出版社 2015年版。

［匈］阿格妮丝·赫勒:《日常生活》,衣俊卿译,黑龙江大学出版社 2010年版。

［匈］阿格妮丝·赫勒:《碎片化的历史哲学》,赵海峰、高来源、范为译,黑龙江大学出版社2015年版。

［匈］阿格妮丝·赫勒:《现代性能够幸存吗?》,王秀敏译,黑龙江

大学出版社 2012 年版。

［匈］阿格妮丝·赫勒：《一般伦理学》，孔明安、马新晶译，黑龙江大学出版社 2015 年版。

［匈］阿格妮丝·赫勒、费伦茨·费赫尔：《后现代政治状况》，王海洋译，黑龙江大学出版社 2011 年版。

［匈］阿格尼丝·赫勒：《现代性理论》，李瑞华译，商务印书馆 2005 年版。

［匈］安德拉什·赫格居什等：《社会主义的人道主义》，衣俊卿、文长春、王静译，黑龙江大学出版社 2014 年版。

［匈］卢卡奇：《历史与阶级意识》，杜章智、任立、燕宏远译，商务印书馆 1992 年版。

［匈］卢卡奇：《审美特性》（上、下册），徐恒醇译，社会科学文献出版社 2015 年版。

［匈］米哈伊·瓦伊达：《国家与社会主义》，杜红艳译，黑龙江大学出版社 2015 年版。

［匈］米哈伊·瓦伊达：《作为群众运动的法西斯主义》，孙建茵译，黑龙江大学出版社 2015 年版。

［匈］乔治·马尔库什：《马克思主义与人类学》，李斌玉、孙建茵译，黑龙江大学出版社 2011 年版。

［匈］乔治·马尔库什：《文化、科学、社会：文化现代性的构成》，孙建茵、马建青等译，黑龙江大学出版社 2015 年版。

［匈］乔治·马尔库什：《语言与生产》，李大强、李斌玉译，黑龙江大学出版社 2011 年版。

［匈］雅诺什·科尔奈：《思想的力量》，安佳、张涵译，上海人民出版社 2013 年版。

［意］葛兰西：《葛兰西文选》（1916—1935），中央编译局国际共运史研究所编译，人民出版社 1992 年版。

［英］安东尼·吉登斯：《现代性的后果》，田禾译，译林出版社 2011 年版。

［英］伯恩斯、皮卡德：《历史哲学：从启蒙到后现代性》，张羽佳

· 281 ·

译，北京师范大学出版社 2008 年版。

［英］恩斯特·拉克劳、查特尔·墨菲：《领导权与社会主义的策略》，尹树广、鉴传今译，黑龙江人民出版社 2003 年版。

［英］戈兰·瑟伯恩：《从马克思主义到后马克思主义？》，孟建华译，社会科学文献出版社 2011 年版。

［英］哈耶克：《通往奴役之路》，王明毅等译，中国社会科学出版社 1997 年版。

［英］卡尔·波兰尼：《巨变》，黄树民译，社会科学文献出版社 2013 年版。

［英］卡尔·波普尔：《开放社会及其敌人》（第二卷），郑一明等译，中国社会科学出版社 1999 年版。

［英］卡尔·波普尔：《开放社会及其敌人》（第一卷），陆衡等译，中国社会科学出版社 1999 年版。

［英］莱蒙：《历史哲学：思辨、分析及其当代走向》，毕芙蓉译，北京师范大学出版社 2009 年版。

［英］梅扎罗斯：《超越资本》，郑一明等译，中国人民大学出版社 2003 年版。

［英］齐格蒙·鲍曼：《现代性与大屠杀》，杨渝东、史建华译，译林出版社 2011 年版。

［英］特里·伊格尔顿：《马克思为什么是对的》，李杨、任文科、郑义译，新星出版社 2011 年版。

［英］特瑞·伊格尔顿：《文化的观念》，方杰译，南京大学出版社 2003 年版。

（二）论文

李忠尚：《"马克思学"、"西方马克思主义"、"新马克思主义"的异同》，《教学与研究》1986 年第 6 期。

刘森林：《理解历史唯物主义"现实"观念的三个向度》，《哲学研究》2021 年第 1 期。

刘同舫：《启蒙理性及现代性：马克思的批判性重构》，《中国社会科学》2015 年第 2 期。

孙乐强：《西方实践哲学传统与马克思实践观的革命》，《江西社会科学》2014年第8期。

王凤才：《21世纪世界马克思主义基本格局》，《学习与探索》2017年第10期。

王雨辰：《论我国国外马克思主义研究的四个理论问题》，《山东社会科学》2015年第2期。

吴晓明：《"小康中国"的历史方位与历史意义》，《中国社会科学》2020年第12期。

吴晓明：《世界历史与中国道路的百年探索》，《中国社会科学》2021年第6期。

衣俊卿：《今天我们如何深化新马克思主义研究》，《马克思主义与现实》2012年第6期。

衣俊卿：《论东欧新马克思主义的理论定位》，《求是学刊》2010年第1期。

张盾：《马克思政治哲学中的个人原则与社会原则》，《中国社会科学》2013年第8期。

周丹：《社会主义市场经济条件下的资本价值》，《中国社会科学》2021年第4期。

［美］罗斯诺：《后现代主义是左翼还是右翼？》，高飞乐译，《国外社会科学》1994年第8期。

［美］迈克尔·沃尔泽：《不完备的美德——论阿格妮丝·赫勒的〈超越正义〉》，马艳玲译，《学术交流》2017年第8期。

［美］琼·科恩：《阿格妮丝·赫勒〈超越正义〉刍议》，文长春译，《学术交流》2017年第8期。

［匈］阿格妮丝·赫勒：《论马克思的正义思想》，文长春译，《学术交流》2019年第3期。

二　外文文献

Agnes Heller, *The Theory of Need in Marx*, London: Allison & Busby, 1976.

Agnes Heller, *A Short History of My Philosophy*, Lanham, Md.: Lexington Books, 2011.

Agnes Heller and Ferenc Feher, *The Grandeur and Twilight of Radical Universalism*, New Brunswick: Transaction Publishers, 1991.

Simon Tormey, *Agnes Heller: Socialism, Autonomy, and the Postmodern*, Manchester: Manchester University Press, 2001.

John Grumley, *Agnes Heller: A Moralist in the Vortex of History*, London: Pluto Press, 2005.

Katie Terezakis ed., *Engaging Agnes Heller: A Critical Companion*, Lexington Books, 2009.

Erich Fromm (ed.), *Marxist Humanism: An International Symposium*, New York: Doubleday, 1965.

J. F. Dorahy, *The Budapest School: Beyond Marxism*, Leiden: Koninklijke Brill NV, 2019.

István Mészáros, *The Challenge and Burden of Historical Time*, New York: Monthly Review Press, 2008.

Leszek Kolakowski, "The Fate of Marxism in Eastern Europe", *Slavic Review*, Vol. 29, No. 2, June 1970.

Mihailo Markovic, "Leszek Kolakowski and So Called Alienation", *Philosophy and Social Criticism*, Vol. 5, No. 3-4, 1978.

Denko Skalovski, "Kosik's Dialectics of Concrete Totality", *Philosophy Study*, Vol. 5, No. 6, June 2015.

Agnes Heller, "Towards a Marxist Theory of Value", *Kinesis* 5, No. 1, 1972.

Agnes Heller, "The Three Logics of Modernity and the Double Bind of the Modern Imagination", *Thesis Eleven*, Vol. 81 No. 1, May 2005.

Agnes Heller, "Marx and Modernity", *Thesis Eleven*, Vol. 8, No. 1, January 1984.

Agnes Heller, "Past, Present, and Future of Democracy", *Social Research*, Vol. 45, No. 4, 1978.

Jan Mervart, "Czechoslovak Marxist humanism and the revolution", *Studies in East European Thought*, Vol. 69, No. 1, 2017.

后　　记

　　2008年一次偶然的机会，我对布达佩斯学派理论家赫勒的思想产生了浓厚兴趣，随后便一头扎进东欧新马克思主义这片沃土中耕耘，转眼间十余年过去了。2014年，我出版了自己的阶段性成果《个性自由与道德责任——布达佩斯学派社会批判理论研究》，在那部著作中，现代性批判是作为一章内容阐述的，那时我意识到现代性不仅是赫勒或布达佩斯学派关注的对象，也是东欧新马克思主义的核心论题。事实上，早在2004年我就开始留意现代性论题了，那时还在南京大学哲学系攻读博士学位，博士论文选题是美国批判理论家凯尔纳的晚期马克思主义思想，而凯尔纳所著的"后现代理论三部曲"是当时学界公认的研究现代性问题的经典之作。为了更好地完成博士论文，我阅读了大量现代性理论方面的书籍，但心中始终存有一些挥之不去的困惑：现代人是否能够离开现代性而存活？现代性的危机如何形成又如何解决？中国的现代化道路是否属于另一种现代性模式？这些困惑当时在博士论文中还无力作答，但却为后续研究提供了动力和指引。这些年我梳理东欧新马克思主义的现代性批判理论，目的就是弄清上述问题，为中国现代性的构建提供一些有益借鉴。

　　必须指出，东欧新马克思主义并非铁板一块，不同理论家的现代性批判往往存在冲突和张力，因此书中的分析只是粗略的、方向性的。在阐释东欧新马克思主义思想时，有时为了突出其理论特质，可能会夸大某些方面而忽略其他方面，甚至给人留下独断论的不良印象。但实际情况并非如此，绝大部分东欧新马克思主义理论家在理论上并不极端，如他们反对普遍性对特殊性的强制，但也承认普遍性具

· 285 ·

有重要的意义和价值。本书对东欧新马克思主义的现代性批判进行了再反思，偏重于批判而不是阐释其贡献，这有两个原因：一是认为只要细致分析文本并阐释内容，意义和价值便可以自行呈现，无须重复再论；二是一种理论的缺陷往往对后世影响更大、更隐蔽，因此有必要认真看待、及时澄清。我们相信读者在阅读过程中定能慧眼识珠、明辨是非，客观公允地对待书中的观点。

　　本书是国家社科基金一般项目"东欧'新马克思主义'现代性批判理论研究"（15BKS080）、湖北省高等学校哲学社会科学研究重大项目"东欧新马克思主义资本主义批判理论研究"（21ZD019）、中南财经政法大学中央高校基本科研业务费项目"东欧新马克思主义的资本主义批判理论研究"（2722021BX002）的成果，并受到哲学院学术著作出版资金资助，在此对项目评审专家和资金资助方一并表示感谢。

　　近年来，本人在从事马克思主义哲学基础理论和国外马克思主义哲学相关问题的研究时，结识了不少学界前辈和同仁，他们给予我大量帮助，在此表示衷心的感谢。书中部分内容在国内一些期刊发表过，感谢编辑们的提携和支持。感谢中国社会科学出版社杨晓芳为本书出版付出的劳动。由于学识有限，书中难免存在各种瑕疵，真诚地期盼各位读者能够对书中观点提出批评性的意见。

颜　岩

2022 年 5 月 18 日